THIAGO CONCER

VENDEDOR BONZINHO
NÃO FICA RICO

**OS QUATRO PRINCÍPIOS SOBRE COMO
GANHAR DINHEIRO COM VENDAS**

ALTA BOOKS
GRUPO EDITORIAL
Rio de Janeiro, 2022

Vendedor Bonzinho Não Fica Rico

Copyright © 2022 da Starlin Alta Editora e Consultoria Eireli.
ISBN: 978-85-5081-559-6

Impresso no Brasil – 1ª Edição, 2022 – Edição revisada conforme o Acordo Ortográfico da Língua Portuguesa de 2009.

Todos os direitos estão reservados e protegidos por Lei. Nenhuma parte deste livro, sem autorização prévia por escrito da editora, poderá ser reproduzida ou transmitida. A violação dos Direitos Autorais é crime estabelecido na Lei nº 9.610/98 e com punição de acordo com o artigo 184 do Código Penal.

A editora não se responsabiliza pelo conteúdo da obra, formulada exclusivamente pelo(s) autor(es).

Marcas Registradas: Todos os termos mencionados e reconhecidos como Marca Registrada e/ou Comercial são de responsabilidade de seus proprietários. A editora informa não estar associada a nenhum produto e/ou fornecedor apresentado no livro.

Erratas e arquivos de apoio: No site da editora relatamos, com a devida correção, qualquer erro encontrado em nossos livros, bem como disponibilizamos arquivos de apoio se aplicáveis à obra em questão.

Acesse o site www.altabooks.com.br e procure pelo título do livro desejado para ter acesso às erratas, aos arquivos de apoio e/ou a outros conteúdos aplicáveis à obra.

Suporte Técnico: A obra é comercializada na forma em que está, sem direito a suporte técnico ou orientação pessoal/exclusiva ao leitor.

A editora não se responsabiliza pela manutenção, atualização e idioma dos sites referidos pelos autores nesta obra.

Dados Internacionais de Catalogação na Publicação (CIP) de acordo com ISBD

C744v   Concer, Thiago
       Vendedor Bonzinho Não Fica Rico: Os quatro princípios sobre como ganhar dinheiro com vendas / Thiago Concer. - Rio de Janeiro : Alta Books, 2022.
       320 p. ; 16cm x 23cm.

       ISBN: 978-85-5081-559-6

       1. Administração. 2. Vendas. I. Título.

2022-1886   CDD 658.85
                                CDU 658.85

Elaborado por Vagner Rodolfo da Silva - CRB-8/9410

Índice para catálogo sistemático:
1. Administração : Vendas 658.85
2. Administração : Vendas 658.85

Produção Editorial
Editora Alta Books

Diretor Editorial
Anderson Vieira
anderson.vieira@altabooks.com.br

Editor
José Ruggeri
j.ruggeri@altabooks.com.br

Gerência Comercial
Claudio Lima
claudio@altabooks.com.br

Gerência Marketing
Andréa Guatiello
andrea@altabooks.com.br

Coordenação Comercial
Thiago Biaggi

Coordenação de Eventos
Viviane Paiva
comercial@altabooks.com.br

Coordenação ADM/Finc.
Solange Souza

Direitos Autorais
Raquel Porto
rights@altabooks.com.br

Produtora da Obra
Illysabelle Trajano

Produtores Editoriais
Maria de Lourdes Borges
Paulo Gomes
Thales Silva
Thiê Alves

Equipe Comercial
Adriana Baricelli
Ana Carolina Marinho
Daiana Costa
Fillipe Amorim
Heber Garcia
Kaique Luiz
Maira Conceição

Equipe Editorial
Beatriz de Assis
Betânia Santos
Brenda Rodrigues
Caroline David
Gabriela Paiva
Henrique Waldez
Kelry Oliveira
Marcelli Ferreira
Mariana Portugal
Matheus Mello

Marketing Editorial
Jessica Nogueira
Livia Carvalho
Marcelo Santos
Pedro Guimarães
Thiago Brito

Atuaram na edição desta obra:

Revisão Gramatical
Hellen Suzuki
Kamila Wozniak

Capa e Projeto Gráfico
Larissa Lima

Diagramação
Joyce Matos

Editora afiliada à: ABDR — ASSOCIAÇÃO BRASILEIRA DE DIREITOS REPROGRÁFICOS

ASSOCIADO CBL — Câmara Brasileira do Livro

ALTA BOOKS GRUPO EDITORIAL

Rua Viúva Cláudio, 291 – Bairro Industrial do Jacaré
CEP: 20.970-031 – Rio de Janeiro (RJ)
Tels.: (21) 3278-8069 / 3278-8419
www.altabooks.com.br — altabooks@altabooks.com.br
Ouvidoria: ouvidoria@altabooks.com.br

À minha mãe, Jenny, por ter me educado e nunca desistido de mim. Símbolo de amor incondicional.

À minha esposa, Flávia, por ser minha companheira de vida.

A Theo e Martim, meus filhos, por quem tento ser a cada dia um homem melhor.

Ao meu pai, professor Darvino Concer (*in memoriam*), por ter sido uma das minhas primeiras referências na vida e meu maior professor.

A todos eles, muito obrigado pela presença (e paciência).

Aviso: O Grupo Editorial Alta Books não se responsabiliza nem gerencia o conteúdo adicional oferecido exclusivamente pelo autor da obra.

Ser vendedor me define. Essa profissão me fez ser uma pessoa mais realizada, me possibilitou ganhar dinheiro, conhecer novos lugares, fazer amigos, estabelecer prósperas parcerias de amizade e de negócios. Esse ofício é parte significativa da minha construção social e emocional e me transforma diariamente, principalmente porque expõe as minhas limitações. Mas a partir desse lugar de exposição, que muitas vezes é bem incômodo, posso evoluir e me transformar. É um prazer gigantesco ser parte da profissão que move o mundo e compartilhar um pouco desse meu conhecimento aqui com vocês.

#ORGULHODESERVENDEDOR

SOBRE O AUTOR

Considerado uma das maiores autoridades em vendas da atualidade, Thiago Concer é líder do maior movimento de profissionais de vendas do Brasil, o Orgulho de Ser Vendedor (OSV), e fundou o SalesClube, maior imersão de Gestão e Vendas do país. É, ainda, o palestrante de vendas mais contratado do país. Em seu histórico de capacitações e palestras por todo o país, já interagiu com mais de 150 mil profissionais de vendas, deixando claro nesses encontros, de Norte a Sul, que ser vendedor não tem nada a ver com ser uma pessoa que dá "um jeitinho" nas coisas ou que a profissão é um "plano B". Muito pelo contrário! Thiago sabe que vendas transformam sonhos em realidade, criam perspectivas e constroem metas. Afinal, como ele sempre fala: *"As vendas movem o mundo."* Essa certeza e a maneira otimista de enfrentar os desafios diários da profissão são motivos pelos quais Thiago se tornou um profissional requisitado nos espaços corporativos. A procura por seu nome se estende das grandes multinacionais aos pequenos empreendimentos. A sua experiência o levou a conhecer todas as dores da profissão de vendas, porque ele já passou por todas elas e, com empenho e foco, conseguiu transformá-las e revertê-las, de maneira simples e objetiva, em situações favoráveis de negociações de vendas prósperas. Lá no fundo, vendas são entregar um resultado sustentável, entendendo as técnicas de fazer as negociações da melhor maneira. Thiago domina esse universo.

> Em nosso trabalho diário, o que faz a diferença não é simplesmente a sorte, mas, sobretudo, o quanto de dedicação, conhecimento e paixão somos capazes de empregar em nossas atividades.

CONHEÇA O CONVIDADO:

LUIZ GAZIRI

Autor, palestrante e um dos pensadores mais provocativos da geração atual

◉ @LUIZGAZIRI   in LUIZ GAZIRI

CONTEÚDO EXTRA
Acesse o QR Code e confira a aula exclusiva.

CICLO CONTÍNUO

CONSCIÊNCIA

PREPARO

Seguir essa sequência continuamente é o que faz a consistência de Vendas. E ao deixar de realizar uma das etapas perde-se a constância e, dessa forma, a corrente rompe no elo mais fraco.

CRESCIMENTO EXPONENCIAL

INCONFORMISMO

CONSISTÊNCIA

SUMÁRIO

PARTE 1
CONSCIÊNCIA

A GRANDE MUDANÇA — 3

A SUA FUTURA POSIÇÃO DEPENDE DO SEU PREPARO — 31

SER VENDEDOR É UMA TRANSFORMAÇÃO DIÁRIA — 47

VOCÊ TAMBÉM PODE SER UM VENDEDOR MILIONÁRIO — 63

A SUA CONSCIÊNCIA É A JUÍZA QUE DETERMINA
A SENTENÇA DA SUA VIDA — 79

PARTE 2
INCONFORMISMO

SEU INCOMODO NÃO VALE NADA. O QUE VAI COMEÇAR A
TRANSFORMAR SUA VIDA É O INCONFORMISMO — 97

SER VENDEDOR NÃO VAI TE DEIXAR RICO,
SER UMA PESSOA DE NEGÓCIOS SIM — 119

ACABE COM A ENERGIA DO DINHEIRO
PARADO EM SUA VIDA — 135

O SUCESSO DEIXA PISTAS — 151

O SEU CLIENTE TEM DE DAR LUCRO — 163

PARTE 3
CONSISTÊNCIA

A REVOLUÇÃO DIGITAL E O IMPACTO NAS VENDAS — **177**

DORMINDO COM O INIMIGO — **191**

A CONSISTÊNCIA É UMA META POSSÍVEL DE SER ALCANÇADA — **207**

NOSSA MOTIVAÇÃO E A DISCIPLINA DE CADA DIA — **217**

A PRÁTICA APRIMORA A CONSISTÊNCIA — **229**

PARTE 4
PREPARO

A EDUCAÇÃO FORMAL VAI FAZER VOCÊ GANHAR A VIDA. A AUTOEDUCAÇÃO VAI FAZER VOCÊ GANHAR UMA FORTUNA — **243**

QUER GANHAR DINHEIRO COMO VENDEDOR? SAIBA CORRER RISCOS — **253**

PREPARADOS, SOMOS ETERNAMENTE CORAJOSOS — **267**

COMO SE TORNAR EXCELENTE MESMO NÃO SENDO UM GÊNIO — **281**

APRESENTAÇÃO

No Brasil, a área de vendas é classificada entre as instituições e os organismos governamentais de acompanhamento, regulação e supervisão do trabalho como parte do setor terciário, também conhecido como setor de serviços — área correspondente às atividades de comércio de bens e à oferta da prestação de serviços. Essa categoria de trabalho emprega mais de 70% da população brasileira. Ou seja, grande parte de nossa população está diretamente ligada às vendas. Ao compreendermos as vendas como um ato de expor e provocar interesse seja lá do que for (uma ideia, um produto, uma tese), concluímos que as vendas estão ligadas a 100% dos brasileiros; e esse fato não é uma característica exclusiva nossa. Em todo o mundo o setor terciário emprega bilhões de pessoas. Essa dinâmica é resultado da urbanização da população mundial.

Na estrutura de nossas sociedades, as vendas se caracterizam como um dos seus principais pilares. Elas são fundamentais à nossa organização social e à geração de emprego e renda. Por isso, precisamos refletir sobre a sua extensão e identificar objetivamente a sua influência em nossas vidas. Assim como é preciso entender, de uma vez por todas, vendas não são uma questão de acaso. Há inúmeras técnicas e conceitos que precisam ser compreendidos e aplicados corretamente para se alcançar os objetivos planejados. Do ponto de vista atitudinal, os vendedores devem fortalecer um comportamento de superação para atingir as metas estabelecidas. Essa tarefa requer atenção e preparo contínuos. Esses são pontos de reflexões que me motivaram a escrever este livro.

Aqui, demonstro alguns caminhos que podem levar o vendedor a se aperfeiçoar em suas atividades. Destaco a importância do aprendizado para conseguirmos evoluir. Uma venda bem-feita muda vidas, e nessa dinâmica se deve compreender que não há vendedores perfeitos ou de sucesso absoluto. Existem, sim, profissionais resilientes que, por meio de sua entrega, asseguram bons resultados e evoluem.

O conteúdo aqui exposto demonstra, ao menos parcialmente, a importância de encontrar uma paixão visceral por resultados e se agarrar a ela, de tal maneira que essa motivação seja suficiente para as pessoas superarem os obstáculos naturais surgidos ao longo do caminho. Em outras palavras, as reflexões propostas aqui incitam os vendedores a não se contentar com a profissão, mas desenvolverem orgulho por uma profissão que move as pessoas, as empresas, o mundo.

INTRODUÇÃO

Escrevi este livro para mostrar que, como pessoas e, portanto, como profissionais de vendas, somos bem mais do que um conjunto de preocupações pontuais. Os desafios do mundo e dos contextos sociais e ambientais nos quais estamos inseridos são infinitamente mais complexos e repletos de contradições quando comparados às nossas experiências pessoais da vida. Esse fato acontece porque, ao nos relacionarmos, ao estarmos em interação com o mundo, todas as nossas individualidades interagem ao mesmo tempo, a despeito de quem somos, de onde vivemos, de nossa classe social, do nosso país de origem.

No início da década de 2020, tivemos um exemplo extremamente didático da complexidade dessa dinâmica de interação, com o surgimento da Covid-19. A partir de um mercado popular na cidade chinesa de Wuhan, as sociedades se viram envoltas em uma crise sanitária que matou milhões, freou o desenvolvimento econômico de superpotências, fez desparecer algumas formas de comércio, estabeleceu novas maneiras de interagirmos socialmente, alterou profundamente comportamentos sociais — apenas para lembrar alguns dos reflexos da presença do coronavírus entre nós. Ou seja, assim como toda a sociedade, como vendedores, fomos extremamente afetados por essa pandemia. Aliás, o setor de vendas foi um dos que mais apresentaram mudanças drásticas em suas estruturas.

Profissionalmente, ainda vivemos sob a influência dessas mudanças que possivelmente continuarão a serem sentidas por décadas. O comércio deixou de ser majoritariamente presencial, transformando-se em uma experiência virtual de delivery. Novas oportunidades surgiram dessa interação distinta até então. Empreendimentos foram criados, mas muitos outros foram descontinuados, reavaliados. Em meio a todas as modificações, os vendedores alteraram a sua forma de atuação, não só para sobreviver aos novos tempos, mas para interagir em uma sociedade que está em constante mudança.

Aqui, amplio essa reflexão. Como vendedores, podemos deixar um extenso legado à sociedade e, em meio a essa circunstância, temos a chance de estabelecer uma vida mais próspera, com experiências inovadoras e oportunidades singulares criadas por nossas atitudes e comprometimento com nosso ofício.

Neste livro, tento despertar no leitor a vontade de chegar a esse lugar, de buscar novos conhecimentos e se relacionar com diferentes pontos de vista para, assim, assegurar uma contínua e natural evolução profissional. Para isso ficar mais claro para você, respondo aqui um questionamento que muitos se fazem em nosso mercado: *Por que alguns vendedores com os mesmos treinamentos, com as mesmas condições de trabalho, com os mesmos produtos ou serviços, com a mesma tabela de preço, têm resultados tão diferentes? Por que alguns são reconhecidos como profissionais bem-sucedidos em todos os sentidos de sua vida? Por que alguns conseguem vender o dobro, o triplo de outros, mesmo quando eles têm condição semelhante de venda?* Existe uma resposta para esses questionamentos! Sim, há um porquê, uma razão para essas situações ocorrerem, e vou demonstrá-la aqui. Embarque comigo nesse aprendizado. Vamos juntos descobrir essa resposta.

Boa leitura!

PARTE 1

CONSCIÊNCIA

CICLO CONTÍNUO

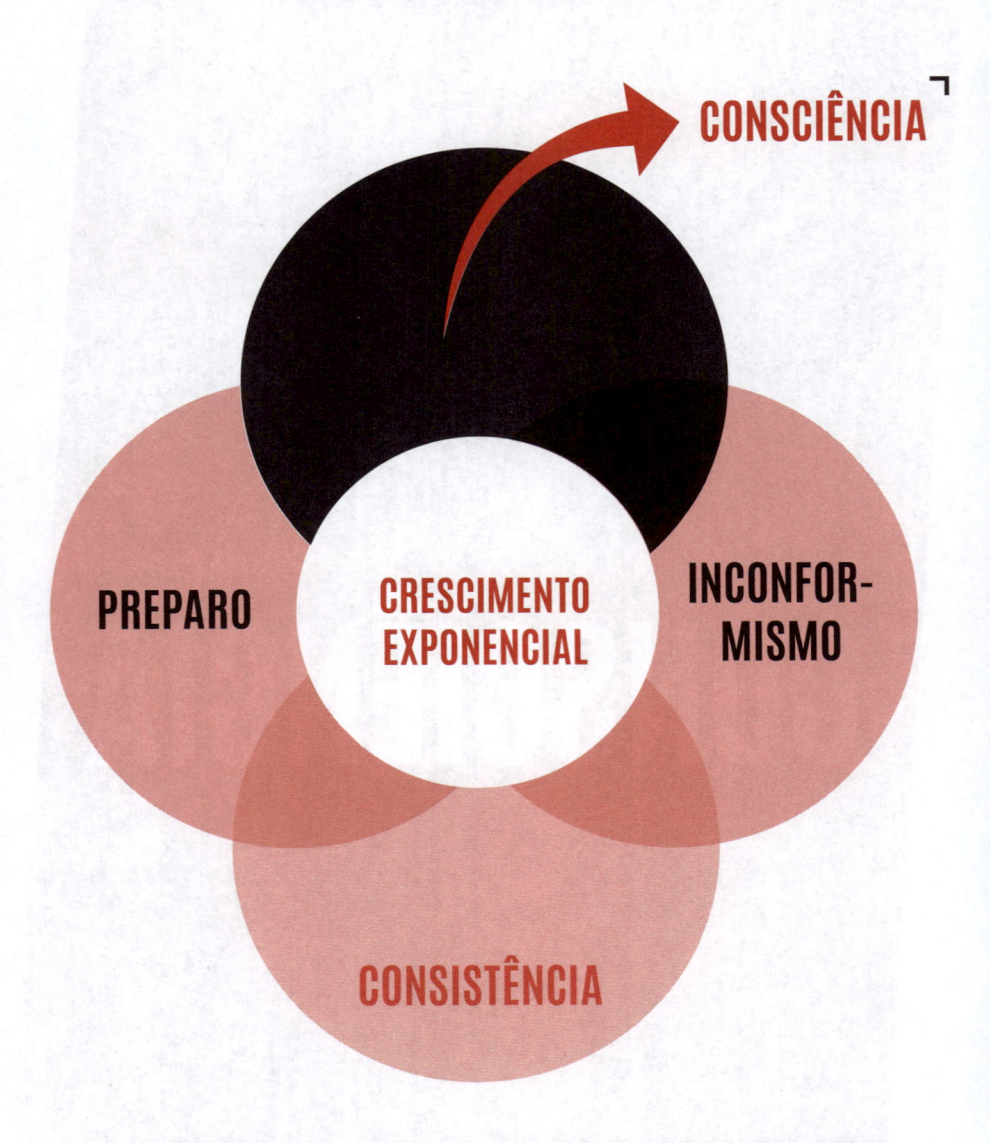

- CONSCIÊNCIA
- PREPARO
- INCONFORMISMO
- CONSISTÊNCIA
- CRESCIMENTO EXPONENCIAL

Seguir essa sequência continuamente é o que faz a consistência de Vendas. E ao deixar de realizar uma das etapas perde-se a constância e, dessa forma, a corrente rompe no elo mais fraco.

CAPÍTULO 1

A GRANDE MUDANÇA

"A única constante [na vida] é a mudança."

HERÁCLITO DE ÉFESO, FILÓSOFO GREGO.

O ano de 2019 havia terminado e, em meu balanço sobre o período, constatei que aquele tinha sido o melhor ano para as minhas empresas. O momento estava favorável para festejar as conquistas. Havia batido diversas metas e percebi (nos inúmeros treinamentos realizados) que 2020 estava se desenhando como um ano promissor para grande parte dos meus clientes. Em outras palavras, se eles fossem bem em seus negócios, eu também teria bons resultados nas minhas atividades. Seria mais demandado para palestras e consultorias, entre outras das minhas prestações de serviço oferecidas ao mercado. Contudo, o cenário estava prestes a mudar radicalmente, sem nenhum aviso prévio. Estávamos às vésperas do acontecimento da Covid-19 em nossas vidas, essa pandemia devastadora que embaralhou tudo à nossa volta, jogando conceitos, estatísticas, teorias, estratégias, planos e sonhos para o alto. Alguns segmentos se beneficiaram dos acontecimentos, mas a maioria dos setores produtivos foi afetada, principalmente porque os negócios não estavam preparados para as mudanças forçadas ou antecipadas ocorridas. É fácil entender essa situação pela expansão da transformação digital.

No começo da Covid-19, pouquíssimas empresas estavam inseridas no digital, ainda hoje muitas não estão. Diversas corporações são resistentes às adaptações, e ao consideramos o impacto dessas modificações na área de vendas, vemos um abismo ainda maior. A mudança para o trabalho à distância, remoto e a transição do perfil de vendedores para o modelo de *inside sales* obrigou uma adaptação ampla e rápida para qualquer um que quer se manter vivo e competitivo no mercado.

Como se vê no modelo abaixo, antes da pandemia do coronavírus, os modelos de venda eram bem definidos:

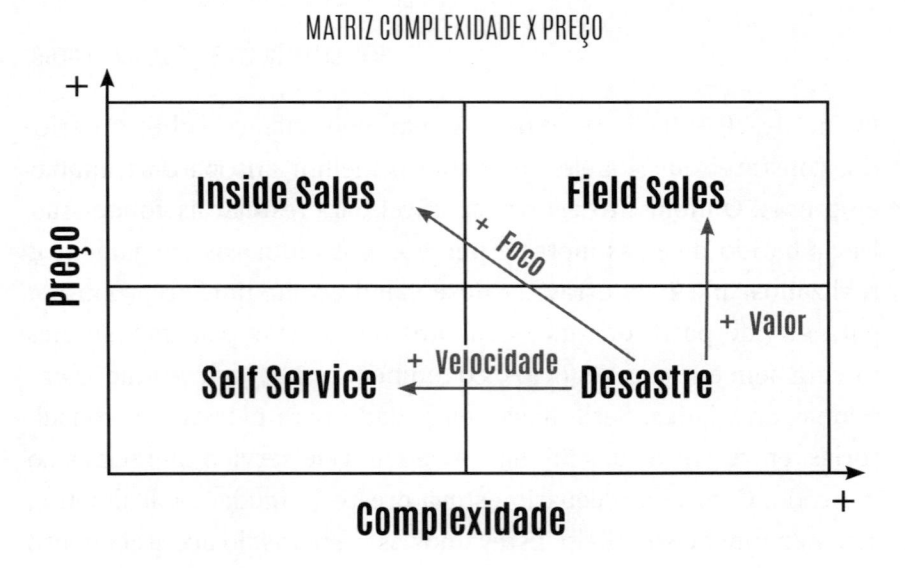

MATRIZ COMPLEXIDADE X PREÇO

[Gráfico: eixo vertical "Preço", eixo horizontal "Complexidade". Quadrantes: Inside Sales (superior esquerdo), Field Sales (superior direito), Self Service (inferior esquerdo), Desastre (inferior direito). Setas: "+ Foco" (diagonal), "+ Valor" (vertical), "+ Velocidade" (horizontal).]

A pandemia, por sua vez, acelerou um processo que já era considerado pelo mercado como uma tendência, o *inside sales*.

Grande parte dos profissionais envolvidos em vendas fazia as suas tarefas de maneira presencial. Porém, com as restrições de funcionamento e a determinação de distanciamento e isolamento social impostas pelos governos, o comércio teve de se adaptar, e as vendas migraram para o ambiente virtual, passando a serem feitas por intermédio de aplicativos como o WhatsApp, por programas de videochamadas, por e-mails, entre outros meios de comunicação desenhados para a comunicação online, a distância.

No Brasil, por exemplo, as vendas por WhatsApp, em 2020, cresceram 40% em relação a 2019. Esse crescimento consistente é uma referência da importância desses meios para a dinâmica comercial e mostrou como os brasileiros se sentem confortáveis no uso da tecnologia para garantir as suas compras. Entre usuários de internet no Brasil, 83% declaram usar algum meio online para realizar as suas compras.

Por isso, ao pensarmos nos modelos de venda, percebe-se facilmente o fato de o *inside sale* ter "comido" parte do *field sales*. Dessa forma, surgiu a necessidade de os vendedores mudarem o seu *Conhecimento*, *Habilidade* e *Atitude* para realizar as negociações.

Para o *inside sales* acontecer corretamente, a rotina de trabalho do vendedor precisa ser bastante alterada. Algumas atividades são indispensáveis para esse modelo funcionar, por exemplo:

- Documentação do processo.
- Controle rígido de indicadores.
- Dividir a venda por etapas.
- Uso de tecnologias.

Por mais simples que os pontos listados acima pareçam, a execução dessas atividades é algo distante da realidade da maioria dos profissionais de venda no Brasil. Para se ter noção do quanto ainda temos espaço para nos aprimorar, tomemos como exemplo o uso do *Customer Relationship Management*, uma das ferramentas de gestão de clientes mais básicas e usadas pelo mundo. No começo dos anos de 2020, menos de 30% dos representantes de vendas no país usavam CRM. Essa estatística indica o quanto a maioria dos profissionais em nosso mercado não está disposta a pagar o preço da mudança. Principalmente, se a mudança for tão abrupta como a provocada pela pandemia.

Um dos grandes gargalos em vendas é encontrar profissionais dispostos a aceitar as mudanças de forma rápida e com menos resistência. Essa adaptação para as demandas que se apresentam é algo muito desafiador, porque as pessoas preferem viver em situações que já dominam a estar, a todo momento, aprendendo algo novo. Mas, daqui por diante, as mudanças serão cada vez mais intensas. Mudar com frequência será a maneira de sobreviver no mercado profissional. Quem não estiver disposto a se adaptar vai ter muita dificuldade em encontrar local de trabalho, porque será atropelado pela nova forma de interagir na sociedade. Por isso, lembre-se:

Chega de ser vendedor quarta-feira.
O mercado não tem mais espaço para amadores.

QUERO LHE PERGUNTAR ALGO:

- Todos os dias, ao acordar, qual sensação você tem? Quais sentimentos surgem?
- Em geral, você se sente mais feliz ou mais angustiado?
- Será que você tem a vida que merece? A vida que sempre quis?
- O lugar em que você trabalha lhe dá condições de evoluir e ganhar mais dinheiro?
- As pessoas com quem mais convive estão onde você gostaria de estar?
- Será que elas têm os ganhos que você gostaria de ter?
- Quais estão sendo as suas referências de vida e de negócios?
- Afinal, por que você comprou este livro?

Se você quiser começar a progredir em sua carreira como vendedor, encontre respostas honestas para essas perguntas. Você pode se surpreender com os resultados que vai conquistar se responder com honestidade a esses questionamentos. Anote este recado:

O primeiro passo para qualquer evolução passa pelo seu nível de autoconhecimento.

Durante a leitura deste livro, você vai perceber que a mudança é a jornada, não o destino, e esse caminho passa pelo enfrentamento da famosa "zona de conforto". Talvez em seu íntimo, depois de ler essa frase, você tenha pensado:

— Pô, não aguento mais ouvir que tenho de sair da minha zona de conforto.

— Essa frase é muito lugar-comum.

— E eu lá tenho zona de conforto, trabalhando tanto como trabalho?!

Sim, você pode estar de "saco cheio" de ouvir essa afirmação. Por isso, vale a pena derrubar os mitos motivacionais há tantos anos reproduzidos como verdade absoluta. Vamos ao momento *Desmascarando Mitos Motivacionais*.

DESMASCARANDO MITOS MOTIVACIONAIS

Será que, a toda hora, é preciso sair da zona de conforto, como dizem os gurus?

E, afinal, o que é sair da zona de conforto?

- A zona de conforto é um local conhecido, uma rotina, um determinado comportamento a que nos adequamos. Nessas situações, agimos com confiança, os acontecimentos estão dominados, e estamos acomodados.

- É bom estar na zona de conforto. Todos nós precisamos dela. O desafio é saber quando e por quanto tempo podemos permanecer nela e entender que essa decisão tem desdobramentos diferentes.

- É impossível viver fora da zona de conforto. Se, por acaso, essa situação acontece, você pira e, de quebra, enlouquece todos ao seu redor, inviabilizando o convívio social.

- Quando você fica por muito tempo fora da sua zona de conforto, você se modifica, e isso tem um preço. Mudar demais (e a todo o momento) é um dos principais motivos para as empresas quebrarem. Mas lembre-se: a falta de mudança também provoca uma quebradeira geral nos negócios.

O problema de nunca ou quase nunca sair da zona de conforto é que, naturalmente, você começa a patinar e a oferecer apenas resultados medíocres. Perde oportunidade de negócios e dinheiro. Deixa de ter relevância e espaço no mercado.

O excesso de conforto engorda, deixa-o lento e você não quer isso. Não quer passar pela vida com sobrepeso e se arrastando, sem disposição para fazer as suas atividades, mas essa condição acontece. É um acidente causado pela falta de ação. Ninguém acorda e simplesmente diz:

— Hoje, vou ficar mais lento.

— Hoje, a minha meta é me tornar uma pessoa com sobrepeso.

Essa mesma condição também é válida para como nos relacionamos com o dinheiro e com a felicidade. Ninguém acorda pela manhã dizendo:

— Hoje, vou ficar mais triste.

— Hoje, o meu foco é ficar mais pobre.

Todos esses sentimentos, contudo, são consequência de algo indesejado por você; são um acidente decorrente do excesso de conforto. Você não quer esse resultado negativo em sua vida, ficar mais triste, mais pobre, porém você não quer trocar pequenos momentos diários de prazer por um grande cenário próspero no futuro. Monstros, essa equação não funciona.

Quem é morno em suas atividades profissionais não deixa nenhum legado. Aliás, deixa, sim, uma marca bastante explícita: a de *vendedor quarta-feira*, um profissional mediano que não tem o gás de uma segunda-feira ou o charme de um fim de semana. É visto como uma pessoa meio da semana, *nota 7*, alguém facilmente esquecido. Ou como está escrito no Capítulo III, versículo 16, do livro do Apocalipse, da Bíblia: "Assim, porque és morno, e não és frio nem quente, vomitar-te-ei da minha boca."

Quando a pessoa está na zona de conforto, ela se acostuma com os acontecimentos e simplesmente se deixa levar pelas situações da rotina. A pessoa até pode perceber certa estagnação na própria vida, mas o medo de perder a estabilidade é maior e a impede de tomar alguma atitude. A renomada *Escola Conquer*, voltada para o desenvolvimento dos negócios da nova economia, cita a existência de um movimento entre *conforto* e *crescimento*, ligado a uma atitude dividida em quatro momentos principais:

1 **Zona de conforto:** você até sente que tem algo errado, mas não sabe o que é, já que está tudo sob controle. Não há muitas novidades e, quando existem, são coisas pequenas que não trazem grandes mudanças.

2 **Zona de medo:** esse é o momento em que você entra em contato com novos conhecimentos e aprendizados pela primeira vez. Como diz o nome, ainda existem muita insegurança e medo do desconhecido.

3 **Zona de aprendizado:** aqui, você começa a consolidar o que conheceu na zona de medo. Aos poucos, os desafios o ajudam a desenvolver novas habilidades e aumentar os seus conhecimentos.

4 **Zona de crescimento:** você finalmente alcança os resultados e objetivos que pareciam tão distantes quando você estava na zona de conforto. Você entende o porquê de passar pelos desafios que passou e se sente cada vez mais disposto a definir e correr atrás de novas metas.

GRÁFICO DA DISPOSIÇÃO DAS ETAPAS DE SAÍDA DO CONFORTO PARA O CRESCIMENTO

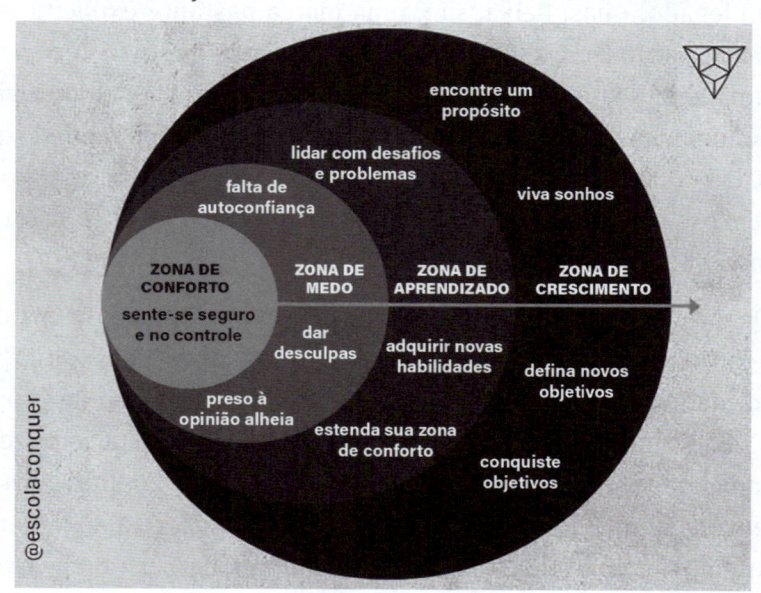

ZONA DE CONFORTO
- sente-se seguro e no controle

ZONA DE MEDO
- falta de autoconfiança
- dar desculpas
- preso à opinião alheia

ZONA DE APRENDIZADO
- lidar com desafios e problemas
- adquirir novas habilidades
- estenda sua zona de conforto

ZONA DE CRESCIMENTO
- encontre um propósito
- viva sonhos
- defina novos objetivos
- conquiste objetivos

@escolaconquer

FONTE: ESCOLA CONQUER

Em qual desses momentos você está?

É importante identificar onde você se encontra, porque esses movimentos são a porta de entrada para a alta performance.

Ser um vendedor quarta-feira é como ser o quarto ou quinto de uma competição esportiva.

- Você se lembraria rapidamente de quem ficou em segundo lugar em qualquer uma das provas de natação em que Michael Phelps se sagrou vencedor em alguma das Olimpíadas de que ele participou?
- E nas provas de corrida do Usain Bolt, arriscaria mencionar algum nome dos corredores que chegaram atrás dele, em segundo ou terceiro lugar?

Tudo bem, seu forte não é esporte e você não é capaz de citar esses nomes, compreendo. Então, *quem foi o segundo astronauta a pisar na Lua depois de Neil Armstrong*? Ah, por ser um evento antigo você tem dificuldades em lembrar os detalhes, se questionado de surpresa?! Concordo! Eu nem era nascido quando o homem chegou à Lua. Sendo assim, vamos a um evento mais recorrente.

Quem ficou em segundo lugar nas últimas eleições de prefeito da sua cidade, de governador ou até mesmo de presidente? Você se lembra de algum desses nomes? Política é um assunto polêmico, portanto você procura se distanciar? Ok! *Nesse caso, quem é o segundo homem mais rico do mundo?* Ah, você está inseguro inclusive sobre quem é o primeiro? Entendo.

Posso seguir por páginas e mais páginas lhe perguntando sobre quem seria o segundo colocado nas mais diferentes atividades. Seria um exercício torturante, e não é essa minha intenção nem o fato mais relevante do que quero lhe dizer, porque, provavelmente, você teria apenas uma única resposta para as minhas perguntas: "Eu não sei!"

Sejamos honestos, ninguém se lembra de quem não ganhou uma competição. O segundo colocado é a posição mais destacada entre os perdedores. O que diríamos, então, do terceiro, quarto ou quinto colocado? Quase nem os percebemos como participantes da competição. No Brasil, o desprezo por quem não conquista o primeiro lugar é muito forte. Em geral, não gostamos do esporte em si, gostamos da vitória, de vencer, de venerar o campeão. Nas Olimpíadas, percebemos esse comportamento de maneira muito descarada.

Há dezenas de atletas brasileiros disputando modalidades esportivas pouco difundidas por aqui, no país do futebol, como canoagem, badminton ou esgrima, esportes com quase nenhum incentivo ou repercussão nacional. Mesmo assim, temos atletas que conseguem uma mágica classificação em suas competições, mas o fato de não terem conquistado o primeiro lugar não provoca uma repercussão significativa. Os atletas que terminam em quinto e sexto lugares são desconsiderados. Para muitos, é como se eles nem tivessem participado da competição. Ainda que você ache esse comportamento injusto, é preciso estar atento ao fato de que o mundo não reconhece quem não está em destaque; por isso, destacar-se é algo importante, e este livro é sobre estar em destaque!

A questão não é ser melhor do que os outros, mas se superar diariamente. Procurar ser melhor do que você mesmo todos os dias. É uma questão de superação de si, mas, mesmo assim, ainda é importante ter uma referência, alguém em quem se espelhar.

Estabelecer algo ou alguém a superar ajuda a manter o foco, mas você só conseguirá ser o número 1 ao ser a sua melhor versão.

É fácil entender a importância de termos uma referência para nos espelhar quando conhecemos a história de Roger Bannister, o primeiro ser humano a correr uma milha em menos de quatro minutos. Quando na manhã de 6 de maio de 1954, aos 25 anos, esse inglês nascido em Harrow, no Noroeste de Londres, e estudante de medicina na Universidade de Oxford, cruzou a linha de chegada da competição entre a sua universidade e a *Amateur Athletic Association* (AAA), o mundo redefiniu os paradigmas de desempenho do corpo humano.

Até aquela data, achava-se que seria impossível correr uma milha em menos de quatro minutos. Bannister desafiou aquela certeza, terminando a prova em 3 minutos 59 segundos e 4 milésimos. Ele estabeleceu ali um novo recorde de velocidade e força no atletismo. Até então, aquela marca era considerada inatingível. Todos queriam superá-la, mas ninguém conseguia. Para completar, especialistas em medicina esportiva da época garantiam que seria impossível aquele feito até Bannister provar o quanto eles estavam errados, na pista das ruínas da Universidade de Oxford, em Iffley Road.

O público presente foi à loucura no anúncio de seu tempo. Rapidamente, a notícia se espalhou por toda a parte, e os atletas estabeleceram como meta superar a façanha, o que, surpreendentemente, aconteceria um mês depois, quando o australiano John Landy fez uma milha em 3 minutos 57 segundos e 9 milésimos. E mais, nos três anos seguintes, outros quinze corredores conseguiram igualar ou diminuir um pouco mais o tempo de Bannister.

Ao mostrar ao mundo que, sim, era possível correr uma milha em menos de quatro minutos, Bannister quebrou uma espécie de fronteira do impossível. De alguma forma, ele autorizou outros atletas a fazerem o mesmo, e quem teve foco, treino e talento conseguiu superá-lo e se superar. Esse é o primeiro passo da consciência; é o despertar para as conquistas. Ao termos referência para nossas metas, nós nos motivamos, saímos do lugar e transformamos os nossos planos em realidade. Isso aconteceu comigo. Só fui capaz de fazer dinheiro quando vi que outras pessoas com menos preparo e estudo do que eu conseguiam ganhar bem mais.

Quando comecei a fazer palestras, eu as oferecia de graça para praticar, ganhar experiência e me tornar conhecido no mercado. Depois de um tempo, passei a cobrar valores modestos, como R$2 mil. Ao estipular aquele valor, acreditava que não conseguiria nunca chegar aos R$5 mil, mas um belo dia cheguei àquela soma. Ao conquistar aquele patamar, celebrava, mas voltava a imaginar que seria impossível dobrá-lo e ganhar R$10 mil. Estava me enganando mais uma vez e tive essa percepção ao quebrar aquela barreira limitante; e assim foi, etapa a etapa. Achei que seria impossível chegar aos R$20 mil e superei essa marca; depois, os R$40 mil seriam inalcançáveis, mas este era mais um engano; e assim sucessivamente, aos 100 mil, 200 mil, 300 mil. Agora, estou na fronteira do R$1 milhão e já a superei também. A ideia desse valor mítico aparentemente muito distante para ser pago por uma palestra também caiu por terra.

Independentemente do montante final recebido por palestra, tenho o claro entendimento de que todos os valores conquistados resultaram de acreditar em mim e ver exemplos, no mercado, de pessoas que já tinham superado os ganhos que desejavam. As referências me permitiram alcançar as minhas metas.

Somos resultado das nossas pequenas ações diárias feitas de forma consistente.

Quem tem postura de não querer ser o número 1, geralmente, costuma se justificar com frases como:

— Perdi esta venda, mas a próxima eu ganho, não tem problema.

— Vendas são assim mesmo, um dia é da caça, o outro é do caçador.

Monstros, não existe dia da caça. Só há dia do caçador. Nunca vi uma zebra com um leão na boca. Você já viu?

É importante ter a consciência de que você não vai ganhar sempre. Em vendas, tem dias em que a gente perde e perde feio. Em algum momento, todo mundo perde em vendas, até os melhores, mas o fato de você não querer ser o melhor, naturalmente, será um impeditivo para você ganhar dinheiro de verdade. Pare de se contentar com menos do que você merece e comece a se valorizar. Você pode mais, muito mais, independentemente do nível em que esteja. Acredite!

Um dos maiores treinadores de vendas do mundo, o norte-americano Grant Cardone (bilionário, diga-se de passagem), tem um lema de vida e de negócios: *Be obsessed or be average*. Traduzindo: "Seja obcecado ou seja mediano." Eu nunca conheci nenhuma pessoa de destaque que não fosse obcecada pelo que faz. O nível de consciência dela sobre os processos, sobre os pontos fortes e sobre suas deficiências é muito alto.

Faça um compromisso consigo e seja obcecado por vencer.

Steve Jobs, um dos maiores revolucionários de nosso tempo, perseguia a perfeição. Adorado e odiado em proporções bem semelhantes, talvez até mais odiado do que amado, ele impôs a todos nós a sua visão de mundo e, como podemos constatar diariamente, pela presença da tecnologia em nossas vidas, ele se saiu muito bem em sua tarefa.

Nascido em 1955, em São Francisco, Estados Unidos, facilmente encontramos, em textos sobre o seu currículo, as atribuições de inventor, empresário, executivo, CEO, mas poucas vezes vemos ele ser descrito como vendedor, o que é uma injustiça, porque Jobs é um dos maiores vendedores de nossa história.

Uma de suas grandes façanhas foi ter sido um dos primeiros profissionais de venda a inverter a lógica do consumo. Ele conseguiu quase o impossível. A sua estratégia foi objetiva, ele tinha um produto, o qual entendia como "essencial"; e todos nós, como consumidores, teríamos de nos adaptar a ele. A história contada dessa forma até parece piada, mas foi exatamente isso que ele fez ao desenvolver os produtos e serviços da Apple. Como consumidores, tivemos de adaptar nosso comportamento para conseguirmos usar as suas invenções, não o contrário. Essa conquista dele foi revolucionária e abriu caminho para outros agirem de maneira parecida.

A Apple é uma empresa com ganhos tão robustos que só o faturamento obtido por ela, em 2019, com a venda dos fones de ouvido sem fio AirPods, de acordo com análises de mercado, superou o faturamento do Spotify, Snapchat e Twitter juntos. Isso aconteceu porque a Apple teria vendido 60 milhões de unidades desse acessório, arrecadando com as vendas, incríveis US$12 bilhões! Esse faturamento bate o resultado de gigantes da tecnologia como Adobe, Nvidia e AMD e quase se iguala ao faturamento da Uber. São ganhos absurdos, não?

A história de Jobs à frente da Apple é um dos maiores cases de venda jamais vistos até hoje e ela só aconteceu pela determinação com a qual ele construiu a sua trajetória profissional. Jobs foi obcecado por vencer, mas esse DNA de sucesso não é exclusividade dele. Entre os bilionários das empresas de tecnologia, ele é apenas mais um.

Profissionais como Jeff Bezos, Mark Zuckerberg, Larry Page são outros nomes que, a despeito das dificuldades, viraram o jogo em prol deles e tornaram-se bilionários a partir de um produto ou serviço completamente desconhecido quando lançado. Diga-se de passagem, assim como Jobs, todos são excelentes vendedores. Antes de suas empresas se tornarem empreendimentos de presença mundial

(Amazon, Facebook, Google, respectivamente), eles também comercializaram serviços inéditos.

Você talvez esteja se falando: *"Mas esses caras são muito distantes da minha realidade."* Ok, concordo e concordo também que tem alguém próximo a você com uma história de sucesso. Alguém que começou com poucos recursos (ou quase nenhum) e construiu uma trajetória bem-sucedida, chegando, na carreira profissional, bem mais longe do que você.

O que precisa estar claro é que se você não é tão inteligente nem tão rico ou se nasceu em um ambiente pouco favorável a se desenvolver, o seu caminho será mais longo e o seu esforço tem de ser contínuo, porque o projeto profissional tem de ser de longo prazo. Saber e ter consciência dessa duração é indispensável para começarmos a jornada e não desistir no meio do caminho. É importante não desistir.

A gente joga um jogo com regras mentirosas, nos apoiamos em informações inexistentes e em uma visão míope da realidade se temos baixa consciência sobre nossos planos. É como se tivéssemos de enfrentar um leão, mas como o nosso nível de consciência do perigo é baixo, acreditamos que vamos derrotá-lo com armas de plástico. Apesar de o exemplo ser ridículo, na realidade, é exatamente o que acontece.

A conquista do reconhecimento e do dinheiro é uma jornada e não um objetivo fixo, não um destino. **Dinheiro é consequência.** O mercado de trabalho para vendas é como um bolo e tem muita gente querendo comê-lo. Daí, quando muitas pessoas se interessam, as fatias diminuem. Sendo assim, poucos vão comer mais e a maioria vai comer menos. Não precisa ser nenhum gênio para entender essa situação.

Você tem duas chances para comer mais pedaços do bolo. Uma das maneiras é quando você é o maior e mais forte. Nessa situação, você vai lá e toma o pedaço dos outros ou protege melhor o seu. A segunda maneira é você chegar antes, ser mais rápido e mais esperto.

Lembre-se: é esse bolo que sustenta a sua família, o seu sonho, o sonho dos seus filhos, portanto, você vai deixar faltar? Se a fatia for pequena, seu filho, sua esposa, sua mãe, você, alguém vai ficar sem. Além do mais, você precisa entender que você é merecedor da fatia maior desse bolo. Ela é sua, mas você não a conquistará sem esforço, você precisa buscá-la.

Não se acostume a dividir o bolo. Não se acostume a perder. Veja o que é melhor para você!

Caso você esteja incomodado com o que está lendo ou, talvez, se questionando: *"Mas, Thiago, a gente não pode agir de maneira diferente, com mais empatia por nossos concorrentes? Será que não tem espaço para todo mundo?"*

Preciso deixar claro, monstros. Não é uma questão minha ou de vocês se haverá espaço para todo mundo. A dinâmica de mercado se encarregará de definir se o profissional vai ou não continuar vendendo, porque, afinal, sempre haverá concorrência. O mundo está cheio de pessoas ambiciosas. Eu diria até que é muito desejo para pouco mundo, afinal, sonhos e desejos são infinitos. Por outro lado, reconhecimento e remuneração são finitos. Vivemos cercados de muito querer para pouco poder.

Prestem atenção: se o seu produto ou a sua prestação de serviço vai ajudar o seu cliente, e ele tem dinheiro para fazer a compra, por que ele não deve comprar de você? É inadmissível aceitar perder qualquer venda sabendo disso. Não aceite perder vendas, porque se ele não comprar de você, vai comprar do seu concorrente.

O fato de você querer ser o melhor, querer ser mais reconhecido e consequentemente ganhar mais é, talvez, a sua maior ferramenta comportamental.

Sempre fiquei muito inconformado ao perder uma venda, porque não gosto de perder. Estudando e expandindo a minha consciência, entendi que possuímos *drivers* de ação, que são as nossas motivações para agirmos.

Thomas Malone, professor do Instituto de Tecnologia de Massachusetts e consultor de empresa, resumiu **três fatores** essenciais que motivam as pessoas a participar e desenvolver atividades: *dinheiro, amor e glória*. Já Jurgen Appelo, criador do método ágil de gestão, diz que temos **dez fatores** de motivação. A seguir, reproduzo a lista de Appelo para você identificar entre eles qual é o seu *drive*:

1. **Aceitação:** saber que as pessoas ao seu redor gostam de você e do seu trabalho.

2. **Curiosidade:** ter sempre que pesquisar e buscar coisas diferentes para incorporar ao seu trabalho.

3. **Domínio:** ter certeza de que o trabalho a ser desempenhado está dentro da sua alçada de conhecimento e ao mesmo tempo o leva a melhorar.

4. **Honra:** saber que você consegue passar os seus valores para a sua equipe e seu dia a dia na empresa.

5. **Liberdade:** não depender de outras pessoas para realizar o seu trabalho.

6. **Objetivo:** saber que seu trabalho está alinhado com seu objetivo de vida ou que você está trabalhando para um bem maior.

7. **Ordem:** ter um mínimo de ordem e estrutura na empresa para que você possa desempenhar o seu trabalho.

8 **Poder:** saber que sua opinião será ouvida e levada em consideração na tomada de decisão.

9 **Relacionamento:** ter um bom relacionamento social com os colegas de trabalho.

10 **Status:** saber que você tem um bom cargo na empresa e é reconhecido por isso.

No meu caso, *objetivo* e *poder* são os meus drivers. Conduzo minhas ações na expectativa de que o meu trabalho esteja sempre alinhado com o meu objetivo de vida; e que esteja usando as minhas atividades profissionais para um bem maior. Por isso, complemento essa característica procurando ter a certeza de que a minha opinião vai ser considerada na tomada de decisão das atividades nas quais estou envolvido. Essas características não me impedem de trabalhar com pessoas com drivers diferentes, como é caso de alguns dos meus funcionários. Observo, entre alguns dos profissionais que trabalham comigo, que alguns deles dão mais valor a serem reconhecidos do que aos ganhos financeiros.

Os drivers têm a ver com a personalidade, com autoconhecimento, mas seja como for, para quem busca ganhar mais dinheiro ou ter reconhecimento acima da média, a ambição é indispensável.

De acordo com pesquisa feita por uma das mais renomadas empresas de testes online sobre personalidade e carreira dos Estados Unidos, a Truity, a ambição é o fator de personalidade que tem o maior impacto no nível de renda de um profissional. Eles chegaram a essa conclusão após conduzir os seus estudos com mais de 72 mil pessoas. Diante dessa informação, é preciso considerar, ambição é diferente de ganância.

SER EGOÍSTA NÃO É NECESSARIAMENTE RUIM

A todo o tempo, há novos profissionais entrando no mercado ou mudando de área, e muitos estão se aposentando. Essa movimentação é natural e acontecerá independentemente do meu ou do seu desejo. Não há como controlar o vai e vem do mercado, mas dentro dessa movimentação as pessoas podem controlar a sua atuação, a sua presença no segmento. A competição é sempre mais vantajosa em um mercado capitalista do que o protecionismo e/ou o monopólio.

Sempre haverá alguém com mais ambição que vai puxar a média do jogo para cima. Somos seres egoístas e nos adaptamos a conviver em sociedade por necessidade. Aliás, isso é ética, nosso conjunto de valores e princípios que usamos para viver em uma comunidade da melhor maneira possível (mais à frente, escreverei mais sobre esse tema). Por enquanto, quero deixar claro e observar o conceito de egoísmo por outro prisma. Ser egoísta não é necessariamente ruim.

A palavra egoísta vem do latim "ego" (eu), acompanhado do sufixo "ista", indicando "adesão à doutrina ou costume". Em resumo, a palavra egoísta, em seu significado original, nos remete ao "costume do eu". Por isso, nada mais importante do que você pensar primeiramente em si. A analogia do avião cabe como uma luva para explicar esse argumento.

Antes da pandemia, eu passava mais de vinte dias por mês viajando de avião, dando palestras e treinamentos por todo o Brasil e fora dele. Se você já viajou de avião, deve ter visto a apresentação dos comissários de bordo sobre as práticas de segurança, demonstradas momentos antes da decolagem: "Em caso de despressurização, máscaras de oxigênio cairão automaticamente. Puxe para liberar o ar. Em seguida, coloque primeiro a máscara em você e só depois procure ajudar a pessoa ao seu lado."

Se você nunca parou para pensar sobre essa determinação dos comissários de bordo (ou, talvez, nunca tenha viajado de avião), pode estar pensando agora:

> — E se eu estiver com meu filho ou com uma pessoa idosa, essa regra precisa ser respeitada? Primeiro, devo colocar a máscara em mim para só depois ajudar quem estiver ao meu lado, independentemente de quem seja esse alguém?

A resposta é sim! Você tem de adotar esse comportamento. A lógica por trás dessa determinação é a seguinte: como você pode ajudar outra pessoa se você não tem as condições corretas para essa ajuda?

Monstros, talvez eu ganhasse a concordância de vocês com o que estou expressando se usasse como retórica frases motivacionais ou carinhosas, se ressaltasse a importância de ajudarmos aos outros para construirmos um mundo melhor, mas não farei isso. Ajudar aos outros e fazer um mundo melhor é necessário, não tenho dúvidas. Mas tenha certeza: você conseguirá ajudar quem você quiser, de maneira bastante efetiva, em maior volume e com mais resultado, se estiver nas condições adequadas para essa ajuda. Se estiver forte!

Você pode, sim, colaborar com o mundo, ajudar as pessoas, os animais, doar sangue e, ainda assim, pensar em você em primeiro lugar. Ter compromisso com os seus desejos e sonhos e priorizá-los não é incompatível com a ajuda. Cooperar faz parte da competição sustentável. O próprio bilionário americano George Soros já se manifestou dizendo: *"Muita competição e pouca cooperação podem causar instabilidade e injustiça intoleráveis."* Mas antes de tudo é preciso satisfazer as suas necessidades para só depois ajudar o que lhe interessar. A filósofa Ayn Rand chama isso de *egoísmo racional*. Claro que nenhum extremismo é benéfico e realista, mas uma visão um pouco menos altruísta me parece mais próximo da realidade. Competição com valores.

> **PARA DIVERSIFICAR SUA LEITURA SOBRE O TEMA**
>
> Ayn Rand, em seu livro *A Revolta de Atlas*, e Richard Dawkins em sua obra *Gene Egoísta*, aprofundam bastante a importância de nos colocarmos em primeiro lugar nas situações, como maneira de vivermos mais efetivamente nossas vidas. Para contrabalancear, a obra *Moralidade do Capitalismo* integra as duas teorias (altruísta e egoísta). A leitura dessas três obras é muito importante, caso você se interesse pelo assunto e queira aprofundar o seu conhecimento sobre o tema. Essas três publicações oferecem um material extraordinário para expansão da consciência.

Controle a sua carreira!
Controle as suas vendas!
Controle os seus números!

Muitos vendedores chegam ao dia 30 do mês e não sabem quanto vão ganhar. Essa situação acontece porque eles, claramente, não controlam seus números, e essa desinformação é um desastre para a rotina de trabalho desses profissionais.

Hoje em dia, quem está no mercado de vendas, em qualquer posição, tem de entender sobre *funil de vendas*. É inviável trabalhar em nosso setor e não compreender o conceito do *funil de vendas*, porque o seu conhecimento dimensiona como as suas vendas estão, como elas serão, indica qual a taxa de conversão para cada etapa do processo, mostra oportunidades e se essas oportunidades são importantes para se bater as metas. Os números nos dizem o que precisa ser melhorado, qual habilidade tem de ser desenvolvida. O controle dos números nos dá previsibilidade, e previsibilidade é a arma do novo profissional.

Neste momento, qual é o aspecto de suas atividades profissionais que você pode ter algum controle? Tenha a resposta sobre esse questionamento antes de você sair por aí culpando os fatores externos, os acontecimentos ao seu redor, o seu chefe, o mercado, até mesmo a concorrência como situações responsáveis por suas perdas. Sobre esse tema, um dos mais renomados consultores em gestão no mundo, Vicente Falconi, reflete:

> *"Se você for absurdamente bom no que você controla, a concorrência perde relevância."*

E se você que ser absolutamente bom no que controla, como aconselha Falconi, comece por entender como você funciona, se conheça. Como seres humanos, dividimos os acontecimentos em nossa vida em duas áreas: de influência e de preocupação.

Na *influência*, está tudo aquilo que, de alguma maneira, eu tenho condições de alterar; já na *preocupação*, estão os acontecimentos ao meu redor que não tenho condições de mudar, mesmo eles interferindo em meus resultados. Exemplos:

- Está chovendo. Você pega um guarda-chuva e sai (influência).
- Está chovendo. Você reclama, fica xingando que deveria fazer sol (preocupação).

A segunda opção parece bem ridícula, não é mesmo?! Mas tenho absoluta certeza de que você faz isso umas dez vezes ao dia quando chove e nem percebe. Esse comportamento, além de tirar a sua energia, faz você acreditar que é azarado e que as pessoas e o mundo estão contra você.

Preste atenção, ninguém está nem aí para você (exceto algumas pessoas, sua família, prioritariamente). O mundo não está nem aí para você. Ou você vai lá e negocia com o mundo a partir de seus desejos e projetos, ou o mundo não vai lhe dar nada!

Por isso, é importante buscar ser o melhor. Agora, se você vai conseguir ser bem-sucedido nessa busca já é outra história, porque são inúmeros os fatores necessários para essa conquista e alguns deles, talvez, estejam além de sua determinação. Essa compreensão é importante para você saber lidar com as perdas, com as situações desfavoráveis e com os momentos em que você não foi o melhor, porque eles vão acontecer e não serão poucos.

Mas, a despeito das situações difíceis que você enfrentará, faça de seu produto, de sua prestação de serviço e da sua empresa algo tão relevante que aquilo que você estiver vendendo será um objeto de busca, desejado pelos clientes. Assim, as pessoas vão procurar por você, não por seus concorrentes.

Elimine a concorrência atraindo os seus clientes porque você oferece algo de absoluto valor. Nem sequer é preciso falar mal dos seus concorrentes (até porque essa prática há muitos anos já saiu de moda). Os clientes, inclusive, não gostam dessa atitude. Quem age dessa maneira é vendedor ruim. Sua concorrência precisa perder força pela excelência do seu trabalho, pela consistência de suas atitudes.

A concorrência precisa ter respeito por seu trabalho e temer o seu nome. Não aceite ser o segundo.

OS 7 MANDAMENTOS DO VENDEDOR QUE SEMPRE ESTÁ BUSCANDO SER O MELHOR

1. Procure pelas melhores oportunidades. Não aceite dividir o bolo.

2. Sempre ofereça o seu melhor.

3. Determine suas metas e as cumpra; faça pequenas missões diárias.

4. Não é preciso estar sempre motivado. Motivação não é condicional do sucesso.

5. Fique incomodado com a derrota; aprenda com ela, mas saiba que ela existirá.

6. Esforço é uma condição compulsória (não é optativo).

7. Você é o responsável pelo seu bom desempenho. Não terceirize o seu fracasso.

A única coisa que ninguém pode fazer por você é a sua parte!

O bom vendedor é um especialista. Ele domina o assunto de sua venda e está aberto a se reformular. Essa afirmação me leva a duas outras características fundamentais dos vendedores bem-sucedidos: *ambição* e *consistência*. Não há mal nenhum em ser ambicioso, mas compreenda a carga negativa associada a essa condição.

Você tem vergonha de dizer que quer mais e que gosta de dinheiro?

Você tem vergonha de dizer que é ambicioso?

Em uma cultura como a brasileira, muita gente entende a ambição como algo negativo. Quem a tem é frequentemente mencionado como interesseiro. Porém, o seu significado não se esgota em termos negativos, na representação de alguém em quem não se pode confiar, por cobiçar. Ser ambicioso também é desejável, e o seu significado dicionarizado assim nos indica.

Quem ambiciona deseja algo, aspira e pretende realizar, tem vontade de alcançar um objetivo, e é exatamente a esse sentido a que me refiro ao afirmar:

Ser ambicioso é desejável.

Vendedores precisam ter ambição, vontade de alcançar algo maior. É preciso construir um objetivo, seja ele qual for e essa situação passa por ter dinheiro. O dinheiro não pode ser o pilar central da sua vida, porém ele tem de ser um dos indicadores do seu sucesso. Não deixe o dinheiro mandar em você, porque quando essa situação acontece você acaba trocando seus valores pelo dinheiro. É muito bom ter dinheiro, mas somente quando ele trabalha para você. Aliás, para você, o que é ser rico? Essa é uma pergunta **extremamente** importante na construção da consciência. *Será que ser rico é ter R$1 milhão na conta? É ter uma renda recorrente de R$30 mil, R$40 mil por mês?* Não me venha com essa história de: "Ser rico é ter saúde." A saúde é indispensável, eu sei. Até porque, se você estiver morto, de nada adianta ter milhões na conta bancária, mas, aqui, estou falando de dinheiro.

- *Quanto você está buscando neste momento?*
- *E quando você conseguir essa soma, o que vai fazer?*
- *Por que você deseja ter essa quantia? Por que não o dobro?*
- *Por que não a metade desse valor?*

A CULPA DE NÃO GANHAR MAIS DINHEIRO É SUA

Ao longo de minha trajetória profissional, sobretudo, realizando palestras país afora, vejo muita gente mostrando soluções prontas quando aborda questões relacionadas à formação profissional dos vendedores. É como se, para essas pessoas, em um passe de mágica, pudéssemos tirar uma resolução adequada de dentro de uma cartola. Essa imagem cai muito bem em shows de mágica, mas na realidade dos vendedores ela não passa de uma ilusão barata.

Há, sim, uma base de experiência comum, técnicas que podemos lançar mão para nos aprimorarmos, mas antes desse conjunto possível de soluções, que pode ou não ser utilizado, não se esqueça do fator mais importante e fundamental de toda essa estrutura: você.

Provavelmente, a culpa por você não ganhar mais dinheiro e não ser mais reconhecido é sua.

De verdade, você quer ter mais tempo, mais dinheiro, mais reconhecimento, mais saúde etc.

Se você acorda todo os dias com algum desejo de ser melhor, por que não o realiza?

Você precisa encontrar um produto e/ou serviço no qual você acredite sem ressalvas para, consequentemente, vendê-lo de maneira indiscriminada, sem medo de estar oferecendo "gato por lebre". A partir daí, você tem de ser ambicioso para executar suas estratégias, e você só vai conseguir agir dessa maneira se tiver consistência, se mantendo coerente com as suas atitudes, demonstrando resiliência e afinco, trabalhando em um lugar e com pessoas que tenham valores parecidos com o seu. Ressalto, porém, que essa não é uma fórmula do sucesso. É um caminho já trilhado por muitos, inclusive por mim, com demonstração de resultados impossível de contestar.

O bom é que esse caminho pode ser percorrido de várias maneiras. Aliás, ele deve ser feito à sua maneira, porque aí ele será original, único e vai despertar interesse. Por isso, lhe convido a descobrir quem é você nessa caminhada. Você vai se apropriar de si e de algumas técnicas para aplicá-las da melhor maneira à sua profissão.

Os setores comercial, de vendas e marketing estão se ressignificando intensamente.

De maneira geral, as mais diversas organizações entraram nos anos de 2020 com o absoluto entendimento de que têm de se estruturar de outra forma, principalmente, em suas relações comerciais, de venda e marketing, se quiserem sobreviver aos novos tempos, às novas maneiras de interação.

Ou a gente se reinventa, ou a gente deixa de existir para o mercado.

O nível de exigência da área de vendas tanto operacional quanto conceitual ou estratégico, foi elevado. Entrou em outro patamar e requer a reciclagem das competências de seus profissionais. Afinal, o ato de comprar torna-se uma experiência única e irrestrita. Ele acontece nas compras diárias do supermercado ou quando procuramos produtos e serviços sofisticados, exclusivos. Em termos do processo de venda como experiência, o local, produto ou serviço comercializado é indiferente, porque a forma de consumir está sendo transformada.

#Orgulho de Ser Vendedor

A pior coisa que pode acontecer em uma guerra de preço é você ganhar. Sempre vai ter alguém fazendo um pouco pior ou entregando um pouco mais tarde e cobrando um pouco menos por isso.

Quando a gente vende algo, a gente precisa mostrar a modificação que acontecerá na vida das pessoas ao comprar o nosso produto ou serviço. Aí, a venda terá impacto!

Os clientes precisam entender esse impacto na vida deles, para dimensionarem a sua importância como vendedor.

CAPÍTULO 2

A SUA FUTURA POSIÇÃO DEPENDE DO SEU PREPARO

> "O seu nível de sucesso jamais vai exceder o seu nível de preparo."
>
> **JIM ROHN, EMPREENDEDOR.**

Se você ainda não me conhece, muito prazer, me chamo Thiago Concer. Eu sou o palestrante de vendas mais contratado do país e tenho muito orgulho desse reconhecimento. Mas apesar desse meu contentamento, ainda quero ampliar a minha atuação profissional, ter novas conquistas. Não é segredo para ninguém, principalmente para quem me acompanha ou já teve algum contato profissional comigo, que minhas metas de trabalho são ambiciosas. Por isso, faço questão de demonstrar meu desejo aos quatro cantos do mundo. Primeiro, porque não tenho tempo a perder me escondendo, me enganando ou sabotando os meus planos. Segundo, é importante para o mercado compreender meu posicionamento; dessa maneira, atuo com mais tranquilidade. Quem vem trabalhar comigo sabe o que esperar; e o setor, por sua vez, tem clareza de onde quero chegar.

Como vendedor, se você tem vergonha de suas conquistas ou de seus planos, você tem um grande problema. Vergonha e vendas são palavras que não combinam entre si.

Não existe espaço para a vergonha na caixa do sucesso.

Se você quer ser um vendedor dos bons, orgulhe-se de suas atitudes, fale sobre seus desejos, demonstre ser quem você é.

Talvez você tenha vergonha em dizer às pessoas que você é vendedor. Se esse for o seu caso, eu entendo você. A profissão foi tão mal conduzida que até hoje parte das empresas nunca nos deu o devido valor, mesmo sendo o resultado de nosso trabalho a fonte pagadora de salário de todas as áreas da empresa. Pior, essa má compreensão não se restringe ao âmbito profissional; talvez alguns de seus conhecidos não lhe olhem com tanto respeito profissional. Até a sua família, talvez, não tenha tanto orgulho de suas conquistas profissionais como teria caso você fosse médico, advogado ou engenheiro. Se você vive essa situação, não se vitimize.

No momento em que você estiver com o bolso cheio de dinheiro, vai se orgulhar, e muito, da sua profissão e será nesse momento que as pessoas vão olhar para você com respeito, sem mi-mi-mi.

Se comercializa produtos ou serviços, independentemente da sua posição, se contratado de carteira assinada, representante comercial, executivo de vendas, dono da empresa, quando estiver financeiramente bem, as pessoas vão reconhecê-lo e valorizar o seu trabalho.

Pensa comigo: você já ouviu alguém chamar um vendedor de "bom vendedor" quando ele não vende?! Isso não existe! Vendedor bom é aquele que vende, é o profissional que faz dinheiro. Neste sentido: *"Only closers make big money"*, como diz Grant Cardone. Essa expressão é certeira, só quem fecha negociações é capaz de fazer uma quantidade de dinheiro significativo.

Quando vocês estiverem fazendo muito dinheiro, Monstros, vocês vão se sentir muito orgulhosos de sua profissão. Daí, aqueles momentos em que você vai ser apresentado para um grupo de novas pessoas, para o pai de sua namorada, e quando escrever a sua profissão em algum documento ganharão outro significado e serão muito mais prazerosos. O dinheiro vai ser a homologação de seu reconhecimento como profissional de vendas.

Por que você se esconde?
Por que você tem vergonha de falar que é vendedor?
Você tem vergonha de vender ou tem vergonha do que precisa fazer para ganhar dinheiro com vendas?

Ao longo deste livro, vou reafirmar constantemente: **acredite em si!** Acredite que dá para fazer melhor, porque dá. A gente sempre está fazendo abaixo do nosso potencial, isso é normal, porque estamos em luta com o nosso cérebro. Nossa mente tenta nos proteger de riscos, porque ela quer evitar as dores. Com isso, jogamos em uma zona muito mais segura, eliminando as oportunidades e o espaço para termos um desempenho de alta performance. Mas, infelizmente, não existem ganhos acima da média jogando só na certeza. É preciso coragem para ousar, porque, em diversos momentos de sua trajetória, você vai desconfiar muito de si. Vai se ver como um impostor e não vai valorizar as suas conquistas. Tudo bem, essas atitudes fazem parte do processo. É normal, vez ou outra, senti-las. Porém, não se deixe paralisar por elas. Não desista de seus objetivos por esses sentimentos negativos. Acredite, eles são cíclicos e vão passar.

O escritor Luciano Pires tem um texto maravilhoso intitulado *O Ensaio sobre o Cagaço*, em que mostra as diferenças entre o medo e o cagaço. Luciano escreve: "Você vai ter medo, e isso é bom, porque você ficará alerta; já o 'cagaço', por sua vez, vai te paralisar. Ele não deixa você se mover."

Nessa perspectiva, é positivo ter medo, porque, ao tê-lo, você demonstra um sentimento sobre algo real, concreto, que está acontecendo e, mesmo assim, reage. Agora, o cagaço está relacionado a uma hipótese, algo que pode acontecer, e você, por sua vez, não tem nenhum controle sobre a situação. Ou seja, ele é um sentimento sobre uma situação imaginária. É o que você imagina que pode acontecer e tem muito medo por isso.

Vendas é sobre executar! Mesmo que não esteja tudo certo, lembre-se da frase do genial Jeb Blount: "*O sucesso conturbado é melhor que a mediocridade perfeita.*"

Tem gente que acredita em coincidência, outros em signos. Vendedores acreditam em si mesmos.

Obviamente, para ser um bom vendedor, não basta apenas querer, ter vontade ou repetir infinitamente qualquer comando. Você tem de agir, então se coloque em movimento e arrisque-se! Elimine a sensação de erro de sua ação. Não conheço **nenhuma pessoa** de muito sucesso que não tem um monte de erros na sua trajetória, **um monte!** De uma vez por todas, acabe com os seus pensamentos negativos. Fazendo isso, você constrói um repertório de trabalho — e você precisa muito dele para seguir no mercado. Mas se não conseguir imediatamente, aprenda com ele, porque, afinal de contas, quem disse que você não pode reverter o seu erro em uma história de grande sucesso?!

Matthew Turner desconstrói o mito acerca do erro no universo corporativo. Ele é autor do *The Successful Mistake: How 163 of the World's greatest entrepreneurs transform failure into success* (O Sucesso do Erro: Como 163 entre os maiores empresários do mundo transformam seus fracassos em sucesso, em tradução livre).

Ao entrevistar líderes do mundo executivo como Chris Brogan, Rachel Elnaugh, Mitch Joel, Turner traçou uma relação de erros cometidos por eles e descreveu como esses profissionais foram capazes de reverter as situações desfavoráveis criadas a partir de seus enganos e, sobretudo, prosperaram posteriormente. Ou seja, errar é humano, o problema está em insistir no erro e não fazer nada para não o cometer novamente ou modificá-lo.

Em vendas, nossa trajetória profissional faz a diferença, ela nos torna únicos. Trabalhe com dedicação para obter a sua vivência. A sua experiência vai ajudá-lo a bater as metas estipuladas, garantir bons resultados, ampliar a sua cartela de clientes. E quanto maior for a opção de sua carteira de clientes, mais segurança e autonomia você terá. Isso o coloca em vantagem no mercado.

Eu, por exemplo, posso dizer que sou o palestrante de vendas mais contratado do Brasil porque nos últimos anos — e estou mencionando apenas o período de 2015 a 2020 — fui contratado por mais de quinhentas empresas para dar palestras, uma média de cem contratações ao ano. **Meus números falam mais alto do que minhas palavras!**

Há inúmeros vendedores no mercado brasileiro, mas quantos são reconhecidos como os melhores no que fazem?

APRENDA A ABRIR MÃO DE ALGO

No começo de minha trajetória como palestrante, eu sempre me perguntava o porquê de tanta gente querer me ouvir e não me fazia esse questionamento por duvidar de minha capacidade. Eu reconheço minhas habilidades como orador, minha capacidade de organizar meus pensamentos para expressá-los pela fala e a empatia que construo com a plateia presente. Depois de um tempo ficou evidente para mim que as minhas palestras eram bastante requisitadas porque eu levava para as pessoas assuntos de grande interesse. Essa constatação me levou a um questionamento:

Como você desperta interesse para o seu negócio?
Se não souber essa resposta, você não sabe se vender.
E se não sabe se vender, como acha que vai vender algum produto ou serviço?

Quando as organizações ou os profissionais, individualmente, procuram por palestras, eles estão em busca de formação, de informação. Querem encontrar uma maneira de modificar alguma de suas características comportamentais, adequar uma forma de trabalhar. Quando essa dinâmica acontece, passo a oferecer um serviço de múltiplas dimensões. É muito difícil mensurar com exatidão o impacto causado por um conhecimento adquirido ou a extensão da duração de seus efeitos na vida de alguém.

Em todos os meus anos como palestrante, quem já ouviu as minhas falas, de alguma maneira, teve a chance de se beneficiar ao conhecer uma técnica específica ou se inspirar por algum dos relatos de minha trajetória.

Apesar de ainda ser relativamente jovem, tenho muita experiência. Trabalho intensamente no setor há mais de quinze anos. De domingo a domingo, estou na labuta, mas só consigo cumprir uma jornada de atividades tão extensa porque me entendo como vendedor pelas 24 horas do dia. Porém, antes de você construir uma ideia errada ao meu respeito a partir dessa informação e pensar que sou um workaholic insensível, preciso deixar claro: tenho família e a amo muito. Sou um pai, um marido, um filho presente e dedicado (ou pelo menos acredito ser).

Sim, apesar das longas horas de trabalho e das cansativas viagens, hoje, consigo dedicar qualidade de tempo para a minha família. Mas tenha em mente:

cada passo para a expansão da sua carreira exigirá que abra mão de coisas muito importantes em alguns momentos, inclusive da sua família.

E por que estou falando tudo isso, Monstros?! Se você me acompanha pelas redes sociais, se já me viu em alguma palestra, provavelmente, deve ter me ouvido dizer que os sentimentos motivam as vendas. Você tem de ter essa certeza.

Os sentimentos motivam as vendas.

Essa condição é mais importante do que o produto ou o serviço oferecido em si.

Junto à natureza dessa dinâmica, acrescente dedicação. Os bons resultados só vêm quando você está verdadeiramente envolvido com o que você estiver fazendo. A sua prosperidade está onde está o seu foco, e não onde está a sua habilidade.

Não se engane, você até pode ter algumas situações de sorte e realizar boas vendas, por um período determinado, mesmo sendo displicente. Porém, essa maré de bonança em sua performance não dura sem consistência; pode já ter durado mais, mas com o nível de exigência por parte dos clientes atuais, isso não é mais possível.

Você já se perguntou por que tem tantos vendedores bons que não conseguem ganhar dinheiro de verdade com vendas? Ou por que a maioria dos vendedores não consegue manter a consistência financeira?

Estão sempre apertados, mesmo sendo bons vendedores, mesmo sabendo o que fazer para ganhar dinheiro?

Caso você desconheça as razões pelas quais nos motivamos, de nada adiantará sua participação no mais recente treinamento de vendas ou na elaboração de uma estratégia de marketing extremamente cara.

Todo mundo está insatisfeito com algo na vida.
Qual é a insatisfação que faz seu cérebro disparar?
O que tira o seu sono?

O cérebro humano é induzido a agir apenas quando motivado. Temos a tendência a ficar inerte, economizar energia, nos resguardar do risco, mas existem ferramentas que nos fazem agir. As pessoas têm gatilhos mentais.

GATILHOS MENTAIS

O cérebro humano realiza 35 mil escolhas todos os dias, desde as mais triviais, cotidianas e íntimas, às mais complexas e com repercussão, direta e indireta, para um conjunto de pessoas. Sabendo dessa condição, nosso cérebro lança mão de mecanismos automáticos de funcionamento para agilizar certas decisões, principalmente as mais repetitivas, como o caminho que fazemos de casa ao local de nosso trabalho. Esse exemplo é bastante ilustrativo porque é uma condição cotidiana, executada quando não trabalhamos em home office.

Se todos os dias tivéssemos de decidir por uma rota diferente da outra, veríamos desaparecer uma grande quantidade de energia cerebral. Viveríamos cansados, sobrecarregados, dispersos. Atento a essa situação, nosso organismo determina um caminho, geralmente o mais curto entre nossa casa e o escritório. Deixamos de procurar trajetos alternativos. Essa decisão nos poupa energia, nos oferece uma sensação de estabilidade e abre espaço para o cérebro se dedicar a tarefas mais complexas ou inusitadas.

O entendimento do funcionamento cerebral é um dos maiores desafios da ciência, desde os tempos remotos. Não à toa, o cérebro é considerado o órgão mais complexo do corpo humano. Um dos motivos dessa complexidade está na maneira como os milhares de células de sua composição estão interligadas e funcionam, o que resulta em diversas teorias. Dentre elas, a do psicólogo e prêmio Nobel de Economia, Daniel Kahneman.

Em seus estudos, Kahneman, teórico da economia comportamental, tenta entender e explicar o comportamento aparentemente sem sentido dos seres humanos em termos de gestão de risco. Para chegar a suas conclusões, ele combina definições e práticas econômicas com a ciência cognitiva.

O seu pensamento instigante subverte o conceito da racionalidade de nossas decisões. Para ele, nem todas as nossas escolhas são originadas de um processo lógico, racional. Muito pelo contrário.

Em seu livro, o best-seller, *Rápido e Devagar: Duas formas de pensar*, publicado em 2011, Kahneman descreve dois caminhos utilizados pelo cérebro para elaborar um pensamento e nos emitir um comando de ação. Esses caminhos podem ser:

- **Rápido, intuitivo e emocional:** utilizado para resolver problemas considerados fáceis e que não demandem grandes esforços.
- **Lento, deliberativo e lógico:** quando nos deparamos com questões mais complexas, que nos exigem mais tempo de reflexão e concentração para solucioná-las.

Essas duas maneiras de funcionamento cerebral trazem em si capacidades extraordinárias. Se bem utilizadas, nos oferecem resultados excepcionais, mas elas também podem nos gerar defeitos e vício de atitudes, que são expressos quando as utilizamos de forma equivocadas, aplicando-as a situações inapropriadas.

Essa constatação só reforça a importância em termos a devida consciência do nosso processo de tomada de decisão. Quais motivos nos levaram a agir de determinada maneira em detrimento de outra? Por qual motivo, em algumas ocasiões, nos paralisamos e postergamos nossas atitudes ou até, de maneira extrema, não fazemos nada? Simplesmente vemos o tempo passar e não respondemos à demanda em questão.

Quantas vezes você já se viu sentado em cima de uma decisão e não fez nada para resolvê-la?

Esse pode ser um comportamento frequente em sua trajetória profissional.

A clareza do funcionamento de nossas capacidades cerebrais e, portanto, do nosso potencial de decisão determina nossa evolução social, em todos os aspectos. Do ponto de vista profissional, traz eficiência para o resultado de nossas atividades. É ferramenta que nos ajuda a reconhecermos nossos erros, os corrigirmos e tentarmos novamente.

Quando reconhecemos os nossos gatilhos mentais (e o dos outros), conseguimos obter respostas mais imediatas sobre nosso comportamento. Em vendas é fundamental termos agilidade para reconhecermos nossos gatilhos mentais, assim como o dos nossos clientes. Essa agilidade de reconhecimento nos coloca em uma posição privilegiada.

Gatilhos mentais são respostas "impensadas" que o cérebro tem quando estimulado por um sinal externo.

EM VENDAS, AO COMPREENDER E SABER UTILIZAR OS GATILHOS MENTAIS, EU:

- Melhoro a minha comunicação interpessoal.
- Crio relações de confiança.
- Desenvolvo empatia.
- Facilito minhas negociações.
- Aumento as minhas possibilidades de conversão nas vendas.
- Reforço a minha marca frente à concorrência.
- Crio ações de propaganda e marketing adequadas ao meu público de interesse.
- Sou mais eficiente, portanto consigo resultados mais rapidamente.

Por isso, os gatilhos mentais são ferramentas de uso diário. Ao saber usá-los, você conduz qualquer negociação para os seus objetivos, estando no controle por todo o tempo, sem aparentar ser autoritário ou manipulador.

Um bom exemplo de ativação dos gatilhos mentais é identificado na publicidade de carros, quando agências publicitárias criam campanhas para a venda de determinadas marcas utilizando pilotos de Fórmula-1 como garotos-propaganda. O que está por trás da escolha desse profissional para anunciar a marca em questão é a confiança no conhecimento automobilístico deles, associada à imagem de atleta. Afinal, quem ganha a vida dirigindo carros que podem chegar a 320km/h, com certeza, deve entender alguma coisa de mecânica, conforto e qualidade sobre automóveis de passeio.

A imagem do piloto de F-1 ao lado de um carro desperta no inconsciente das pessoas o gatilho mental da autoridade. Sendo assim, o comprador acredita que o veículo é bom!

Como vendedor, você tem algumas limitações para determinar quando as pessoas necessitarão do seu produto ou serviço. Esse é um fato na relação de vendas. No entanto, cabe a você despertar a vontade, a necessidade no inconsciente do seu público de interesse por aquilo que você quer vender. **Gere interesse!** A ativação dos gatilhos mentais proporciona essa situação, aumenta as suas chances de fechar negócios e dinamiza as suas campanhas de marketing.

Uma estratégia de marketing bem-sucedida provoca reações imediatas, assim como uma venda bem realizada não demanda horas de negociação. Não seria excelente poder usar essa arma da persuasão para conduzir o seu cliente na direção correta? Para conseguir aquele tão esperado "sim"?

Leia com atenção os dez gatilhos mentais que separei para você atingir seus objetivos. Existem outros, é claro, mas de maneira geral, os mencionados aqui, sem bem utilizados, cobrem boa parte de seu esforço de vendas.

10 GATILHOS MENTAIS PARA MANTER O CONTROLE DE SUAS VENDAS

1 Autoridade: Um vendedor precisa mostrar profundo conhecimento sobre o produto ou serviço que está vendendo. Esse conhecimento gera a imagem de autoridade desejada no processo da venda. Essa é uma característica fundamental em nosso setor. O vendedor precisa saber profundamente o que está vendendo e demonstrar esse aspecto ao cliente. Por sua vez, o consumidor ficará mais seguro e inclinado a fechar a negociação. O aspecto de autoridade também é muito importante na elaboração da campanha de marketing e propaganda. Para inspirar confiança nas peças ou ações comerciais, é necessário contratar uma personalidade cuja trajetória profissional ou de vida esteja associada, de alguma forma, a ser autoridade em relação ao produto ou serviço à venda.

2 Reciprocidade: Clientes respondem positivamente se forem recompensados. Por isso, investir em brindes, cartas de agradecimentos e envio de convites é uma excelente ideia, se forem feitos de maneira sincera e gratuita. Assim, o cliente se sentirá reconhecido, e as chances de ele fechar negócio com você aumentam.

3 Escassez: Compras impulsivas acontecem quando um produto ou serviço for limitado ou quando há poucos itens no estoque. Isso porque os consumidores são atraídos pelo exclusivo e pelo difícil. Dessa maneira, se você demonstrar escassez em relação ao produto e/ou serviço, o interesse do seu cliente será rapidamente despertado.

4 Storytelling: As histórias provocam reações emocionais, pois os consumidores se relacionam com marcas que despertam memórias afetivas por meio da história do produto ou do serviço (storytelling). Por isso, utilize histórias pessoais ou depoimentos de clientes satisfeitos para criar o laço de conexão entre aquilo que você está vendendo e o seu possível consumidor.

5 Novidade: Quando você vê algo novo, há uma liberação de dopamina, neurotransmissor que provoca a sensação de prazer em seu cérebro. Não adianta apenas apresentar um produto novo, é preciso mostrar por que ele é uma novidade. Desse modo, use e abuse dos dados técnicos e das especificidades do produto para atiçar o interesse dos consumidores.

6 Porque: Mostrar a razão pela qual o seu público de interesse deve adquirir o seu serviço ou produto é o segredo para atingir o seu objetivo. As pessoas tendem a comprar algo quando elas percebem que você faz o seu melhor para compreendê-las expondo seus motivos. Por isso, busque explicações, seja no caso de uma recusa de um cliente ou no seu pitch de apresentação.

7 Prova social: Antes de fazer uma compra, você lê os comentários dos compradores para conferir a opinião deles? Então, você entende que as pessoas precisam de uma prova social para adquirir um produto ou serviço. Publicar no site frases como "mais de duas mil pessoas recomendam os nossos serviços" é uma ótima maneira de utilizar esse gatilho mental.

8 Inimigo comum: Naturalmente, as pessoas se unem quando têm um inimigo comum. No mundo dos negócios, esse inimigo pode ser traduzido como uma situação. Por exemplo, se você vende palestras de vendas, o inimigo em comum pode ser a baixa na produtividade da equipe de vendas.

9 Dor e prazer: Quando você busca um serviço ou produto, é para evitar uma dor ou buscar um prazer. Com o seu cliente acontece a mesma coisa, por isso é fundamental entender as dificuldades e as expectativas dele. Desse modo, você pode dirigir a sua campanha ou a negociação de maneira mais assertiva ao atingir a dor ou o prazer do seu público de interesse.

10 Comunidade: Todo mundo gosta de se sentir parte de um grupo que tem os mesmos gostos e interesses. Ao criar a comunidade da sua empresa com os seus clientes, eles se sentirão como membros de uma grande família e o resultado será a fidelização.

Mas não esqueça, obtenha o melhor resultado da aplicação de cada um dos gatilhos mentais com prática e estudo. Sua trajetória profissional dará mais pertinência ao uso dessas ferramentas de persuasão. Assim, voltamos ao ponto inicial deste capítulo.

Como vendedor, você vende valor, e o primeiro valor que você deve vender está em você. É você!

Por isso, o autoconhecimento é tão importante em nosso setor. Não se engane e saiba, honestamente, suas qualidades e as use em seu favor. Descubra também quais são seus pontos fracos e os modifique, amenize a influência negativa deles no resultado de seu trabalho. Estude para fazer isso acontecer. Use o conhecimento disponível em seu favor e interrompa o ciclo de inércia em que você se encontra.

#Orgulho de Ser Vendedor

"Você só vence amanhã se não desistir hoje."

ADÉRCIO MORAES

Se você quer atingir bons resultados, tenha persistência.

Persistir é uma das atitudes mais importantes como vendedor. Não desistimos nunca.

CAPÍTULO 3

SER VENDEDOR É UMA TRANSFORMAÇÃO DIÁRIA

Um dos clássicos da literatura em vendas, *Sun Tzu, Estratégias de Vendas*, escrito por Gerald A. Michaelson e Steven W Michaelson, nos questiona se estamos dispostos a: pensar positivamente; correr riscos; perder; ser flexível; mudar de táticas para nos adaptarmos às circunstâncias; derrotar completamente os concorrentes; consolidar realizações; vender soluções. Por isso, lhe pergunto: você está disposto a se transformar?

Monstros, a gente vive se transformando como vendedor, e essa condição é involuntária. Todos os dias a gente se reinventa, mas, muitas vezes, nem notamos as transformações, porque elas acontecem aos poucos e não são necessariamente espetaculares. Elas podem aparecer de forma discreta, como na construção de uma relação mais direta com os clientes; na adequação de nossa comunicação para falarmos com mais clareza sobre o produto ou a prestação de serviço que temos interesse em negociar; quando fazemos trajetos diferentes entre nossa casa e o local de nosso trabalho; e, em tempos mais recentes, quando deixamos de trabalhar em algum escritório e adotamos o home office.

Enfim, são inúmeras as possíveis mudanças diárias. Nem todas, contudo, são essencialmente positivas. Às vezes, a gente muda para pior. Parece uma contradição fazer essa afirmação, mas ela é fato porque somos humanos e, portanto, contraditórios e propensos tanto ao erro quanto ao acerto. O importante nessa dinâmica não é estarmos fazendo as coisas de forma errada ou correta, porque essa condição é relativa, depende do contexto e de uma série de fatores pessoais, profissionais, sociais, temporais. Mas o fundamental nessa dinâmica é termos a consciência de nossas mudanças, sejam elas quais forem. Por isso, lhe pergunto:

Você é o mesmo vendedor de dez anos, de vinte anos atrás?

Se por acaso a sua resposta for positiva, *"eu ainda sou aquele vendedor do início da minha carreira"*, com certeza, você paralisou o seu desenvolvimento profissional. Você até pode estar com alguma estabilidade financeira, mas, se manteve-se igual por tanto tempo, não explorou o seu potencial profissional. Foi relapso, e essa displicência é péssima. Até por um desdobramento natural dos acontecimentos, você deveria ter mudado ativamente, conscientemente.

Depois de uma ou duas décadas, ninguém é mais a mesma pessoa. Ao longo dos anos, as coisas acontecem independentemente de nossa vontade. Como sabiamente um dito popular nos lembra: *"A vida é o que acontece com a gente enquanto estamos fazendo outros planos"*. Talvez você tenha se casado, tido filhos, quem sabe mais de um, mudado de cidade; talvez alguém muito próximo e querido faleceu. A lista de acontecimentos é gigantesca. Por isso, se por acaso você insistir em afirmar que profissionalmente você "continua" o mesmo vendedor do passado, algo está muito errado. E o erro não acontece porque você tem de simplesmente mudar para atender a uma demanda de mercado. O equívoco está em seu descompasso com as mudanças ao seu redor.

O tempo passou e tudo se alterou, portanto é preciso se adequar às demandas desse tempo e de sua idade, construir novas relações com o que o cerca. Isso não significa dizer que você tenha de fazer menos atividades, profissionais e pessoais, como aposentar-se, por assim dizer. Ou o inverso, se programar para realizar uma lista insana de trabalhos porque o tempo está cada vez mais escasso com o avanço da idade. Muito menos cair na armadilha tão comum para algumas pessoas mais velhas e acreditar que ficou ultrapassado, obsoleto, deslocado e sem diálogo com as gerações mais novas porque você está, exatamente, seguindo o caminho natural dos acontecimentos, está envelhecendo. Temos de ficar vigilantes com esse sentimento, sobretudo agora, nesta era da tecnologia da informação, de crescimento e expansão da tecnologia em nossas vidas, para não sermos paralisados por ele.

É sempre importante lembrar que as mudanças agora são mais intensas e mais rápidas, e a tendência com o surgimento de novas tecnologias é de que a velocidade do novo se intensifique ainda mais. Essa condição tem um impacto direto no trabalho, nas relações humanas, na maneira como vivemos e é um caminho de mão única. Não há um acesso de retorno.

Ser vendedor é uma transformação.

Se como vendedor você for um "morto", não tiver sangue nos olhos, a sua passagem pela vida será completamente insossa, sem graça. Você não deixará nenhum legado. A equação dessa situação é simples:

- Exceda expectativas e seu legado excederá expectativas.
- Seja medíocre e seu legado será medíocre.

O resultado de sua trajetória estará sempre relacionado à maneira como você vive a sua vida. Atente-se à forma como você está vivendo. Quais são as suas prioridades, os seus objetivos, quem são os seus amigos. Em quais atividades você investe o seu tempo e dinheiro. É muito importante fazer esse checklist, principalmente, em um momento de tanta informação, conexão e dispersão criado pela internet. Nesse sentido, como vendedor, você desperdiçará seu tempo, dinheiro e vitalidade se:

- Concentrar-se em xingar as pessoas nas redes sociais. Um Monstro em vendas não tem tempo, muito menos cabeça, para se dedicar a desmerecer os outros virtualmente.
- Frequentemente culpar os outros por seu fracasso. Essa atitude é simplesmente uma irresponsabilidade. **Tome as rédeas da sua vida!** Assuma os seus erros e conquistas. Incorpore-os em sua experiência de vida e siga em frente.
- Estude e conheça as diferenças sociais existentes. Preconceito, de qualquer tipo, é uma das piores coisas do mundo. Os maiores preconceituosos são aqueles que não têm conhecimento. São pessoas limitadas, que só têm a si como referência.
- Ganhar dinheiro é bom, muito bom! Mas ter esse desejo, necessariamente, não implica que os bens materiais devam vir em primeiro lugar. Um verdadeiro vendedor monstrão, antes de qualquer coisa, busca desenvolvimento pessoal.

Elimine a perda de tempo com xingamentos nas redes sociais. Pare de culpar os outros por seus fracassos. Acabe com o preconceito em sua vida. Valorize os ganhos materiais, mas busque autoconhecimento como prioridade.

Em 2020, a pandemia da Covid-19 escancarou a necessidade de nos transformamos diariamente e como essa transformação tem de acontecer de forma rápida. Não dá para deixar para amanhã ou depois. A paralisia da mudança nos deixa vulneráveis, fragilizados. Ficamos expostos e facilmente somos atropelados pelos acontecimentos.

Em termos de vendas, a pandemia do coronavírus fez crescer o fantasma nosso de cada dia de como conseguir novos clientes. Se presencialmente, podendo circular livremente pelas ruas, encontrar novos clientes sempre foi um desafio, com as limitações sociais impostas pelo coronavírus, principalmente o isolamento social, manter e aumentar a cartela de clientes tornaram-se um desafio sem precedentes, agravado pela instabilidade econômica também decorrente da pandemia.

À época do surto, lá por maio e junho de 2020, a consultoria Sucesso em Vendas revelou que, antes da pandemia (que foi se espalhando pelo mundo entre dezembro de 2019 e janeiro de 2020), a preocupação do setor, revelada entre os profissionais pesquisados, eram temas ligados a: marcação de reuniões (21,2%); fechamento de vendas (20,8%); venda por telefone (12,7%); fidelização (11,4%); e negociação (10,2%).

Com o passar dos meses — e com mais cidades determinando quarentena a seus moradores e o comércio tradicional absolutamente limitado, os mais variados estabelecimentos comerciais fechados, as pessoas se mantendo em casa, isoladas, para conter a disseminação do vírus —, as preocupações de quem atua com vendas migraram para: prospecção de novos clientes (22%); relacionamento e confiança dos clientes (16%); receio dos clientes relativo ao contato presencial (14%); vender em um cenário de crise financeira (12%) e aumentar as vendas (9%).

A Covid-19 evidenciou a necessidade de o vendedor desenvolver a resiliência, estabelecer uma honesta empatia pelo outro para entender a dor do cliente e, a partir desse entendimento, saber como agir da melhor maneira para garantir a relação estabelecida até então. Com certeza, foi um chamado direto para a transformação, para a adaptação da sua forma de vender, para o fazer, inclusive, de muitas atividades das quais não se gosta, porque há o entendimento da importância dessas ações como parte de um processo que vai levá-lo aonde você quer chegar.

É preciso entender a dor do cliente.

Em minhas palestras, frequentemente, as pessoas me perguntam como conseguem se transformar em ótimos vendedores. O primeiro segredo da resposta para essa dúvida é entender que não há uma fórmula única para alcançar esse desempenho. Não há uma receita de bolo que possa ser aplicada a qualquer situação, muito menos para todas as pessoas. Mas há algumas possíveis atitudes e caminhos para serem adotados independentemente da especificidade de seu produto ou da prestação de serviço.

Para começo de conversa, derrube o mito de "bater meta". Atingir o planejamento estipulado não reflete, necessariamente, o desempenho de um ótimo vendedor. As metas são atingidas como resultado de um processo percorrido de atividades. É uma consequência.

- Quem bate meta com mais facilidade prospecta muito?
- Entre a prospecção e a compra, a taxa de conversão desse profissional é alta?
- O desconto que ele oferece é significativo?

Essas são algumas das perguntas-chave a serem feitas quando pensamos em excelência de vendas, mas elas são apenas alguns questionamentos possíveis. Há muitos outros, porque as indagações para entender o que levou o vendedor a bater as suas metas devem focar o momento que antecede a compra em si. A compreensão do bom desempenho das vendas está no processo de estruturação da venda, na articulação das ações, no encontro com o cliente e em todas as suas variantes.

Monstros, um bom vendedor é um questionador. Ele desenvolve um modelo de perguntas para conduzi-lo aos seus objetivos. Quando as taxas de conversão são altas, as técnicas de fechamento da negociação aplicadas são elaboradas.

Um bom vendedor, a depender do serviço ou do produto em questão, acompanha o fluxo de cadência da venda e tem habilidade para contornar a objeção dos clientes. É muito importante ter essa característica. Não aceite não como resposta única e imutável. Entenda a razão da negativa e ofereça alternativas. É o preço que está muito alto? Negocie. É o prazo da entrega muito longo? Adapte. É a incerteza dos benefícios sobre o produto ou o serviço em questão? Amplie seus argumentos. Transforme as negativas à sua venda em momentos transitórios, ocasionais. A concretização da venda é o momento que necessita ser perene e contínuo.

É HORA DO CHA

É difícil virar esse jogo em seu favor de forma completamente autônoma. É mais sofrido abrir o caminho de forma solitária. Por isso, busque referências no mercado. Nomes que o inspiram. Muito possivelmente outros já trilharam o caminho que você está tentando seguir. Daí, ao identificar referências, espelhe-se nelas.

O dinheiro está na mão das pessoas que saem na frente, trazem ideias novas, aprendem mais rápido do que os outros.

A literatura do setor há muito definiu um conceito significativo e inspirador para trabalhar com a construção de excelência nas vendas. Há anos, eu o trago como uma das minhas ferramentas de trabalho, o **CHA** (**C**onhecimento, **H**abilidade e **A**titude).

- Qual é o seu conhecimento?
- Quais habilidades você tem para expressar esse conhecimento?
- Qual a atitude que você toma para colocar em prática as suas habilidades e o seu conhecimento?

Responda a esses questionamentos e o seu autoconhecimento se aprofundará. Você terá mais clareza sobre quais são as suas características que precisam ser aprimoradas. E lembre-se: todos os grandes vendedores que conheço acreditam de verdade em seu produto. Acredite no que você vende e seja consistente. A consistência é fundamental para o sucesso em vendas em qualquer de suas etapas, na prospecção, na abordagem, na demonstração do conhecimento, igualmente.

A consistência é a característica que mais vai diferenciá-lo no mercado.

Ainda são poucos os vendedores dispostos a criar um hábito, um modelo de ação consistente, para executar as partes do processo de venda. Destaque-se da concorrência ao estabelecer consistentemente a sua ação de venda.

Ao longo de minha carreira, procurei ser o mais consistente possível para as empresas que contrataram os meus serviços. O exercício dessa consistência me tornou um grande vendedor e me impulsionou para seguir a minha transformação profissional.

O papel do vendedor é entender a dor do cliente e como ele consegue ajudá-lo com o produto e/ou serviço que ele representa.

Agora, com todas as implicações sociais provocadas pela Covid-19, compreender a dor do cliente tornou-se mais urgente. A compreensão dessa condição é determinante para o prosseguimento dos negócios. As vendas estão em um franco processo de mudança e foram completamente aceleradas pelo surgimento do coronavírus.

A pandemia adiantou modificações que aconteceriam gradualmente ao longo dos dez próximos anos. Sobretudo, o surgimento desse vírus intensificou nossa relação com o comércio eletrônico.

De acordo com levantamento de entidades e associações de e-commerce no Brasil, só em abril de 2020, as vendas online cresceram 81%. Esse índice representa faturamento na casa de R$9,4 bilhões. É muito dinheiro!

Em comparação com abril de 2019, o isolamento demandado pela Covid-19 fez explodir as transações do comércio online. Foram 24,5 milhões de compras efetivas, um fantástico crescimento de 98% em relação a 2019. Alimentos e bebidas foram as categorias com maior volume de crescimento, 294,8%, eles foram seguidos por instrumentos musicais (252,4%), brinquedos (241,6%), eletrônicos (169,5%), cama, mesa e banho (165,9%).

Esses robustos resultados, de forma geral, aceleram o processo de transformação digital dos canais de vendas das empresas. Essa vertiginosa explosão do consumo online encontrou um mercado ainda em estruturação e exigiu uma forte dose de adaptação de todos os departamentos ligados às vendas.

Uma das modificações mais evidentes no setor, contudo, foi a explicitação de que, muito em breve, o tradicional modelo de vendedor do varejo, praticamente, deixará de existir.

As compras neste novo tempo serão um momento de troca de experiência e substituirão a relação de um vendedor transacional. Sendo assim, quem deixará de atuar no mercado? Os profissionais incapazes de agregar, entre o produto e o cliente, alguma experiência específica. A Covid-19 encurtou o tempo de adaptação para essa realidade. Se antes teríamos algo em torno de uma década para estruturar essa cultura em nosso mercado, agora o período para implementação diminuiu consideravelmente.

À medida que o coronavírus foi se espalhando pelo mundo e gerando longos períodos de isolamento social, em que as pessoas foram orientadas pelos principais organismos internacionais de saúde a não saírem de casa, o comércio sentiu na pele a necessidade de se adaptar. Muitos, incapazes de fazer mudanças, simplesmente quebraram ou, no mínimo, viram seus lucros despencarem drasticamente.

Vivemos efetivamente uma época de ressignificação do comércio — ressignificação essa que encontra no avanço da tecnologia uma nova maneira de existir. Nesse cenário, o vendedor vai trabalhar como um dos principais elos para potencializar a experiência de consumo dos clientes. Por isso, é muito importante entender como ser um vendedor moderno, pois esse profissional vai ganhar muito dinheiro daqui para a frente. O problema é que uma grande parte das pessoas em atividade no mercado não se comporta como profissional. Elas atuam a partir de seus instintos e habilidades.

Sem dúvida, é extremamente importante confiar em seus instintos e acreditar em suas habilidades para agir, mas só isso não basta; na verdade, é muito pouco. O vendedor precisa se aprimorar intelectualmente, buscar novos repertórios de conhecimento, diversificar a sua atuação, ampliar seu estudo.

Reflita sobre a sua profissão, sobre o seu contexto, sobre sua atuação no mercado, compreenda esse momento de transação pelo qual estamos passando e esteja apto para enfrentar, sem medo, o fim do modelo de vendedor transacional. Busque técnicas para se ressignificar. **Desafie-se!**

NÃO HAVERÁ MAIS VENDAS SEM O USO DA TECNOLOGIA

Os setores de marketing e vendas são extremamente relevantes para os negócios, e no Brasil, em particular, temos uma grande carência de profissionais para ocupar os postos de trabalho nesses departamentos. Por isso, ainda é relativamente fácil encontrar oportunidades de trabalho nessas áreas.

Muito da carência identificada no mercado é resultado do baixo nível de estudo entre os profissionais, do pouco conhecimento específico em vendas. Entendendo essa realidade, as empresas têm se transformado em verdadeiras universidades corporativas, ao oferecerem meios para capacitar os seus colaboradores. Porém, é preciso lembrar que, em várias organizações, o departamento comercial ainda é tratado de maneira meio romântica.

Diversas empresas ainda acreditam que as habilidades para as vendas nascem com as pessoas. Elas desconsideram a importância de uma aprendizagem contínua. Essa atitude é um erro de gestão e acarreta diversos prejuízos para o desenvolvimento do setor. As pessoas desconhecem os fundamentos técnicos e conceituais da profissão.

Departamentos comerciais que se pretendam contemporâneos entendem a importância de agir baseado em indicadores objetivos. Utilizam ferramentas para a mensuração da sua estrutura comercial. Em geral, o pouco entendimento sobre a importância da aplicação da ciência em vendas com o desenvolvimento de ações estruturadas a partir de indicadores objetivos compromete a evolução do setor.

Internacionalmente, os estudos para elaboração da área de vendas estão avançados, sobretudo neste momento em que a inteligência artificial, como uma ferramenta de trabalho, é cada vez mais presente em nossas vidas. Teoricamente, temos a capacidade para criar indicadores para quase todas as nossas ações. São inúmeros os testes existentes para medição tanto de nosso desempenho como profissionais, como para a caracterização de nossos clientes.

Daqui por diante, a tecnologia será fundamental para o setor de vendas.

As atividades do profissional de vendas estarão associadas ao uso da tecnologia. O desenvolvimento de cada um na carreira está intimamente ligado à sua capacidade de utilização dessas ferramentas como instrumentos de trabalho. A profissionalização dessas atividades implica a estruturação (conceitual e operacional) dos processos de vendas, que podem ser desenhados, definidos, com bastante antecedência. Afinal, toda a venda tem um objetivo. Ao identificá-lo, portanto, as etapas para que ele aconteça são consequentes. É o que alguns livros identificam como "receita previsível".

Nesse contexto tecnológico, a figura do supervendedor perde protagonismo. As empresas já não dependem mais tanto do desempenho desses profissionais para garantir seus lucros. Como grande parte do trabalho tornou-se mais analítico, preditivo e baseado em estatísticas, o que ganha destaque é a maneira como os resultados individuais de cada departamento (pré-vendas, vendas, pós-vendas, pessoal, entre outros) são analisados em conjunto. A ação decorrente dessa análise vai determinar o relacionamento com os clientes.

A tecnologia está presente na vida do vendedor desde o planejamento até o pós-venda. Com isso, você cria "categorias de vendedor", como os que atuam na prospecção das vendas, dominando um tipo determinado de informação, enquanto outros profissionais atuam como *fechadores* das negociações, sendo especialistas em outros dados.

> *O modelo digital de vendas permite*
> *a total mensuração das atividades.*

Estamos aprendendo a trabalhar com esse novo modelo. Algumas experiências, como o *time share*, já são bem-sucedidas, quando, por meio de uma plataforma específica, é possível prospectar com extrema precisão o desempenho dos *Sales Development Representative*, ou SDR (que funcionam com pré-vendedores).

Nessas relações, os clientes são qualificados por meio de determinadas perguntas, e os resultados encontrados desse levantamento são repassados ao vendedor para que ele tenha a oportunidade de fazer o que faz de melhor, o que a máquina ainda é incapaz de fazer, que é a persuasão, o contorno da objeção, o cruzamento de interesse com as oportunidades, o auxílio a uma tomada de decisão.

> *No passado, vendas foram um setor profissional importante.*
> *No presente, a relevância desse setor cresceu.*
> *E no futuro, vendas serão a profissão.*

O ato de consumir é eterno, seja qual for a forma, o objetivo que tenhamos, a maneira vigente para o pagamento. Enquanto houver seres humanos vivos, haverá consumo. O desafio, a partir deste século, é o de adaptar esse fato às características emergentes da sociedade. Mais especificamente, às necessidades de integrar a tecnologia ao setor. A partir de agora, grande parte das atividades serão *inside sales*; e dentro dessa categoria, teremos o desenvolvimento do SDR.

A RODA DAS PRIORIDADES

Atualmente, grande parte das empresas fazem as suas contratações se baseando no comportamento de quem se candidata às vagas, e não mais em currículos e/ou habilidades naturais dos candidatos. Por esse motivo, temos visto o crescimento de vendedores engenheiros, estatísticos, psicólogo etc. Ou seja, pessoas com formação distinta às áreas de vendas e marketing estão se encaixando às necessidades das empresas. Por isso, o processo de contratação está mais voltado para a identificação de quais são os comportamentos necessários para a execução das tarefas comerciais necessárias.

Supere a imagem daquele vendedor antigão.
Cada vez mais, você será um vendedor nichado,
com capacidade técnica e conhecimentos específicos.

Em algumas de minhas palestras e treinamentos, costumo fazer um exercício com os participantes que chamo de "A Roda das Prioridades". Com ele, identifico seis atividades importantes para os participantes da dinâmica e, entre elas, quais trariam os melhores resultados para eles.

Ao escreverem as suas respostas, pergunto às pessoas por que escolheram as atividades listadas. Posteriormente, em um determinado momento, peço para que indiquem com qual frequência realizam essas seis atividades. A resposta dada sempre traz um componente de contradição. Geralmente, entre as atividades listadas, as indicadas como as que trariam mais resultado são as menos realizadas. Mais de 80% das pessoas ao responderem dessa maneira alegam que isso acontece porque essas atividades são as mais difíceis de serem feitas.

Essas respostas tornam evidentes a necessidade que os vendedores têm de fazer um planejamento bem estruturado — com dedicação e estudo ao planejamento das atividades — e o reconhecimento e a aplicação da tecnologia para a criação de um *Customer Relationship Management*, CRM, eficiente. Mas aí surge uma outra característica praticamente universal dos vendedores: dez entre cada dez vendedores têm problemas para inserir informações nos sistemas de venda. E o sistema é transformador!

> **Tudo o que traz mais resultado para o vendedor é o que a maioria das pessoas não quer fazer.**

É pertinente observar que o desinteresse dos vendedores em alimentar corretamente os sistemas com informação reside no fato de os gestores, por sua vez, não utilizarem as informações inseridas. Daí, é comum ouvir dos vendedores:

> — "Cara, eu já estou fazendo algo que não é fácil para mim e, ainda por cima, terá pouco ou nenhum uso. Para que eu vou me esforçar?"

Ao longo da minha vida, tenho aprendido muito com o genial Ram Charan. Para mim, ele é uma mente brilhante. Além de formalmente ser PhD pela Harvard Business School, um consultor mundialmente renomado e especialista em liderança, é um homem empático com o outro, com a dor e com as angústias de todos nós. Como um mantra, gosto de me lembrar de uma de suas frases:

> **"Selecione as ideias e execute-as. 80% das ideias morrem por falta de execução."**

Em outras palavras, de nada adianta uma ideia sem execução. **A execução da ideia é o que de fato importa e tem relevância para impactar nossas vidas.** É o processo do fazer. É o ato de inserir a informação adequada no sistema (e saber usá-la) que provocará a mudança.

Monstros, de nada adianta ter acesso a grandes conteúdos se eles não são colocados em prática. Por isso, reproduzo a seguir seis indicações de Ram Charan para uma postura de líder. Eu as tenho anotadas em local de fácil visualização, porque, para mim, elas são maneiras simples de estímulo para a realização de minhas tarefas e uma decisiva lembrança de que, para realizá-las, preciso executá-las.

1. Olhe para o horizonte.
2. Estabeleça prioridades sensatas (e não muitas).
3. As pessoas certas precisam estar no lugar certo.
4. Aprenda a unir pessoas, estratégias e ações.
5. Sempre avalie seu desempenho de tempos em tempos.
6. Execute.

#Orgulho de Ser Vendedor

Vendas não ocorrem por acaso. É preciso ter atitude e técnicas para vender muito (com ou sem crise).

Esteja preparado para trabalhar diante de qualquer situação que aparecer.

CAPÍTULO 4

VOCÊ TAMBÉM PODE SER UM VENDEDOR MILIONÁRIO

Se você quer ser um baita vendedor de sucesso em uma empresa gigante, em uma organização em que você vai faturar muito, ganhar bônus, premiações incríveis, andar de carro importado, morar em casa bacana, comprar a sua fazenda, viajar, comer em lugares maravilhosos e dar uma vida segura e cheia de oportunidades para sua família, lembre-se: comece pequeno e sonhe grande.

Determinados anos são especiais para a nossa história, porque no decorrer dos seus doze meses alguns dos seus acontecimentos são tão importantes que marcam para sempre a nossa vida. Acabamos de viver um ano assim. Daqui uns vinte, trinta, quarenta anos, os livros de história lembrarão 2020 como o ano em que a pandemia da Covid-19 parou o mundo, obrigando as pessoas a se isolarem em casa, provocando uma grave crise econômica internacional, alterando relações comerciais em diversos setores e introduzindo maneiras distintas de nos relacionarmos. Foi bem intenso viver 2020.

Porém, agora, quero lembrar outro ano um pouco mais distante, o de 2004. Tenho uma recordação especial sobre ele, além de todos os seus acontecimentos relevantes que marcaram a nossa trajetória.

Para começo de conversa, 2004 teve talvez um dos mais relevantes acontecimentos para nossas vidas. Aquele foi o ano em que um grupo de jovens na universidade de Harvard, nos Estados Unidos, entre eles o brasileiro Eduardo Saverin, criou uma maneira de se relacionar por meio da tecnologia, até então pouquíssima usual. Eles batizaram sua iniciativa de *The Facebook*. Com o passar dos anos o artigo definido "The" caiu fora da marca e, bem pouco tempo depois de seu surgimento, o Facebook se tornaria a maior rede social do mundo com mais de 2 bilhões de usuários e uma das empresas mais valiosas do planeta.

Ninguém previu que aquela despretensiosa ação feita por meia dúzia de jovens, que apenas buscavam estabelecer novas relações fraternais e aventuras amorosas em seu campus, seria uma das mais revolucionárias ferramentas de comunicação de nossos tempos.

Ainda, 2004 foi o ano das Olimpíadas em Atenas, na Grécia. Levamos para lá nossa, até então, maior delegação de atletas, 247 (125 homens e 122 mulheres) e ganhamos 10 medalhas (5 de ouro, 2 de pratas e 3 de bronze), o que nos rendeu o melhor desempenho em nosso histórico na competição, a 16ª colocação. Mas a história de nossos atletas foi além dos resultados estatísticos. Nossa delegação protagonizou um fato inusitado.

O maratonista brasileiro Vanderlei Cordeiro de Lima liderava a competição, quando o padre irlandês Cornelius Horan, em um ato de insanidade, invadiu a prova agarrando Vanderlei, tirando dele todas as chances de chegar em primeiro lugar na disputa. Apesar desse ato maluco, Vanderlei conseguiu cruzar a linha de chegada em terceiro lugar.

Por ter mantido o espírito desportivo e não ter desistido da competição, ele foi agraciado com uma das maiores premiações olímpicas, a medalha Barão Pierre de Coubertain, um mérito olímpico oferecido a poucos atletas. O ano de 2004 reservava ainda surpresas bem negativas antes do término. Ao chegarmos a dezembro, entre o Natal e o Réveillon, presenciamos uma das piores catástrofes naturais da história moderna da humanidade.

Em 26 de dezembro, os sismógrafos de todo o mundo registraram um abalo sísmico entre 9,1 e 9,3 graus na escala Richter, segundo maior tremor já identificado pelos órgãos de acompanhamento desse tipo de acontecimento que levou um rastro de destruição ao sudeste da Ásia, região onde mais de 230 mil pessoas morreram vítimas de um dos maiores tsunamis já vistos. Outras 1,5 milhão de pessoas ficaram desabrigadas. Aquele foi um evento aterrorizante.

Esses foram alguns dos grandes acontecimentos daquele ano, com certeza impactantes para todos nós. Mas quero destacar outro fato, bem mais simples, sem nenhuma implicação em escala global e muito mais pessoal, especificamente, uma entrevista.

Em 2004, a revista *Você S/A* entrevistou o empresário e investidor Robert Kiyosaki, conhecido por ser autor do best-seller *Pai Rico, Pai Pobre*. Naquela ocasião, Robert fez a seguinte afirmação:

"Você quer ficar rico? Então, pare de andar com gente pobre."

Ao ler aquele pensamento, fiquei instigado tanto pela afirmação, contundente e sem nenhuma cerimônia, quanto pelo completo desprezo dele pelo politicamente correto. Vibrei!

Claro, a repercussão foi rápida e muito ruidosa, mesmo sendo aquela uma era pré-rede social, a gritaria foi geral. Havia a turma desafiada pelo pensamento de Kiyosaki e o pessoal do "mi-mi-mi", gente que se ofende por muito pouco, por qualquer coisa.

Monstros, quando olhamos para o que fizemos com a nossa vida, dói menos quando culpamos o outro por termos cometidos erros, pela falta de conquistas, por termos abandonado nossos sonhos. Agindo assim, a gente se desresponsabiliza pelos acontecimentos em que estamos envolvidos e vivemos esperando do outro uma ação que acreditamos ser a correta. Quem se comporta desse modo age como se as suas intenções fossem as mais adequadas, mesmo quando elas são desacompanhadas de atitudes objetivas para transformá-las em realidade. Assumir responsabilidade é difícil. Em alguns momentos, dói. Implica escolhas, e escolher nem sempre é tão simples.

Em vendas, a gente costuma usar a seguinte expressão, "*boi preto anda com boi preto*" para dizer que pessoas andam juntas. Por isso, entendo Kiyosaki quando ele aconselha que "*se você quiser ficar rico, pare de andar com gente pobre*". Com essa afirmação, ele não está literalmente se referindo a quem não tem dinheiro no bolso, quem está com problemas financeiros, sem perspectiva de alguma entrada de rendimentos. Eu mesmo, ao longo de minha carreira, passei por diversas situações de aperto financeiro.

Eu já tive uma péssima relação com dinheiro, gastava tudo como se não houvesse amanhã, me presenteado o tempo todo. Aquele comportamento me proporcionava uma sensação muito boa. Havia muito prazer envolvido naquela maneira de ser. Afinal, os pequenos prazeres diários daquelas compras me preenchiam, mas com o passar do tempo, com o meu amadurecimento e conforme errava, comecei a compreender as prioridades em minha vida e aceitei com mais tranquilidade alguns acontecimentos.

Quando era jovem, não enxergava minha velhice. Ignorava o fato de que temos uma trajetória única na vida, algo inegociável. Mas só o tempo me fez entender essa circunstância e a relação que queria estabelecer com o dinheiro. Compreendi ainda, com a idade, que nossa energia vital vai se modificando, muitos de nós simplesmente a perdemos. Mas o mais importante de meu aprendizado foi ter entendido que, quando nosso principal objetivo é o dinheiro, a gente tende a passar por cima de nossos valores e, quando isso acontece, é muito fácil se perder e ficar preso em um ciclo de pouca prosperidade.

Ninguém trabalha pelo dinheiro em si, mas por aquilo que ele pode proporcionar.

O dinheiro não deve ser um instrumento de humilhação, de exibição. Esse tipo de comportamento é mesquinho, nada produtivo. Eu, por exemplo, uso o dinheiro para ampliar as minhas possibilidades e de quem me cerca. A ampliação dessas possibilidades passa por minha relação com o meu contexto, com os outros.

Gosto de ter dinheiro, de ganhar dinheiro e quero muito mais, mas esse ganho é potencializado quando quem me cerca também lucra. A prosperidade é realmente próspera quando ela acontece para mim e para os demais. Dinheiro propicia e lhe dá possibilidades, lhe assegura o poder de escolha e o conforto. É muito bom ter conforto e ele se torna ainda melhor quando pode ser vivido e compartilhado por uma maior quantidade de pessoas e sem culpa.

Por isso, ao ler a afirmação de Kiyosaki, a entendo como uma figura de linguagem. Uma maneira encontrada por ele para dizer que se você busca riqueza, prosperidade, será mais fácil encontrá-la com quem também é rico e próspero, e não com as pessoas que mantêm um comportamento egoísta, mesquinho, de avareza.

Gente que se contenta com o mínimo, com pouco, é pobre, não próspera. São pessoas que não se entusiasmam com as oportunidades proporcionadas pela vida, com a prosperidade do futuro.

A vida oferece chances para quem ousa, para quem se arrisca.

Quem toma atitudes corajosas se abre para o otimismo e amplia as suas possibilidades para fazer muito mais, para construir um legado significativo. É nesse sentido que Robert Kiyosaki enfatiza: "*Pobre só anda com pobre. As pessoas têm de buscar amigos que sejam* entusiasmados com o futuro. Se você começa a andar com pessoas que são pessimistas, nunca vai ter nada."

O entusiasmo é muito importante nessa afirmação. Eu nunca conheci nenhum pessimista rico. Precisamos ser entusiasmados, dedicados e envolvidos com o que fazemos. Lembre-se: para ganhar muito dinheiro em vendas, é preciso começar como o Tio Patinhas, dando valor ao primeiro centavo recebido. É lugar-comum, mas importante ressaltar, por mais longa que seja a caminhada, que é dando o primeiro passo que a percorremos.

Riqueza não é algo exclusivamente relacionado com o quanto se ganha, mas, sim, com atitude.

De nada adianta apenas reclamar que se ganha pouco e não adotar nenhum comportamento contrário a essa situação. Pior ainda é se você não faz efetivamente nada por merecer para ganhar mais.

Monstros, enquanto não se é melhor naquilo que se faz, não é possível ganhar mais, e é incoerente viver reclamando e pedindo mais, ao mesmo tempo oferecendo muito pouco. Agora, se você já é o melhor em sua empresa, se destaca-se em todas as suas tarefas e não tem o reconhecimento devido pela qualidade do seu trabalho, não perca mais tempo nesse lugar. Peça para sair! Por que você ainda está nesse emprego, nessa função? Crie as condições e os relacionamentos corretos para outras oportunidades no mercado.

Vendedor bom não fica desempregado nem um dia.

Reconhecimento é uma via de mão dupla. Assim como você tem de reconhecer o valor de seu produto, de sua prestação de serviço, de sua empresa, seus superiores e clientes têm de reconhecer o seu valor, mas esse reconhecimento não surge do nada, de maneira furtiva, ele se conquista com atitude, com entrega, com atenção.

Responsabilize-se por suas decisões e o planejamento de sua carreira e se movimente. Não fique preso a uma empresa, a um produto, a um serviço qualquer por comodidade, por limitação.

Pior ainda é se manter em uma empresa ganhando pouco sendo alvo de fofoca ou, quem sabe, até espalhando fofoca por aí. Atitudes dessa maneira são contraproducentes, geram apenas energia negativa. Sem contar no desperdício de tempo, e como já falei, vendedor monstrão não perde tempo. Aliás, o bom vendedor tem no tempo um aliado importante. Sabe que a coisa mais valiosa que temos é o tempo. O tempo joga a favor dos bons vendedores.

DESMASCARANDO MITOS MOTIVACIONAIS

Se você não quer ser o número 1 em seu setor, não tem problema algum, fique tranquilo! Esse é um direito seu. Ninguém é obrigado a querer faturar alto na vida. De verdade, a opção é sua.

Agora, preste atenção porque, se você não pretende ser destaque no que faz, quero deixar bem claro que:

- Este livro não serve para você.
- Eu não sirvo para você.
- Não existe ganho extra sem esforço extra.
- Ninguém é bem-sucedido à toa.

A vida de vendedor já tem desafios demais. Temos de compreender o comportamento do consumidor, desenvolver técnicas negociação, elaborar planejamentos, verificar estoque, analisar estatísticas e dados, cuidar do pós-venda e ainda temos de imprimir nossa marca pessoal em nossas atividades. Sem contar a necessidade de se desenvolver honestidade, paciência, responsabilidade, simpatia, capacidade de comunicação, organização, negociação, observação, flexibilidade e agilidade.

Diante de tantas atividades por que e para que a gente tem de conviver com gente ou com uma empresa que não compartilha de nossa ambição? Qual é o sentido disso?

Fique atento aos sinais. Quem tem um comportamento pobre se relaciona em ambientes onde as pessoas arranjam constantemente desculpas para não fazer o seu trabalho ou acham que todas as suas atividades são muito difíceis. Geralmente, quem age assim tem uma forte crença de que o dinheiro não é para elas ou que "alegria de pobre dura muito pouco", se é que ela existe, diria eu. Ou que só é possível ficar rico passando por cima dos outros. Esse comportamento ajuda a explicar por que existem pessoas que constroem verdadeiros impérios corporativos saindo do nada ou de muito pouco; e outras pessoas que apenas patinam em sua profissão, só fazem voo de galinha, quando muito, e, preferencialmente, passam os anos jogando pedra nos profissionais que conseguiram se destacar.

Quem é verdadeiramente bem-sucedido encontra saídas, não desculpas.

Tome o exemplo de um dos homens mais ricos do planeta, Jeff Bezos, fundador de um dos mais revolucionários empreendimentos no varejo mundial, a Amazon. Hoje, é muito fácil olhar para a empresa dele e ver uma organização empresarial vitoriosa, mas lá no começo de sua criação, não era bem assim. Bezos teve de remar muito contra a maré para fazer as pessoas acreditarem em sua ideia de comércio a distância, por correspondência.

Como tantos outros empreendimentos e empresários bem-sucedidos, no começo de tudo, ele só contava com o apoio da família.

Seus pais foram os seus primeiros investidores. Eles acreditavam que ele podia dar certo.

Assim, em uma ação familiar, o então engenheiro elétrico e cientista da computação formado pela universidade de Princeton, Bezos colocava a Amazon em funcionamento, em 1994. Inicialmente, as vendas eram de livros, mas rapidamente ele diversificou sua atuação e em 1999 fechou o ano com vendas acima de US$1,6 bilhão. Essa história é absolutamente um exemplo de sucesso, de conquista.

Seja um vendedor empreendedor.

Eu tive uma adolescência bastante protegida pelos meus pais. Acredito, inclusive, que o excesso de amor deles me fez ter a falsa sensação de que poderia fazer qualquer coisa (inclusive as erradas). E mais, sem complicações adicionais, conseguiria passar todas as responsabilidades de meus atos para eles. Acabei levando essa crença para ao início da minha carreira, afinal, somos um todo complexo e a gente não consegue se desmembrar em partes, como se houvesse a chance de sermos um ser humano distinto a cada momento.

Mas na vida real, sem a proteção dos meus pais, percebi que o mundo não me daria nada. E esse aprendizado foi bem difícil. Ninguém nos deve nada, e aprendi essa condição por meio de muita dor. Há muito tempo, ouvi em um treinamento que ou bem aprendemos pelos nossos orifícios (com dor) ou ouvindo, estudando e reconhecendo o outro e os erros cometidos ao longo de suas atividades; e de que de nada adianta viver repetindo comandos negativos como é tão comum encontrar no mercado:

- "Meu gerente não me reconhece."
- "Minha empresa não investe em treinamento."
- "Eu não tenho dinheiro para comprar cursos nem livros."

- "Não tenho tempo."
- "Eu só tenho cliente miserável que só quer saber de preço."
- "Minha família não me apoia."
- "Nasci em uma cidade pequena."
- "Minha empresa não é conhecida no mercado."
- "Sou novo demais."
- "Sou velho demais."

É sempre um problema de alguém ou do mundo, mas nunca seu. O pior desse comportamento é que quase todas as pessoas o praticam sem perceber. Falta consciência, falta autocrítica; falta reconhecer o quanto seus resultados estão ruins e sua incapacidade de passar do meio da tabela, de superar a ideia de perseguição de que o mundo não o reconhece; falta a compreensão de que, mesmo com anos de trabalho, você nunca conseguiu subir, não consegue ganhar mais e se mantém com a síndrome do caranguejo, andando apenas para o lado.

Pergunte-se:
quando você olha para a sua conta bancária (e não fica feliz), você se sente injustiçado?
Como resposta, a sua primeira reação é: "Fui enganado?"
Alguém lhe roubou as suas oportunidades e o passou para trás?

Aqui, quero lhe propor uma maneira para você se enxergar com autossuficiência. Por favor, leia mais uma vez o último parágrafo e repita por três vezes:

- "A vida profissional que tenho é a vida que eu mereço!"

- "A vida profissional que tenho é a vida que eu mereço!"
- "A vida profissional que tenho é a vida que eu mereço!"

Agora, também repita por mais três vezes:

- "Eu sou reflexo das minhas escolhas. Essa é a minha vida."
- "Eu sou reflexo das minhas escolhas. Essa é a minha vida."
- "Eu sou reflexo das minhas escolhas. Essa é a minha vida."

Por favor, preste atenção!

Eu não estou escrevendo aqui para evangelizar. Não quero que você mude, tampouco se sinta mal com a sua situação neste momento, mas quero que você pare de mentir para si. Só isso! **Pare de se enganar.**

Se você está feliz com a sua vida atual, esqueça tudo que você leu até agora e faça um favor para si, jogue fora este livro. Jogue-o no lixo, literalmente. Não perca seu tempo lendo algo que de nada vai adiantar para você. O seu tempo é o seu bem mais precioso, saiba usá-lo com sabedoria. Aproveite todos os segundos disponíveis da sua vida.

Quem disse que você precisa ser multimilionário?! Ninguém! (Talvez seus pais, mas geralmente filhos se rebelam contra os conselhos dos pais.) De fato, você não precisa ter tanto dinheiro, nem sequer precisa desejar ganhar mais. Deixe essa vontade para quem realmente quer. Quem se compromete consigo nesse propósito, quem está comprometido a melhorar a condição material de sua vida, para quem não tem medo de se encarar e compreender suas imperfeições, aceitar seus erros, corrigi-los e seguir.

Mas sabe de uma coisa? Tenho certeza que você vai continuar lendo este livro. Ainda não chegou o seu momento de desistir. Sabe como sei disso? Porque se você não tivesse incomodado de alguma maneira com os seus resultados, você nem teria começado a lê-lo. Você não o teria percebido nas estantes das livrarias, teria ignorado sua propaganda online. Agora, como você notou esta publicação e já o leu até aqui, mais uma vez, eu lhe peço para fazer um favor para si.

Pare de responsabilizar as outras pessoas pelo seu fracasso.

Pare de reclamar e acreditar que os outros impediram o seu sucesso.

Ninguém é responsável por suas perdas (nem os acontecimentos aleatórios de sua trajetória).

Você é quem faz a sua vida acontecer.

Por isso, pare de mentir para si agora mesmo. Vou lhe contar um segredo: este é o primeiro passo para uma vida repleta de realizações e conquistas. Esta é uma atitude para chegar à felicidade. Uma vida feliz não requer necessariamente muito dinheiro (ainda que, com dinheiro, qualquer felicidade aumenta, pelo menos, uns 50%).

O que você precisa, caso queira de verdade começar um vida épica nos negócios, é ter consciência de quem você é e o que pretende para a sua vida. Adeque ao empreendedorismo a sua forma de agir e pensar. A única maneira para você construir o seu império com vendas é tornar-se um empreendedor de fato. Tornar-se responsável por suas decisões. Responsabilizar-se. Empreendedores não têm para quem passar as suas responsabilidades. Seja qual for o resultado alcançado, a responsabilidade é deles.

A sua consciência sobre suas intenções e atitudes vai ajudá-lo a definir para onde você deseja ir. Mas antes de começar essa caminhada, você precisa saber o seu ponto de partida, onde você está. É como uma dieta. *Você quer ficar com setenta quilos em três meses? Quantos quilos você tem hoje? Quantos quilos você tem de perder? Por que você está sobrepeso? O que o deixou assim? Por que você não começou antes? Qual o objetivo da perda de peso? E por que setenta quilos especificamente?*

Quais são as atividades que você tem de fazer para conseguir a perda tão desejada de peso? E quando tiver atingido seu objetivo imagine a sensação.

Esse paralelo é interessante de ser feito porque, talvez, você ainda não tenha se questionado sobre os verdadeiros motivos da mudança, a extensão que ela representará em sua vida, quais são os caminhos a tomar e do que vai abrir mão. Muitas vezes, somos pressionados a nos modificar, a perseguir metas, a desejar determinada condição de vida motivado, pressionado ou incentivado por algo externo, que pode não fazer necessariamente parte de sua vida.

Se não fizer sentido para você para a sua vida, você jamais conseguirá se destacar como vendedor.

O esforço e a mudança até podem transformá-lo em um bom profissional. Você pode demonstrar muita força, comprometimento e responsabilidade, mas essas características não o vão levar a um alto desempenho profissional. Contudo, essas condições o levarão a uma excelência da mediocridade, e não me entenda mal: você será um excelente profissional mediano.

Monstros, "ninguém vende aquilo que não compra" é uma máxima do setor de vendas. Se você não acreditar na sua prestação de serviço no seu produto, você vai sucumbir nas primeiras adversidades. E, não se engane, as adversidades estão por todos os lados na dinâmica de nossa profissão. Por isso, os "pedágios" para você seguir o seu caminho no setor vão começar a ficar muito caros. Rapidamente, você desistirá de pagá-los e a sua jornada será interrompida.

A maneira como você enxerga o mundo é a maneira como você vai agir diante dele.

E a criação da consciência é determinada por alguns fatores:

- Porção genética (personalidade) — está em você, mas você não a usa, necessariamente.
- Ambiente social — sociedade, cultura, religião.
- Nicho do ambiente (individual) — grupos de relacionamento (família, amigos).

A soma desse fatores explica como você é hoje e estabeleceu seus valores.

Aqui, nesta parte do livro, sobre consciência, o que quero deixar claro é a possibilidade da criação de uma consciência próspera, dirigida para atingir os seus objetivos, sejam eles quais forem. Se você vai chegar lá é outra questão, mas uma das medidas para se obter essa resposta são os seus valores. Defini-los, entendê-los e praticá-los são uma das medidas de mensuração dessa conquista. É uma etapa fundamental neste momento de sua caminhada.

Os valores têm uma importância enorme, eles o conectam e o guiam. Fazem você partir de onde você está (ponto A) até chegar aonde você pretende (ponto B). O exercício de seus valores define e demonstra a sua disposição. Eles o revelam se você, de fato, está disposto a fazer o que é preciso ser feito para atingir o ponto B. Para chegar lá e determinar o seu *lifestyle* (essa questão, contudo, é assunto para a parte da consistência).

Anote:

Antes de querer desenhar o seu futuro,
tenha consciência de onde você está.

No que você acredita? Talvez você tenha de jogar algumas
coisas fora, coisas com as quais você tem uma profunda relação

hoje. Essa ação vai liberá-lo para outra parte extremamente fundamental de sua caminhada (e deste livro), o inconformismo!

Lembre-se, nascer pobre não é algo que você possa mudar, morrer pobre sim! Se você conhece ou é um daqueles que ficam falando que a sua empresa não o reconhece, que ganha pouco, que seu chefe não o elogia, tome cuidado e veja se você não é um profissional que nunca comprou um livro de vendas. É alguém que nunca pagou do próprio bolso um curso. Espera continuamente pela empresa pagar por alguma especialização para você. Você pode ser um desses pobres de espírito que não quer produzir acima da média.

Dê 3 mil reais a uma pessoa de mente rica e ela vai lhe trazer várias oportunidades.

Agora, dê os mesmos 3 mil reais a uma mente pobre, ela lhe trará no máximo um iPhone.

#Orgulho de Ser Vendedor

Ter consciência é o primeiro passo para o sucesso. Seja lá o que for a sua definição de sucesso.

O nosso mundo é do tamanho de nossa consciência.

Quanto menor nossa consciência, menor o nosso horizonte.

CAPÍTULO 5

A SUA CONSCIÊNCIA É A JUÍZA QUE DETERMINA A SENTENÇA DA SUA VIDA

> "As habilidades cognitivas e de caráter trabalham juntas como complementos dinâmicos; são inseparáveis. Habilidades geram habilidades. Crianças mais motivadas aprendem mais. Quem está mais informado geralmente toma decisões mais sábias."
>
> **PRÊMIO NOBEL DE ECONOMIA EM 2000, JAMES HECKMAN.**

O motivo de eu defender a consciência como fator inicial para qualquer pessoa que queira ganhar dinheiro, produzir mais, ser mais reconhecido ou mais realizado de alguma maneira é justamente a possibilidade de sabermos onde estamos, quais ferramentas temos e o que dá para fazer de diferente a partir desse conhecimento.

Talvez hoje você seja reconhecido como um profissional mediano, porque, em sua atual circunstância, você não tem condições de entregar mais. Se objetivamente você é incapaz de fazer essa avaliação, se não entender os fatores que bloqueiam a expansão da sua entrega, você nunca vai conseguir melhorar. Você só vai patinar e não sairá desse lugar mediano e de insatisfação.

Procure responder com sinceridade: *Como você vai melhorar uma situação se acredita que nada precisa ser feito?* **É impossível!** Com essa atitude apática, inerte, você se inviabiliza, nem sequer aceita análises críticas. Saber quem somos e qual é a realidade à nossa volta é indispensável para nosso aprimoramento, que tem de ser uma prática constante, quase diária. Mas fique atento: de nada adianta se encher de otimismo barato, de motivação sem fundamento. O importante é saber, objetivamente, o que dá para ser feito diante das dificuldades, como você está e como vai solucionar as suas questões.

Acredito profundamente que grande parte do sucesso das pessoas nos Estados Unidos, em quase todas as áreas (música, esportes, artes, ciência), está relacionado ao fato de eles terem uma visão mais objetiva de suas circunstâncias e acreditarem que é possível fazer as suas atividades, porque fatalmente elas vão dar certo. Eles vão obter bons resultados com as suas ações.

Por lá, se você quiser ser músico e viver de flauta, dá! Você vai ser bem remunerado para desempenhar essa atividade. Até por isso, por essa crença, os Estados Unidos são a maior economia do mundo e um país repleto de bilionários. Ser rico nos Estados Unidos não é constrangedor. Pelo contrário, na cultura anglo-saxã, ter dinheiro é algo bastante desejável. Eles trabalham para obter esse status financeiro e, a cada passo que dão em suas vidas, comportam-se para atingir o mais rapidamente essa condição, o esforço deles tem método e muita atitude positiva. Foco e dedicação são ativos absolutamente valorizados na sociedade que deu sentido especial para a expressão do "fazer por si" ou como eles dizem, *self made* (*man or woman*).

Aqui, no Brasil, por sua vez, o buraco é mais embaixo. Mas não estou usando essa expressão para o desmotivar, pelo contrário, essa informação é necessária para sabermos que temos de superar nossos desafios específicos. Essa compreensão é fundamental se quisermos, de fato, nos desenvolver.

Precisamos saber quem somos, quais são as nossas dificuldades para conseguirmos nos dimensionar e agir. Ao mesmo tempo que é importante sabermos quem somos, a despeito de qualquer contexto, temos de saber que dá, que é possível realizarmos nossos planos. Aos termos esse comportamento, solidificamos a nossa consciência e essa atitude é a chave para a segunda parte dessa jornada, o inconformismo.

Contudo, você ainda pode estar se perguntando:

— Dá mesmo, Thiago?! Sou inteligente, trabalho duro, mas não consigo evoluir em minha carreira.

Se esse for o seu questionamento, deixa eu lhe dar uma notícia maravilhosa. A sua *conscienciosidade* é muito mais importante do que a sua inteligência. Com certeza, agora, você está com cara de dúvida:

— Mas o que é conscienciosidade?!

Essa expressão foi criada pelo economista norte-americano James Heckman. De acordo com um de seus estudos publicados, em coautoria, pela revista oficial da Academia Nacional de Ciências dos Estados Unidos (*Proceedings of the National Academy of Science*), Heckman definiu novos parâmetros para se estabelecer o sucesso financeiro.

Para ele e seus demais colegas pesquisadores, o êxito nas finanças de um indivíduo está ligado à *conscienciosidade*, uma característica de nossa personalidade composta de:

- Diligência
- Perseverança
- Autodisciplina

Vencedor do Prêmio Nobel de Economia em 2000, Heckman enfatiza que o sucesso financeiro independe da capacidade cognitiva das pessoas, de nosso nível de inteligência, por exemplo, medido por testes de Q.I. Sim, o coeficiente de inteligência tem influência, mas ela é muito limitada. A sua relevância é praticamente insignificante quando comparada às questões comportamentais.

Pela perspectiva dos estudos de Heckman, as habilidades para o sucesso financeiro podem ser ensinadas e, nesse sentido, é extremamente relevante o desenvolvimento de nossas competências não cognitivas, como os bons hábitos de leitura, empatia, capacidade de trabalhar em grupo, colaboração, obstinação, entre outros.

Estou absolutamente alinhado com a visão de Heckman nessa questão e observo que as características ressaltadas por ele em seus estudos foram a minha mola propulsora ao longo de minha caminhada profissional. Eu me favoreci da minha *conscienciosidade*.

Eu, por exemplo, tenho muita dificuldade em me concentrar e manter o foco e não sou nenhum gênio da matemática. Estou bem longe disso, para ser verdadeiro. Ainda por cima, meus conhecimentos em contabilidade são extremamente limitados, ou seja, em tese, tinha tudo para dar errado como empresário, mas não foi isso que aconteceu. Essas minhas precárias características não limitaram a minha atuação profissional. Minhas empresas me dão muito lucro e apresentam um crescimento constante e estável.

Por conhecer as minhas limitações, agi para que elas não fossem decisivas para o meu desenvolvimento empresarial, por isso foquei o processo de contratação, procurando profissionais que suprissem meu deficit e, nessa empreitada, fui bem-sucedido em minhas escolhas. Com isso, entendi rapidamente que dava para ter sucesso com as minhas empresas. E hoje o mais legal dessa história foi ter percebido a minha mudança. Não nasci com essa flexibilidade de ação, com essa aceitação de meus defeitos. Muito pelo contrário, eu não admitia tê-los. Eu nem acreditava que os tinha.

Antigamente, estava entre as pessoas que apontavam rapidamente os outros como responsáveis pelos meus fracassos. A culpa era dos meus pais por não terem me apoiado mais, da falta de estrutura do país, da visão limitada dos donos das empresas para as quais trabalhei, do desinteresse dos clientes. Minha lista de falsas justificativas não tinha fim. Todo mundo era culpado, menos eu. Mas um belo dia mudei de comportamento, e essa mudança aconteceu quando entendi a seguinte afirmação:

O mundo é da maneira como você o enxerga.

- Se para você ele é um lugar onde somente uma pequena fração de pessoas têm a "sorte" de conseguir boas oportunidades, é assim, com você excluído desse "seleto grupo", que o seu mundo será.
- Se o seu mundo é um lugar de conflito, onde todos estão contra todos, onde você só consegue vencer se o outro lado for aniquilado depois de você combatê-lo arduamente, é assim que o seu mundo será.
- Se o dinheiro em abundância é algo que somente os desonestos conseguem ter, assim será o mundo para você.

Em qual mundo você vive?
Qual é o seu mundo?

Muitos vão passar por essa vida sem prosperar porque simplesmente não conseguem ter a consciência sobre o seu sucesso e seu fracasso, por não dimensionarem o seu mundo. Essas pessoas vivem em autoengano, criando histórias para se justificar. É como se estivessem em um mundo invertido e mentiroso. Portanto, Monstro, antes de se preocupar em como ganhar dinheiro com vendas, lembre-se de que as vendas são um processo e o seu início está em sua cabeça. Por isso, criar essa consciência de transformar primeiro o seu pensamento é o início para um caminho próspero.

PROFISSIONAL MULTITAREFA

Talvez vocês já tenham ouvido falar que ninguém começa a construir a casa pelo telhado. Esse é um ditado antigo, muito popular e repleto de sabedoria. É simplesmente impossível começar uma edificação, seja ela qual for, por sua parte mais alta. Ela nunca vai se sustentar porque não tem base, não tem fundação. Entender a importância da estrutura é crucial. Esse simples entendimento é essencial para ser levado para a sua vida como vendedor, Monstro.

Não dá para querer no início da sua carreira ser o profissional que bate todas as metas, que tem as melhores oportunidades, que consegue as melhores vendas. Essa dinâmica simplesmente não funciona, porque não há estrutura para isso. Primeiro, é preciso criar repertório, carteira de clientes, ter domínio de técnicas de venda. Estudar, sobretudo; e fazer um estudo abrangente que lhe traga um amplo conhecimento. O que nos leva a uma situação que precisa ser reforçada.

São as suas decisões, e não as suas condições, que vão determinar qual será o seu destino.

Talvez, hoje, você esteja como funcionário em uma situação empregatícia limitada, ainda contratado em regime CLT, trabalhando em uma pequena empresa ou em um pequeno projeto e não esteja conseguindo identificar perspectiva de crescimento. Está delimitado por seu contexto e não percebe o potencial de suas habilidades. Já estive na sua situação e sei que ela não é nada confortável.

Meu primeiro salário foi de R$480; e demorei sete anos para conseguir que alguém pagasse por uma de minhas palestras. Durante sete anos, simplesmente fiz de graça todas as minhas palestras. Foram sete anos dedicando meu tempo, com persistência, para ser reconhecido como palestrante. E imagine: quando o primeiro pagamento aconteceu, ele foi de R$200.

Do ponto de vista monetário, realmente, foi um valor ínfimo. Não dava para muito. Jamais poderia planejar o meu sustento e o da minha família a partir do recebimento daquela quantia. Mas hoje tenho muito orgulho daquele valor recebido, porque representou uma mudança de estágio em minha vida.

Aquele valor tornou objetivo o fato de que eu poderia ser remunerado por meu esforço, indicou o meu reconhecimento no mercado. Para mim foi a comprovação de que eu era capaz de virar o jogo a meu favor exatamente como fiz, com muita perseverança e trabalho incansável, lançando mão, mesmo sem saber à época, da minha *conscienciosidade*. Por isso, alguns anos depois de ter recebido aquela quantia (para ser bem sincero alguns poucos anos depois) ganhei, com a soma das minhas atividades, meu primeiro milhão de reais. Tornei-me um milionário! Faço essa afirmação com muito orgulho. Lembra que pobre não anda com pobre?! Pois é!

Não tenho dúvidas, uma das maneiras que utilizei para juntar essa quantia foi ter me inspirado em profissionais bem-sucedidos. Eu me espelhei em histórias de sucesso profissional. Olhava muito para como se comportava o dono do negócio e comecei a identificar as características desenvolvidas por eles à frente de seus empreendimentos.

Uma das primeiras coisas que percebi foi o fato de que quem prosperou com suas iniciativas sempre dedicou mais horas de trabalho às suas atividades do que os demais funcionários de seu empreendimento. Eram profissionais que, geralmente, chegavam um pouco antes do expediente e sempre ficavam muito além dos turnos convencionais das jornadas de trabalho.

Era um profissional multitarefa, que sempre lidou com várias atribuições ao mesmo tempo. Era alguém que conseguia enxergar o macro da situação, um profissional de resolução, que não ficava remoendo o problema, mas, sim, encontrando caminhos para sair da situação de forma positiva, que se posiciona a favor da situação e não de maneira negativa, jogando contra. Alguém com vontade de encarar os desafios e as situações difíceis. Aliás, esta é uma das principais características dos empreendedores vencedores: reconhecer seus medos e limitações, mas não deixar se paralisar por eles — pelo contrário, usá-los como impulso para as suas atividades.

Em nossa caminhada não sabemos de tudo, aconselhe-se, tenha mentoria, peça a opinião de quem você confia e olhe para a trajetória das pessoas que o inspiram.

Ser humilde para reconhecer suas fraquezas e impotências é uma atitude de um profissional vitorioso.

De certa maneira, adotei essa postura desde o começo de minhas atividades profissionais, com 21, 22 anos. E isso só me trouxe bons resultados.

KISS

Comecei no setor de vendas porque gostava de falar e me relacionava bem com as pessoas. Sempre tive facilidade para fazer novas amizades e, como em vendas, ao longo do dia, as relações são muito dinâmicas, interagimos com diversos clientes, eu me sentia atraído por essa condição para o setor. Até hoje acho muito legal essa característica do mercado, porque me dou muito bem com essa dinâmica. Gosto de cotidianos agitados. Nunca gostei de monotonia, assim como grande parte dos vendedores, gosto de adrenalina, de estar em contato com as pessoas, de fechar negócios vantajosos para todos os envolvidos nas transações. Nós gostamos de argumentar, de persuadir, de demonstrar. Essas atividades são motores de nossa ação.

Conforme o tempo foi passando, porém, fui identificando oportunidades financeiras, as vendas que alavancariam minha entrada de dividendos. E mais, compreendi que todo mundo sempre procura por bons vendedores e, de fato, há muitos no mercado, mas um dos diferenciais para se destacar no setor foi perceber a importância de aplicar uma escala de conhecimento ao negócio. Para mim, essa percepção passou a ser mais evidente por volta dos meus 26 anos. Ali, comecei a identificar algumas características no setor que até hoje as vejo presentes na minha empresa e tento integrá-las aos meus funcionários.

O meu gestor comercial, por exemplo, é um profissional extremamente talentoso. Ele tem um forte conjunto de atributos favoráveis à venda. É dedicado, procura se aprimorar constantemente, é persistente, assimila feedbacks e, mesmo assim, o seu potencial ainda não está 100% desenvolvido. Ele pode entregar mais e vai entregar mais, muito mais. Tenho plena certeza do aprimoramento do trabalho dele, porque essa melhora é um processo, é uma transformação. Além de estar comprometido com esse movimento, eu quero muito transformar as pessoas que se relacionam profissionalmente comigo. Eu dou espaço para que isso aconteça. Quero que elas tenham a chance de crescer e de oferecer o melhor serviço possível.

Mas, infelizmente, vale ressaltar: a maioria das empresas não proporciona ambiente para essa transformação. Impossibilita o vendedor de pensar como dono, de ter a "dor dono", uma expressão muito comum no mundo corporativo ao se abordar o desenvolvimento das carreiras. Mas isso não é tudo. As empresas precisam dar espaço para os vendedores se sentirem também como os seus clientes. Essa possibilidade é uma ferramenta para solucionar diversos entraves no trabalho.

É possível aprimorar muito o trabalho quando os vendedores podem reportar aos seus chefes gargalos no atendimento, falhas no processo de logística, displicência na comunicação. Essas situações existem e são notadas pelos consumidores frequentemente. Por isso, uma das melhores formas de reverter esse quadro negativo é dar espaço para os vendedores projetar tanto a "dor do dono", quanto a "dor do cliente".

Ao identificar as expectativas dos clientes, as empresas abrem espaço para as devidas correções no rumo dos negócios.

Há diversas técnicas para fazer isso acontecer, uma delas é conhecida no mercado como **KISS — Keep it simple, stupid.** De uma maneira direta, o que essa expressão em inglês quer dizer é: **Mantenha as coisas simples, estúpido.** Esse princípio defende o descarte de todas as ações sobressalentes, dos excessos no processo. É uma técnica muito usual para a elaboração dos projetos logísticos e estratégicos.

É possível usar alguns comandos para colocar em prática a técnica do KISS, por exemplo:

- Identifique a dor do cliente e o que o motivou a procurar por seu produto ou prestação de serviço.

- Evite perguntas muito específicas no começo do diálogo. Dê preferência a questionamentos mais abrangentes, para que ele possa expressar o pensamento dele com mais detalhes.
- Estabeleça um diálogo, não um interrogatório, e foque como a sua prestação de serviço ou produto ajudará o seu cliente naquele momento.
- Busque uma relação mais objetiva com fatos e menos argumentos subjetivos, imponderáveis. Mas não se esqueça de ser pessoal. Use da sua vivência para fomentar o diálogo e aponte para os benefícios que seu cliente terá ao eliminar a sua dor.

Lembre-se, vendas dão muito dinheiro. Mas poucos vendedores conseguem acessar os grandes ganhos porque eles evitam se colocar no lugar do cliente, não praticam a "dor do dono" ou estão em empresa que os limitam, que os proíbem de agir dessa maneira.

Riqueza em vendas é proporcional ao número de pessoas que trabalham por você, e não necessariamente para você.

Quando você tem uma rede de clientes muito forte, vendendo muito bem, atendendo muito bem, essa rede se multiplica. É óbvio que se você quiser ser muito rico, você tem que ter o seu próprio negócio, mas precisa entender da estrutura comercial, e isso não é nada fácil, dói. Para mim, doeu muito, porque sempre tive de fazer muita coisa, aliás, eu faço muita coisa de que não gosto, e acredito que um dos segredos do meu sucesso é exatamente fazer muitas atividades das quais não gosto.

Outro dos meus segredos para a prosperidade é ser genuíno em minhas ações. Minha prosperidade não veio necessariamente de todo o conteúdo adquirido ao longo dos anos, mas a minha genuinidade com os meus clientes, com a minha equipe de trabalho e com meus parceiros, com certeza, é um dos meus diferenciais e fortalezas. Aliás, essa minha característica é muito legal! Mas me preparei muito para chegar até aqui e continuo me preparando. Não paro de estudar! É por isso que a falta de visão sobre a necessidade educacional em nosso setor me irrita tanto. Os vendedores precisam estudar.

> **Mostre-me um vendedor que tenha estudado tanto quanto um médico que eu lhe mostro um vendedor rico.**

Essa frase é como se fosse uma *wake-up call*. Sim, é uma provocação. Sobretudo, um desafio. É claro, como vendedor, você não precisa estudar por doze, quatorze, dezesseis horas seguidas. Isso nem seria realista, mas é preciso criar uma consistência para os estudos, ter uma regularidade, estabelecer uma rotina e ter um plano traçado em relação a todo o conteúdo educacional necessário para realizar as suas tarefas. Hoje, com a internet é muito mais simples e efetivo alcançar esse objetivo.

Monstros, se vocês dedicarem trinta minutos por dia — apenas trinta minutos ao dia — a um conteúdo educacional, já estarão em uma espiral ascendente de assimilação de informação e saber. Façam as contas, meia hora por dia, durante seis dias, equivalem a três horas de estudo. Se pensarmos em quatro semanas, estamos falando de doze horas ao mês. Durante seis meses, são 72 horas de estudo; 144 horas ao ano. Ou seja, é possível, e a partir de um determinado momento, o conhecimento tende a ser adquirido mais rapidamente como em uma projeção geométrica. É um processo!

E, nesse aspecto de disciplina e comprometimento com o conteúdo, não se esqueça de seu corpo. Sem corpo, não temos nada! Você precisa cuidar do intelecto, da alimentação e do corpo. Procure consistência nessas ações e maneiras para executá-las. Transforme o conhecimento em atitude prática, efetiva.

> **O vendedor nunca é. Ele sempre está!**
> **Cada começo de mês é um novo emprego para o vendedor.**

Monstro, tudo de excepcional que você fez no mês passado já foi. Não se agarre nas conquistas que já passaram. Reconheça que elas existiram, mas siga em frente. Foque o que está acontecendo agora e projete as suas ações futuras.

Você já recebeu por suas conquistas no passado. Você já foi tratado com destaque, mas agora, a cada novo mês, você volta ao mesmo patamar de todos dentro de sua equipe de vendas. Não se deixe levar pela vaidade dos bons resultados nem acredite que eles vão fazê-lo seguir em frente. Para o seu empregador, o que interessa é a entrega do hoje, o quanto você é capaz de se adaptar às novas demandas e trazer resultados continuamente. É preciso constância na entrega para se destacar no longo prazo.

Um dos maiores diferenciais do vendedor fora da curva, de um profissional excepcional, é o entusiasmo. Tenho certeza de que você já foi a uma loja comprar algo ou solicitou a visita de um vendedor e ele conseguiu "desvender" para você. Isso mesmo, "desvender". Você queria comprar, já estava certo dessa compra, tinha escolhido, mas o desânimo do vendedor fez você desistir.

Nada é tão verdadeiro e contagiante quanto o entusiasmo. As pessoas querem estar ao lado de pessoas entusiasmadas. Os clientes querem comprar de pessoas que estão entusiasmadas com aquilo que vendem.

> **Entusiasmo é pôr emoção naquilo que faz. É brilhar os olhos quando se oferece um produto ou serviço, sabendo que aquilo é do que o seu cliente precisa. Com entusiasmo, você não acha, você tem certeza!**

Monstro, como vendedor, você sabe muito bem ver nos olhos de outro vendedor quando ele acredita naquilo que está vendendo. Sabe ou não sabe? Tenho certeza de que sim. Ou quando você está vendendo ou agendando uma visita ao telefone, o seu entusiasmo fica mais evidente. Para o seu cliente é o mesmo. Ele também consegue reconhecer o entusiasmo de quem está se relacionando com ele. E entusiasmo não se compra, não se aprende em livro nem em curso. E é por esse motivo, por ser algo inerente, que é tão valorizado no mercado de trabalho.

Pessoas entusiasmadas se juntam com outras pessoas entusiasmadas e geram um círculo de energia positiva que afasta quem não está na mesma sintonia. Porque pessoas negativas e de mau humor odeiam gente entusiasmada.

PARA DIVERSIFICAR SUA LEITURA SOBRE O TEMA

Se você não leu ainda, eu vivamente recomendo *Do Fracasso ao Sucesso em Vendas*, de Frank Bettger. Esse é um livro com mais de sessenta anos e nunca esteve tão atual. É leitura obrigatória para todo vendedor que deseja ter sucesso. Nele, Frank faz o seguinte comentário:

> "(...) Obrigue-se a agir com entusiasmo e você se tornará entusiasmado. Tome uma resolução sagrada para redobrar o entusiasmo que vem aplicando ao seu trabalho e à sua vida. Se levar adiante essa decisão, você, provavelmente, dobrará a sua renda e a sua felicidade. Como começar? Há somente uma regra: para tornar-se entusiasmado, aja com entusiasmo (...)"

#Orgulho de Ser Vendedor

"O que é necessário para mudar uma pessoa é mudar a sua consciência de si."

ABRAHAM MASLOW

Consciência, antes de mais nada, é o ato de pensar. Quando pensamos estamos criando possibilidades, caminhos, sensações e sonhando. Esses são os ingredientes das grandes conquistas.

PARTE 2

INCONFOR MISMO

CICLO CONTÍNUO

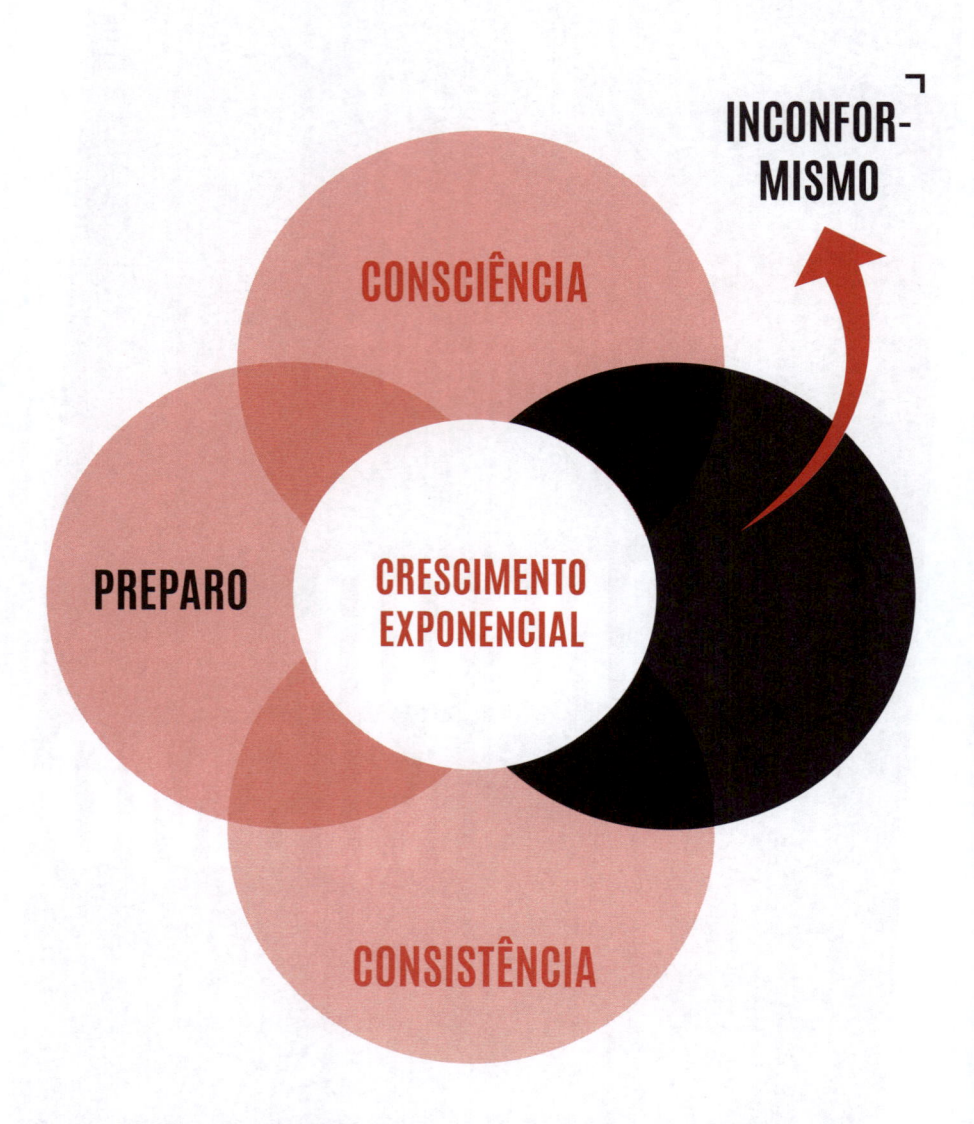

INCONFORMISMO

CONSCIÊNCIA

PREPARO

CRESCIMENTO EXPONENCIAL

CONSISTÊNCIA

Seguir essa sequência continuamente é o que faz a consistência de Vendas. E ao deixar de realizar uma das etapas perde-se a constância e, dessa forma, a corrente rompe no elo mais fraco.

CAPÍTULO 6

SEU INCOMODO NÃO VALE NADA. O QUE VAI COMEÇAR A TRANSFORMAR SUA VIDA É O INCONFORMISMO

> O homem sensato se adapta ao mundo; o insensato insiste em tentar adaptar o mundo a si. Portanto, todo progresso depende do insensato.
>
> **GEORGE BERNARD SHAW, DRAMATURGO.**

Quando olho para trás, vejo claramente que os grandes saltos em minha vida aconteceram por causa de meu inconformismo, e esse comportamento é determinante para a minha trajetória pessoal e profissional. Não sei conviver com a insatisfação sem me movimentar para modificá-la.

Desde criança, quando algo não me cai bem, eu ajo para acabar com a sensação de incômodo. Ao viver situações injustas, então, essa minha ação era (e é) mais rápida ainda; assim como quando desejo conquistar algo especificamente, eu só paro de agir quando realizo a minha conquista. É certo que, no meio desse caminho, mudo de estratégia, recuo, construo alianças, revejo planos, mas não desisto da minha meta; e isto é o mais importante: perseverar.

> *O inconformismo sempre me motivou, e essa condição me fez romper o impossível ou o quase impossível.*

Talvez, vocês não saibam, Monstros, mas, durante anos, lutei contra a balança. Eu já pesei absurdos 138 quilos! E levei muito tempo para reduzir esse peso. Foi uma longa caminhada de muita dedicação e foco até eu chegar aos desejados 89 quilos. Não foi nada fácil, e essa minha transformação física só aconteceu porque tive uma dose cavalar de inconformismo. Meu incômodo era gigantesco, porque não aceitava ter aquele peso. Aquela situação estava fora de controle, portanto, precisei me esforçar demais para reverter a situação em meu favor e atingir a minha meta.

> *O tamanho da sua mudança é proporcional ao seu grau de inconformismo.*

Lembre-se, quanto maior for o seu sonho, em qualquer aspecto de sua vida, mais inconformado você precisa ser, porque as dificuldades a enfrentar serão maiores. Agora, profissionalmente, como vendedor, o tamanho desse grau de inconformismo é determinante para você evoluir para a terceira etapa da jornada deste livro, a consistência. Mas, preste atenção, ao falar sobre *ser inconformado*, não estou afirmando para você ser um eterno inconformado. Não é esse o caso!

Ser inconformado pelo inconformismo em si não o leva a nada. É um vício de comportamento. Por isso, é extremamente importante não esquecer de ser grato às suas conquistas e experiências de vida. É importante reconhecer as coisas maravilhosas que você fez e tem em sua vida. Esse reconhecimento lhe dá referência e perspectiva, mas não fique paralisado ou acomodado por ele. Jamais acione o modo conformado de pensar:

- *"Eu já tenho o suficiente, para que preciso de mais?!"*
- *"Está bom como está, mudar para quê?"*

FUJA DESSA ARMADILHA!

Como antídoto e alerta de ação para não cair nesse engano, gosto de lembrar um dos pensamentos do grande empresário e vendedor Flávio Augusto sobre a diferença entre ser satisfeito e ser conformado. Diz Flávio:

> "Estar satisfeito é ser grato pelo que se tem, ainda que seja muito pouco. Estar conformado é assumir o tamanho e a forma da realidade em que vive, mesmo que essa seja insuficiente ou insignificante. O satisfeito se contenta na escassez, enquanto o conformado assume que a escassez é inevitável. Estar satisfeito é não reclamar de sua condição por saber que, por sua própria decisão, ela é provisória. Estar conformado é lamentar-se a todo momento por sua condição de vida, por sentir-se vítima das circunstâncias. O que diferencia o satisfeito do conformado é uma premissa básica: o satisfeito sabe que é senhor de seu destino. O conformado pensa que é uma vítima de sua própria existência, da família em que nasceu ou de sua condição social, irreversível, em seu ponto de vista. Essa diferença faz toda a diferença."

Logo no começo de minha carreira, eu vendia álbuns de festas de formaturas. Aquele foi um trabalho muito puxado, e os acontecimentos que vivi na empresa em que trabalhava vendendo os álbuns aceleraram a evolução da minha carreira. Eu me dedicava muito para conseguir as vendas e tinha bons resultados, mas mesmo com o meu trabalho duro, tomei um golpe dos donos da empresa na qual trabalhava. Foi um baque e tanto, principalmente, porque não media esforços para virar as negociações, que aconteciam por todo o Brasil.

Para abrir o mercado Nordeste, viajava constantemente de madrugada aproveitando as melhores ofertas das passagens, foram madrugadas e mais madrugadas dormindo mal. Andava com um carro comprado em leilão sem ar-condicionado. Por isso, foi muito difícil engolir aquele calote depois de tanto esforço. Mas, ao mesmo tempo em que tive um prejuízo financeiro significativo com aquela experiência, também tive uma grande lição.

Até aquele momento, ficava muito incomodado com a minha condição de trabalho, mas não fazia nada para mudar a situação. Eu me incomodava, mas suportava tudo o que faziam comigo. Eu nem buscava me preparar, estudar para conseguir reverter aquele contexto. Simplesmente, ficava incomodado e nada mais. Mas depois do golpe, me bateu um enorme cansaço. Não queria mais me relacionar com gente picareta e procurei por uma requalificação no mercado, fui atrás de encontrar novos lugares de trabalho, mas para entrar em empresa melhor, é preciso estar qualificado e aí percebi a importância de estudar cada vez mais, investi em mentorias de maior valor, me esforcei.

Aquilo foi importante, porque adquiri rotina em meu cotidiano e me forcei a exercitar várias vezes, mas várias vezes mesmo, atividades de que não gostava, mas eram necessárias para criar estrutura pessoal para alcançar o sucesso. Precisei fazer minhas atividades com consistência e esse comportamento me rendeu bons frutos. Pouco tempo depois desse movimento, empreendi pela primeira vez.

Ao longo da história, o inconformismo é responsável por grandes conquistas e transformações. Talvez, as mais relevantes. Em todos os nossos processos de evolução o inconformismo foi um dos principais agentes propulsores às transformações. Por meio dele, a medicina avançou, as pesquisas ficaram mais dinâmicas, empresas foram criadas, conseguimos prestar ajuda humanitária em larga escala. São inúmeros os exemplos de pessoas que não somente se incomodaram com a sua situação, mas se inconformaram, de fato, e construíram uma nova realidade.

Você já ouviu falar sobre Jan Koum?! Talvez, o seu nome não lhe seja familiar, mas, com certeza, você já usou e muito uma de suas criações. Jan é o fundador do WhatsApp, um dos aplicativos de comunicação mais utilizados no mundo. Mais de 1,5 bilhão de pessoas o utilizam. Esse número é impressionante por sua grandeza, mas mais impressionante ainda é como toda essa história começou.

Jan é exemplo de um inconformado que não ficou limitado por seu contexto. Assim como Flávio descreveu em seu pensamento, ele não se deixou limitar por seu contexto. Ele não assumiu o tamanho e a forma da realidade em que vivia, pelo contrário, expandiu as suas dimensões em todos os aspectos de sua existência.

Para começo de conversa, Jan nasceu em uma família com significativas limitações financeiras, em um vilarejo rural próximo a Kiev, capital da Ucrânia. Ou seja, ele não cresceu em um centro urbano moderno e cosmopolita, tampouco foi uma criança mimada da classe média de algum país rico do Hemisfério Norte. Detalhe, quando Jan nasceu, em 24 de fevereiro de 1976, a Ucrânia ainda integrava a União das Repúblicas Socialistas Soviéticas. Quem diria, o criador de uma das principais ferramentas de revolução de nossos tempos e do capitalismo foi um jovem criado de maneira modesta, no regime comunista — quanta ironia! Mas isso por si torna a sua história mais interessante.

Em busca de melhores condições financeiras, os seus pais tomaram uma decisão radical e se mudaram para os Estados Unidos. Para alcançar prosperidade, trocaram as frias temperaturas dos arredores de Kiev pela ensolarada Califórnia, assim como tantos outros imigrantes ao longo da história dos Estados Unidos. Por isso, ainda adolescente, Jan se vê com sua mãe e avó em um cenário completamente diferente do que estava acostumado. Era o começo dos anos 1990 e, com pouquíssimo dinheiro para sobreviver, eles se mantêm dependentes de programas de auxílio social do governo. Seu pai, que havia se programado para se juntar à família algum tempo depois, nunca chegou, de fato, a fazer a viagem.

Naquele momento, era impossível prever que aquele jovem se tornaria um bilionário ao criar um aplicativo digital, que, diga-se de passagem, nem existiam em um mundo completamente diferente desse que conhecemos. A internet mal funcionava e, quando havia, era algo limitado aos ciclos universitários. Em longa distância, nos comunicávamos prioritariamente por cartas, e os telefones celulares estavam mais para ficção científica ou eram projetos em elaboração na prancheta dos departamentos de desenvolvimento de algumas empresas de telecomunicação ou de cientistas e pesquisadores. Nada disso, contudo, foi limitação para ele desenvolver seu aplicativo nos anos 2000, mesmo não sendo, inclusive, um aluno brilhante ou muito interessado em disciplinas de exatas.

Certa vez, em entrevista à imprensa dos Estados Unidos, ele se declarou um *"péssimo estudante de ciências e matemática"*. Mesmo essa característica de sua personalidade não o impediu de encontrar emprego em locais que, em tese, necessitam de funcionários com habilidades e interesse para essas disciplinas do saber como a Ernst&Young e o Yahoo!, duas das organizações em que ele trabalhou até pedir demissão da estabilidade que elas o ofereciam para se arriscar, em 2009, conjuntamente com o seu amigo Brian Acton, no lançamento do WhatsApp, que em seu começo naufragou.

A criação deles não despertou interesse algum, mas eles não desistiram. Insistiram e aprimoraram o aplicativo mudando o seu foco de respostas simples e automáticas, para um sistema mais sofisticado de troca de mensagens instantâneas. Mudanças feitas, e o negócio decolou, tornou-se febre mundial e, em 2014, foi adquirido pelo Facebook em uma transação bilionária.

Naquela jogada corporativa, aquele jovem ucraniano, que quando adolescente tinha perspectivas completamente incertas, vivia como imigrante em um país absolutamente diferente do seu lugar de origem, longe do pai, tornou-se um dos profissionais mais ricos e bem-sucedidos da indústria da tecnologia. Uma história fantástica.

Monstros, a história de Jan é um dos motivos de minha insistência com a necessidade de sermos inconformados e usarmos essa característica em nosso favor. Como vendedores, temos de ser incomodados e inconformados, mas precisamos entender a diferença desses dois atributos para utilizá-los da melhor maneira em nosso cotidiano, até porque, por mais que essas palavras lhe soem semelhantes, elas são diferentes.

Quando entendemos exatamente o significado das palavras, a gente se posiciona com mais facilidade. Assimilamos melhor a vida quando compreendemos com exatidão o que o outro tem a nos dizer e o que queremos falar.

O incômodo é uma indisposição física ou não. É algo que nos perturba que nos deixa indispostos, que gera desgosto aborrecimento, irritação. Ou seja, é algo que nos afeta.

- O que o incomoda neste momento?
- Ler este livro o incomoda?
- Os seus ganhos o incomodam?
- A sua falta de perspectiva o incomoda?
- Talvez o seu chefe seja seu incômodo?
- Seu estado de saúde ou seu corpo o incomodam?
- Ou será que a prestação de algum serviço público ou as taxas bancárias o incomodam?

Pare alguns minutos e reflita sobre o que o incomoda neste momento em sua vida. Foque o agora, não acontecimentos remotos ou em algo que ainda pode acontecer. *Keep it simple, stupid.*

Observe o momento presente e verifique os seus incômodos, que também podem estar relacionados à sua saúde, ou talvez a sua frustração em não conseguir se manter em forma física. Seja o que for, perceba esse incômodo e entenda como ele age em você, o que ele lhe provoca e avalie as consequências dessa incômodo em sua vida.

- Será que você está perdendo oportunidades por causa dessa condição? Dinheiro, talvez?
- Será que a sua saúde está sendo afetada devido a esse incômodo?

O exercício aqui é de observação, de percepção dessa condição em sua vida neste momento. Observe-se e veja se você consegue sustentar tal incômodo.

Agora, vejamos o impacto do inconformismo para você e como ele se manifesta em sua vida, se é que ele se manifesta. Aliás, você é inconformado? Ou, talvez, sim, você seja, mas todas as suas ações sejam apenas sucessivas reações de inconformismo pelo inconformismo.

O inconformismo expressa a nossa reprovação, a não aceitação de alguma situação. É um atributo para identificar quem não se conforma com o contexto, quem não se resigna e se mantém recalcitrante (palavra muito pouco usada em nosso dia a dia), mas que se refere a pessoas desobedientes, insistentes, birrentas.

Como se vê, alguém inconformado deseja mudar. Esse indivíduo tem um drive para alterar as coisas. Tem uma energia que o impulsiona para a realização e essa é uma força preciosa para usarmos em vendas. Obviamente, temos de ficar atentos para não usarmos a potência do inconformismo contra nós mesmos, nos tornando apenas um cabeça-dura. Alguém que deixa de ouvir o outro ou o contexto e insiste de forma inflexível em uma mesma prática, reafirmando uma ideia fixa. Como se diz por aí, alguém que vive "tocando uma nota só".

De forma geral, as pessoas naturalmente são incomodadas. Todo mundo começa o dia com algum tipo de incômodo.

- É o irritante som do alarme que insiste em despertar para nos tirar do quentinho da cama;
- É o banho que está fora da temperatura que você deseja;
- O tempo que às vezes é chuvoso demais, e você não gosta; ou, para outros, muito ensolarado e você não queria ver tanto sol pela frente;
- O desejo de ter algo e nunca conseguir conquistar;
- Aqueles eternos dois quilos a mais na balança;
- O incômodo de não ter mais tempo com a família.

Enfim, alguma coisa sempre nos incomoda e, em certa medida, essa condição é boa, nos move, faz a gente continuar buscando. É uma maneira de nos sentirmos vivos e ativos, nos impulsionando a criar estratégias de ação para modificarmos nossa realidade, para fazermos algo novo, conquistar novos territórios, oferecermos uma condição de vida melhor para nossa família.

A lista de nossos incômodos, que também pode ser entendida como a relação de nossos desejos, é extremamente importante para nosso dia a dia. Temos de tê-la em consideração, saber valorizá-la e revisitá-la periodicamente para fazermos as devidas correções de rumo, acrescentar novos desejos, eliminar aqueles que já não fazem mais sentido. E um dos aspectos fantásticos dessa dinâmica é que essa lista não é restrita a uma pessoa, a uma faixa etária, a um gênero ou a uma categoria profissional. Ela é universal. Está disponível a quem quiser executá-la em qualquer lugar e tempo de vida. Há sempre um momento para criá-la e é você, Monstro, quem decide quando acessá-la.

Qual é a sua lista de incômodos?

Mas é pertinente estar atento: os incômodos surgem, se instalam e nós os sentimos. Se apenas reclamarmos dessa situação, estamos adotando uma postura passiva diante deles, prejudicial ao nosso desenvolvimento.

O incômodo inexiste para quem é conformado, afinal por mais incômoda que a situação seja, o conformado prefere aceitá-la a fazer algo para mudar a situação. Neste momento se estabelece a importância do inconformismo para reversão desse quadro.

Ora, se eu sinto algo que me desagrada de alguma maneira, se estou em uma situação desfavorável, se eu não me mexer, não vou conseguir fazer nada. Vou simplesmente viver a dor desse incômodo de maneira negativa. Não vou conseguir mudar a minha realidade sendo passivo, sem me planejar, sem organizar o meu tempo. É nessa ocasião que entra em cena a importância de termos a dose certa de inconformismo para transformar esse sentimento.

Um dos maiores autores sobre gestão e vendas de todos os tempos, o norte-americano Dale Carnige, entre vários de seus pensamentos, afirmou:

> "A hesitação, a falta de ação, gera dúvida e medo. Por sua vez, a ação gera confiança e coragem. Se você quiser vencer o medo, não fique apenas em casa pensando sobre suas inseguranças e incertezas. Saia e mantenha-se ocupado."

Dizem que se conselho fosse bom a gente não oferecia de graça, vendíamos. Mas eu em minha posição, neste momento, quero deixar esse recado para você, e não o entenda como um conselho, caso você acredite nesse dito popular. O receba como uma indicação de boas práticas em suas atividades profissionais. Dê espaço para o inconformismo em sua vida e aja para se libertar de suas inseguranças.

Encontre a saída para seus desconfortos e dúvidas, dando espaço para o inconformismo em sua vida.

O inconformismo o desafia e transforma a sua realidade.

Reforço a importância dessa indicação como uma advertência, porque o vendedor brasileiro é mais incomodado do que inconformado. Você também pode ser um desses, mais incomodado do que inconformado.

Os profissionais de vendas em nosso mercado sentem muito incômodo. É comum o relato de alguma insatisfação, alguma dor existencial. Eles acreditam que não ganham o equivalente ao seu esforço e trabalho, que não têm o reconhecimento devido, que moram em uma cidade sem estrutura, que os clientes não os valorizam. Apesar da enorme lista de adversidades facilmente relatada, esses profissionais dificilmente fazem algo para mudar essa condição, eles não acionam o drive do inconformismo.

Antes de você se questionar sobre a fonte dessa informação, as estatísticas para subsidiar essa tese, devo-lhe dizer que, de fato, não conduzi nenhuma pesquisa com rigor metodológico e científico para fazer tal afirmação, de que *os vendedores brasileiros são incomodados e nada inconformados*. Eu obtenho essa conclusão a partir da observação empírica do meu cotidiano de trabalho como palestrante, como profissional que ajuda milhares de vendedores a se reinventar em suas carreiras. Meus anos atuando no mercado me fizeram entender claramente esse cenário. Diariamente, eu me deparo com essa realidade.

Em minhas redes sociais, constantemente, interajo com meus seguidores para saber o que eles estão pensando sobre o mercado, como se organizam em seu trabalho, quais são as dificuldades que enfrentam. Nesse sentido, para começar o diálogo faço alguns questionamentos provocativos tais como:

- Como você poderia melhorar como líder?
- Você ganha o suficiente ou você pode ganhar mais?
- E em termos de reconhecimento, você tem o que merece?
- As injustiças na sua empresa ou no mercado em que você atua o incomodam em que nível?

As respostas dadas às perguntas dessa natureza me impressionam. Independentemente do gênero, da idade, da região, do produto ou da prestação de serviço oferecida, os retornos seguem uma mesma tendência. A maioria das pessoas constata claramente os problemas em seu cotidiano, mas os percebem como imutáveis. É como se não tivessem maneiras para modificá-los. Elas reconhecem que vivem em um tipo de inferno, mas olham ao redor e não encontram a porta de saída de emergência desse lugar. É como se todos sofressem de uma miopia coletiva.

Os profissionais descrevem com riqueza de detalhes o seu incômodo, mas são incapazes de mencionar alguma atitude que estejam praticando para reverter a situação em que se encontram. Relatam o incômodo, mas não têm caminhos para sair deles. Esse comportamento me desperta outra constatação.

Em nosso setor temos pouco ou nenhum espaço para desabafar sobre nossos problemas, sobre nossas angústias e dores. Nesse sentindo, até acho positivo o fato de minhas redes sociais cumprirem esse papel. Ser um ambiente seguro para que as pessoas possam desabafar como bem quiserem. Com respeito, é claro, mas conseguindo relatar aquilo que as incomoda.

Essa condição é reflexo de um mercado com uma comunicação extremamente precária. Os profissionais não encontram momentos ou pessoas para falar sobre suas angústias. O diálogo nas empresas, nesse sentido, é quase inexistente.

Sim, os chefes cobram desempenho, os departamentos de marketing destacam as conquistas das vendas, as assessorias de imprensa dão vazão às falas institucionais e aos valores da corporação.

- Mas quem ouve os vendedores?
- Onde esses profissionais podem falar honestamente sobre os seus medos?
- E quando eles são privados dessa oportunidade, como podem melhorar?
- Se não encontram espaço para esse tipo de diálogo o que devem fazer com suas dores, com seus incômodos, como podem encontrar pessoas para ajudá-los?

Os vendedores estão carentes, porque realmente estão incomodados, mas não criam espaço para o inconformismo.

Como vendedores, somos sobreviventes de um mercado muito oscilante. Vale a pena lembrar: "O Brasil não é para amadores." Em vendas, essa é uma realidade inconteste. Em comparação às nações desenvolvidas do hemisfério norte, temos uma maneira muito peculiar de estabelecer uma relação de compra e venda, a começar pelo parcelamento dos valores dos produtos. Para alguns estrangeiros é um grande mistério fazer a venda do que quer que seja em módicas parcelas. Ou responder à pergunta tão frequente em nosso varejo: "Tem desconto à vista?"

Quem vive em uma economia sólida, como a maioria dos países da Europa Ocidental, tem dificuldade para compreender os detalhes de nossas negociações. Para eles, essa forma de agir não faz sentido, porque eles não têm o nosso recente histórico monetário tão confuso.

Muitos brasileiros, principalmente os mais velhos, ainda são ressabiados, têm vivo em sua memória o fantasma da inflação e a sua ação nefasta em nossas vidas. Época em que as mercadorias nos supermercados começavam o dia com um valor e, poucas horas depois, estavam sendo comercializadas com preços duas, três, quatro vezes superiores ao praticado no início da manhã. Resumidamente, era uma balbúrdia. No final da década dos anos 1980, começo dos anos 1990, então, foi uma "loucura" total.

Em plena redemocratização do sistema político, acompanhamos o nosso primeiro presidente eleito, após um longo período de ditadura, confiscar, com uma canetada só, praticamente todo o dinheiro existente no sistema bancário brasileiro. Um belo dia, as pessoas foram dormir com um valor específico em suas contas-correntes e de poupança e amanheceram todas com NCz$50 mil (Cruzados Novos, dinheiro corrente à época), algo equivalente a R$5 mil, considerado cálculos de índices de inflação.

A surpresa foi tão generalizada, e tamanha, que muitas pessoas sucumbiram àquela informação, chegando ao extremo em suas vidas, cometendo suicídio ou morrendo em decorrência do impacto emocional gerado pelo inusitado da situação. Foram anos complicadíssimos, mas aos poucos superamos aqueles acontecimentos e antes de os anos de 1990 acabarem, estabilizamos nosso mercado e criamos uma moeda (o Real), que gerou mais confiança interna e externa em nossa economia.

O setor de vendas, por sua vez, esteve na linha de frente desses acontecimentos. Então, não é de surpreender que no inconsciente de nosso segmento os reflexos da insegurança ainda sejam tão presentes. Afinal, a atual geração em atuação no mercado foi formada, em certa medida, por profissionais sobreviventes a todo esse cenário. E mais, além de todos esses acontecimentos políticos e econômicos, vivemos o alvorecer de uma sociedade mediada pela tecnologia, em que o comércio deixa de ser como o conhecemos e torna-se digital, virtual. O novo normal é o e-commerce. Isso não é nada pouco para nenhuma profissão. Na verdade, é extenuante. É preciso ter fôlego e disposição para se adaptar a todas essas modificações e continuar ativo no setor.

Analisado o cenário à luz desses acontecimentos é até mais fácil compreender o espaço do incômodo em nossas vidas como vendedores, mas essa condição não pode justificar a falta de inconformismo, principalmente, se você é um profissional que ainda não chegou aos 40 anos.

> **Se você tem entre 25 e 35 anos, não tem filhos e não é casado, você não tem uma justificativa objetiva para não ser um inconformado. É sua obrigação estar produzindo e se preparando MUITO mais que qualquer outra pessoa em sua área de atuação.**

Está faltando inconformismo nas gerações mais novas de vendedores e isso é extremamente negativo porque o incômodo, sobretudo o seu excesso, é desesperador para quem o sente, porque ele só o joga para baixo.

Cada incômodo vivido é como uma "pazada" que o leva para um buraco cada vez mais profundo. Monstros, vocês só vão parar esse movimento de cavar a sua própria cova se associarem a sua energia do incômodo ao inconformismo, colocando-o automaticamente em uma ação reversa, buscando saídas dessa condição negativa.

Uma característica peculiar nessa situação é que uma das maneiras para gerar o inconformismo a partir de um cenário tão negativo é ser grato a tudo o que se viveu até então. E não estou usando a palavra gratidão aqui de uma maneira barata, tão trivial como ela está sendo utilizada nesses últimos anos. Ou simplesmente, por um viés do catolicismo, que nos orienta a agradecer e esperar por dias melhores. A gente não pode esperar. Temos de fazer os dias melhores acontecerem o quanto antes.

Precisamos agradecer a todas as nossas experiências porque foram elas, para o bem ou para o mal, que nos trouxeram até aqui. Esse reconhecimento é importante para valorizarmos tudo o que vivemos e, a partir dessa objetividade, dimensionarmos nossas conquistas, nosso tamanho. Assim, fica mais fácil de ver o que nos falta e as ações que devemos tomar para buscarmos o que nos interessa.

Parar de brigar com aquilo que nos desagrada é uma das formas mais eficazes para eliminarmos as situações negativas em nossas vidas. Ao agradecermos, com honestidade, as nossas experiências, amenizamos a influência da repercussão negativa dos sapos que tivemos de engolir por obrigação. Ressignificamos o entendimento daqueles anos que víamos como miseráveis por termos feito um trabalho o qual detestávamos.

> **Ao agradecer o que passou como uma experiência válida, com o tempo, conseguimos olhar para aquela situação com humor e leveza.**

Quando nos colocamos infelizes, apenas reclamando de tudo que nos acontece, dedicamos muito tempo para os aspectos negativos das situações e deixamos de ver as saídas. Perdemos a visão mais ampla da situação. Agora, quando reconhecemos os acontecimentos desfavoráveis em que estamos inseridos, aceitando-os como fatos, temos a possibilidade de agirmos para modificá-los. Por isso, o primeiro passo para o desenvolvimento do inconformismo em sua vida é entender o seu momento presente e agradecer por ele com a certeza de que você pode fazer muito mais, expandindo a situação que você observa como algo limitante.

- Como você está vivendo agora?
- Qual é o seu momento?
- Apesar das dificuldades, você é capaz de agradecer as suas experiências?

Monstros, vocês podem ajudar o desenvolvimento do inconformismo de maneira positiva na vida de vocês, com disciplina e foco. Em minhas relações no mercado e na busca por conteúdo para estudar sobre vendas encontrei Raul Candeloro, fundador e editor da Editora Quantum.

Raul, entre outras atividades, é autor de mais de quinze livros sobre gestão e venda e, há anos, desenvolve um consistente e significativo trabalho de capacitação para vendedores.

Por meio de suas palestras, conheci uma de suas metodologias a "3C", que considero de extrema importância para o desenvolvimento do inconformismo em nossas vidas. Ele desenvolveu a base teórica para a elaboração da "3C", a partir de seu entendimento do livro *As 4 Disciplinas da Execução (4DX)*, de autoria de Bill Moraes, Chris McChesney, Sean Covey e Jim Huling.

Nessa obra, seus autores detalham uma maneira de introduzir uma metodologia de fácil aplicação, e repetição, como um caminho para a execução das mais importantes estratégias corporativas a serem implementadas e desenvolvidas.

Esse método é interessante por vários motivos, mas um em particular me chama atenção. É o fato de os profissionais, quando desenham suas metas, focarem seus objetivos. Isso é um erro! Eles deveriam focar suas ações nos indicadores.

Um objetivo não é meta.
O desenho de nossas metas deve ser feito de
forma objetiva, a partir de indicadores.

Meta é um objetivo com data para começar e terminar e com os respectivos indicadores nesse processo para fazer as suas ações. Raul deixa esse aspecto bem claro em sua metodologia, mas por que ela se chama 3C? Porque o primeiro "C" é: uma "Consequência"; o segundo diz respeito aos "Caminhos", quais são as opções que tenho para aumentar o meu faturamento; e o terceiro são as "Causas".

Metodologia "3C"

Consequência	Caminho	Causas

A meta, por sua vez, surge após a montagem dessas três etapas. O que quero atingir é a minha meta. A partir desse conceito, preciso entender que eu não mexo nas consequências, mas interfiro nas causas. Por isso, preciso ter muita consistência em minhas atitudes.

Meta é um objetivo com data e hora para terminar.

Importante: Se não tenho uma data para terminar a minha ação, tudo o que estou fazendo, a minha movimentação, pode facilmente gerar um incômodo. Ou seja, por falta de planejamento, a minha ação de inconformismo, o meu drive de mudança, pode se voltar contra mim, porque não estabeleci, objetivamente, o tempo que vou dedicar para fazer o que tem de ser feito.

E a quantidade de recursos que você tiver ou dispuser para realizar a sua atividade, deve ser proporcionalmente ligada ao tempo que você dedica para a execução dela. Quanto menos dinheiro você tiver mais curto tem de ser o caminho entre o começo de sua ação e o seu fim.

Apesar de tudo o que já conquistei, ainda sou inconformado. Na verdade, sou um incomodado que transformei a minha vida pelo inconformismo. Eu produzo atividades a partir de meu incômodo. Essa produção irrestrita não está ligada apenas às questões de meu trabalho. Em minha vida pessoal, com a minha mãe, esposa, filhos e amigos eu sou o mesmo.

Quando me sinto incomodado, produzo algo para eliminar esse incômodo. Daí, a sensação que tenho é que minha vida nunca para. Está sempre em movimento, porque estou sempre realizando alguma tarefa. Por isso, enquanto eu ainda estiver produzindo atividades a partir de meu incômodo, vou sempre me considerar um inconformado.

Neste momento, em que estou escrevendo isso para você, posso facilmente mencionar dois dos meus incômodos, bem antigos até:

- Eu quero sempre aprender uma outra língua;
- Cada vez mais, estou brigando com a balança.

Envelhecer, para mim, tem se tornado um fator complicador para manter meu peso ideal, e como já escrevi no começo deste capítulo, já pesei 138 quilos e aquela situação era fora de controle e um problema para mim. Como há certo tempo essas duas condições são evidentes para mim, tento encontrar caminhos para resolvê-las. Apesar da evidência desses meus incômodos, sei que a resolução para essas situações ainda vai demorar um pouco, e estou bem com essa condição, porque o trabalho, os estudos e a atenção à minha família, são prioritários e as atividades para tudo isso têm ocupado muito tempo.

O reconhecimento do incômodo e a aceitação de que não vou resolvê-los da noite para o dia, contribui para o meu bem-estar. Reconheço que algo me incomoda e que preciso mudar, mas avalio as condições da mudança e compreendo o tempo necessário para que ela possa acontecer. Assim, não me atropelo, não crio gatilhos de angústia, não praguejo contra todos, nem transfiro responsabilidades por não conseguir resolver o que me incômoda.

Ao longo de meu caminho profissional, observando a trajetória de quem me inspira e olhando para as minhas atitudes, entendi a importância vital do inconformismo em nossas vidas. Sou muito agradecido por ter tido essa percepção tão jovem. Com certeza, ela é um diferencial em minha história. Ao mesmo tempo, tive a oportunidade de compreender que as mudanças só aconteceriam se agisse, ao me colocar em movimento para resolver as minhas questões.

Ao agir, encontro os caminhos.

Não existe um plano de voo delimitado, estabelecido. Esse "plano" é elaborado ao longo dos acertos e erros cometidos, do reconhecimento das situações e da contínua capacidade de análise dos fatos.

Agir a partir do inconformismo com inteligência e generosidade, consigo e com o outro, nos mantém consistentes e nos prepara para os desafios. Por isso, é importante dar vazão ao incômodo e associá-lo ao inconformismo.

O incômodo desperta você, como um DNA para a sua consciência. A partir daí, o inconformismo o coloca em ação. A frequente realização das atividades lhe confere consistência. Com o tempo, o desenvolvimento dessa consistência é o seu preparo para enfrentar as situações. Agindo dessa maneira, você coloca em ação um ciclo de prosperidade, de progresso e resolução. Você se capacita para ser mais autêntico, autônomo e protagonista da sua história, a despeito de qualquer contexto em que você se veja inserido.

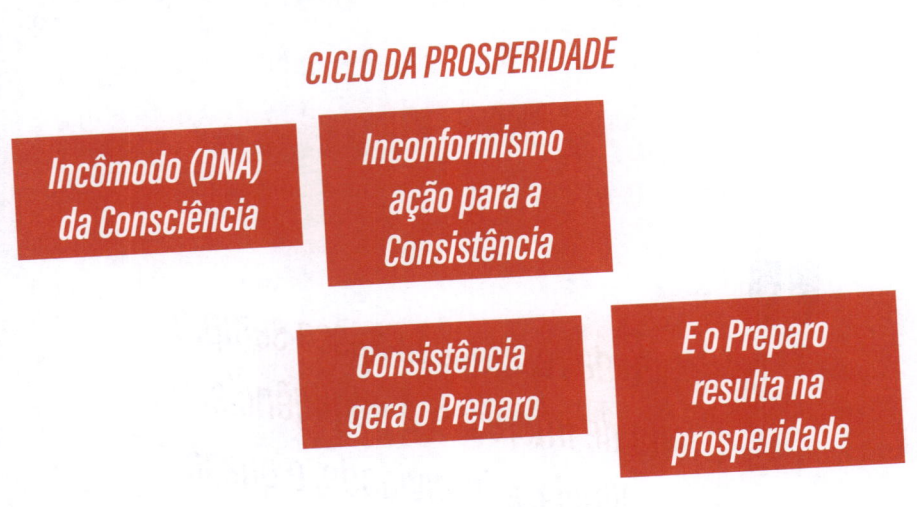

CICLO DA PROSPERIDADE

- Incômodo (DNA) da Consciência
- Inconformismo ação para a Consistência
- Consistência gera o Preparo
- E o Preparo resulta na prosperidade

#Orgulho de Ser Vendedor

Todos nós vamos perder vendas, os bons e maus vendedores. O problema não é perder vendas, o problema é aceitar a derrota.

> "Do hábito da resignação nasce sempre a falta de interesse, a negligência, a indolência, a inatividade, e quase a imobilidade."
>
> Giácomo Leopardi.

CAPÍTULO 7

SER VENDEDOR NÃO VAI TE DEIXAR RICO, SER UMA PESSOA DE NEGÓCIOS SIM

Em vendas, os resultados não aparecem por meio de frases de efeito como: "Trabalhe com sangue nos olhos!" ou "É vestindo a camisa da empresa que as coisas acontecem." Mais do que discursos motivacionais, é preciso atitude. O seu faturamento só vai crescer se você realizar ações concretas, tangíveis. E não se esqueça: ninguém faz nada sozinho. Para alcançar seus objetivos, trabalhe em equipe e parcerias e estabeleça uma sólida rede de relacionamentos.
As soluções em vendas estão no DIÁLOGO e na PERSISTÊNCIA.

Alguns dos maiores pensadores de todos os tempos da humanidade existiram em um período de nossa história que convencionamos chamar de Grécia Antiga (1100–146 a.C.). A influência dessa cultura foi determinante para a formação da sociedade Ocidental como a conhecemos. Entre as suas inúmeras contribuições para a nossa atual existência, quero trazer aqui uma das incontáveis reflexões de um dos maiores filósofos de toda a humanidade que viveu nesse tempo, Platão (428–347 a.C.).

Em uma de suas obras mais complexas, a República, Platão utiliza uma história alegórica para falar sobre a necessidade que temos de conhecer a verdade quando decidimos estabelecer regimes políticos para nos conduzir como uma sociedade civil organizada.

Para falar sobre essa importância ele lançou mão de uma história a qual chamou de Mito da Caverna ou Alegoria da Caverna. A sua reflexão sobre esse assunto foi tão pertinente e precisa que, ao longo dos milênios, essa história vem sendo contada de geração em geração e apropriada por diversas áreas de nosso saber.

Em seu texto, Platão descreve a vida de prisioneiros em uma caverna, que, desde crianças, viviam naquele ambiente com as mãos amarradas e sentados com os rostos voltados em direção à parede. Dessa forma, o que conseguiam avistar ocasionalmente, em meio a penumbra do local, era a sombra de seus corpos, projetada nas paredes. Tudo o que aqueles prisioneiros conheciam do mundo eram as imagens distorcidas formadas em contraposição às fogueiras feitas por quem os aprisionavam. Era um conhecimento do mundo extremamente limitado.

Entretanto, em um determinado momento daquele confinamento, um dos prisioneiros é libertado. Atônito, ele começa a andar pela caverna e a compreender um pouco mais sobre aqueles reflexos distorcidos que via diariamente.

Ele viu as fogueiras, entendeu que alguém fazia aquele fogo, encontrou pela primeira vez outras pessoas que não os seus colegas aprisionados e, repentinamente, descobriu uma saída daquele ambiente. Era a passagem que o levaria para fora da caverna, até ali, o único espaço no qual tinha vivido.

Ao sair daquela escuridão, ele se deparou com a luminosidade do sol, com o vento em seu corpo, com a vastidão da natureza ao seu redor. Ele se assustou. A claridade foi desconfortável para os seus olhos e ele não compreendia todo aquele contexto. O seu sentimento era de inadequação. Mas, aos poucos, ele se acalmou. Ao abrir espaço para observar o novo, começou a compreender a sua vida e constatou que as sombras, por tantos anos única referência do mundo para ele e para seus companheiros, nada mais eram do que uma fração imperfeita do todo. E nem de longe poderiam ser entendidas como a totalidade da vida. Havia muito mais e, por anos, eles foram privados desse mais.

A partir dessa compreensão, Platão estabelece com sua história um dilema para o seu prisioneiro liberto. O que ele deveria fazer? Seguir desbravando o mundo, conhecendo novos lugares, encontrando novas pessoas, descobrindo novas sensações e sabores ou será que deveria voltar para o interior da caverna para contar aos seus companheiros de prisão sobre o que vira?

Ao se questionar sobre suas possibilidades, o prisioneiro liberto teria de tomar uma decisão que o conduziria por caminhos e experiências completamente opostas.

Ao retornar para a caverna, ele levaria conhecimento para os seus e poderia libertá-los da ignorância em que viviam, mas isso não seria tão simples assim. Ele poderia ser desacreditado, afinal, como os demais prisioneiros desconheciam outra vida, facilmente poderiam se negar a aceitar aquele mundo tão fantástico. E se isso acontecesse, fatalmente, ele seria julgado como um "lunático", alguém que estava tentando construir uma verdade mentirosa para enganá-los, mas ele tinha a liberdade de seguir adiante e nunca mais retornar àquela caverna.

- O que você faria se fosse o prisioneiro liberto de Platão?
- Você voltaria com a boa nova ou simplesmente seguiria em frente?

Esse é um dilema ético, moral. Platão não se responsabiliza pelo desfecho de sua história. Cabe a quem a lê, decidir o caminho a tomar. Essa decisão, de fato, deve ser feita por cada um de nós, de forma individual. E necessariamente não tem um caminho certo e errado, essa é uma de suas belezas. Cabe ao prisioneiro liberto tomar a decisão mais adequada a seu momento, à sua consciência. Essa história, uma metáfora brilhantemente construída por Platão, dimensiona a grandeza do mundo e os seus diversos aspectos.

O mundo é bem maior do que aquilo que estamos habituados a ver e nos relacionar. Ele nos oferece muito mais do que apenas as nossas sombras distorcidas, nossas vidas aprisionadas.

É preciso sabedoria para saber qual caminho devemos trilhar nessa vastidão de possibilidades. As respostas não estão prontas. Nós somos os responsáveis por construí-las a partir de nossas atitudes. E mais, nossas decisões são mais bem orientadas quando ampliamos o nível de nosso conhecimento. A educação nos habilita a desenvolvermos um pensamento analítico, reflexivo, nos instrumentaliza para termos autonomia e, consequentemente, escolhas.

Nós nos expressamos melhor e com mais objetividade quanto mais educados somos. Contudo, não confunda o nível de educação formal com o processo de aprendizagem por nossas experiências. Tampouco, acredite que pessoas formalmente mais bem-educadas são sempre amistosas. Isso não é verdade!

A prática da arrogância, da humildade, da gentileza e atenção não tem a ver com a capacidade educacional dos indivíduos, mas, sim, com questões de sua formação comportamental.

Com o Mito da Caverna, Platão também evidencia a importância de nos mantermos sempre alertas e investigativos. Temos de ser desbravadores de nossas circunstâncias para entendermos quais mudanças são pertinentes para a nossa vida e quando devemos adotá-las.

Monstros, talvez, vocês estejam se perguntando por qual motivo estou dando tanto espaço para uma história filosófica em um livro sobre vendas, sobre como vendedor bonzinho não fica rico. Essa história, apesar de ter sido escrita há milênios, em um contexto social absolutamente diferente do nosso, tem completa relação com a nossa profissão, sobre como devemos agir se quisermos ser melhores vendedores, pessoas mais capacitadas, pessoal e profissionalmente.

Assim como os prisioneiros da caverna, talvez, neste momento você só esteja enxergando as suas sombras. O seu mundo pode estar repleto de imagens distorcidas e você pode estar aprisionado por um comportamento, por uma situação. A sua realidade é bem maior do que você consegue projetar. Talvez, falte a iluminação necessária para você se dar conta dessa situação. E, com certeza, se esse for o caso, o que o falta é conhecimento.

A pessoa é do tamanho do seu conhecimento. O mundo em que você vive é do tamanho do seu conhecimento.

Por isso, quanto menos você sabe, menos referências você enxerga, consequentemente, suas oportunidades diminuem. E esse círculo vicioso só tende a crescer, porque quanto menos elementos você tem dentro da sua caixa de ferramenta de trabalho, menos você consegue fazer, mais estreita é a sua visão.

Logicamente, quando você enxerga poucas coisas, quando você tem pouco conhecimento, você não tem tantos elementos para trabalhar. E aí, você vive como se estivesse aprisionado em uma caixa, dentro de uma realidade pobre, apartado da rica e diversa realidade do mundo.

Vendedores que estudam pouco, que não procuram conhecimento, constroem um mundo muito pequeno e esse comportamento exemplifica a falta de ambição e o relapso com o seu crescimento, pessoal e profissional. É injustificável!

> **O mundo tem muito dinheiro e oportunidades de negócio. Tem muita gente com dinheiro interessada em comprar algo, mas essas pessoas não encontram quem vende adequadamente.**

Volto à imagem de que "boi preto anda com boi preto". Se como vendedor você tem um repertório de conhecimento limitado, se no final dos meses está sempre fazendo cálculos das dívidas e vê permanentemente a sua conta bancária negativa e seu crédito estourado, como é que você vai se relacionar com clientes prósperos?!

Geralmente, quem vive no perrengue tende a acreditar que o mundo está no perrengue também. Esse pensamento é até consequente, afinal, se eu estou assim, seu eu fracassei, o outro também deve estar do mesmo jeito. Pior, se ele for próspero deve ter feito alguma malandragem, porque em condições normais ninguém está ganhando dinheiro. Esse tipo de pensamento é tóxico, contamina toda a sua rotina de trabalho e o impede de crescer. E se você for um vendedor com essa forma de olhar o mundo, você vai medir os seus clientes por essa régua curta, desajeitada e mesquinha. Dessa forma, o que eles enxergam é o reflexo de um mundo distorcido, uma realidade distorcida.

HISTÓRIA DE VIDA

Quando comecei a trabalhar, meu sonho era ganhar R$5 mil. Eu imaginava que mais do que aquela soma era muito para mim. Seria impossível ganhar mais do que R$5 mil com vendas. Como eu estava enganado! Como eu pensava pequeno, me diminuindo e limitando. Eu quebrei esse paradigma de merecimento em minha vida.

Ao entender que eu mereço muito, tudo o que desejar, modifiquei minha forma de me relacionar e, subitamente, comecei a agir para construir uma vida próspera, mas ela não é estanque. Constantemente, ela precisa ser renovada, porque o meu contexto se altera diariamente.

Se me mantiver parado, achando que para sempre vou colher os louros da minha vitória sem me atualizar, darei o meu primeiro passo para perder o que fiz. E olha que fiz muita coisa, principalmente por minha idade (ainda estou longe dos 50 anos).

Tenho várias e diversificadas empresas que me fizeram lucrar mais de R$1 milhão há um certo tempo. Daí, quando você atinge esse patamar você entende que é completamente possível conquistar 5, 10, 15, 100 milhões. O valor em si torna-se uma referência, porque o ganho será decorrente da maneira como você agir diariamente em seu ofício.

Vendas podem lhe dar muito dinheiro e transformá-lo em uma pessoa rica.

Porém, perceba, o começo dessa caminhada é difícil. Para você sair de R$2 mil para R$5 mil parece um salto impossível. Depois vem a barreira dos R$10 mil, dos R$20 mil, o segredo para suplantá-las é agir com consistência na entrega de seu trabalho para que, a partir de um determinado momento, torne-se evidente tanto para você quanto para seus clientes e chefes, se for o caso, que existe uma relação direta entre o seu trabalho e os ganhos gerados para os clientes e/ou para a empresa na qual você está empregado, se essa for a sua condição.

A evidência dessa relação o valoriza, e você pode mensurar com mais facilidade um recebimento adequado, porque você entra em uma negociação salarial a partir de indicadores de ganhos efetivos.

Isso tem um valor, mas você é o responsável por dar visibilidade a esse valor. Não espere alguém vir reconhecê-lo, de forma espontânea.

Infelizmente, no Brasil a palavra vendedor ainda é culturalmente malvista em nossa sociedade. Um dos indícios dessa situação pode ser facilmente verificado no cartão de visitas dos profissionais do setor.

Procurando fugir dos estereótipos utilizados, os vendedores passaram a identificar suas funções por meio de estrangeirismos, mais precisamente em inglês, como se isso, de alguma maneira, tornasse a sua atividade mais aceitável. Por isso, nos deparamos, frequentemente, por aí com um o *salesman*, um *customer manager*, um *retail adviser*, como uma tentativa de burlar o preconceito, que, diga-se de passagem, encontra certo eco em nossa história. Principalmente, a partir da segunda metade do século XX, após a Segunda Guerra Mundial, os vendedores ganharam a fama de serem "bons de lábia". Era o famoso "vendedor vende tudo".

A imagem que se tinha deles era a de pessoas espertas, que estavam prontas para passar a perna em quem se relacionasse com eles. Era colocar o dinheiro nas mãos deles, que eles venderiam um produto sem qualidade e, logo, sumiriam sem deixar rastros, deixando o cliente com um produto danificado em mãos. Era praticamente uma arapuca.

A imagem do bom vendedor era associada a um enganador. Pessoas honestas não poderiam ser bons vendedores.

Com o avanço da tecnologia essa percepção diminuiu, até porque as pessoas estão, cada vez mais, acostumadas à experiência do e-commerce, em que nem sequer lidam diretamente, olho no olho, com um vendedor.

O uso da tecnologia demonstra a existência da ciência por trás das vendas. Há a aplicação de um processo, a implementação de uma metodologia, sobretudo, há etapas de segurança tanto para exemplificar a idoneidade das pessoas e/ou empresas com as quais estamos nos relacionando, quanto para garantir a devolução do produto adquirido, a reclamação de uma prestação de serviço inadequada, o ressarcimento de danos ou prejuízos.

Por outro lado, a tecnologia demanda um profissional de vendas mais capacitado, com compreensão de uso de aplicativos mais avançados e voltados especificamente para o comércio, com capacidade para construção de uma comunicação a partir de mecanismos de otimização de textos para dar maior visibilidade para os produtos, entre outros requisitos. Para se ter uma ideia, menos de 30% dos representantes comerciais usam CRM (software de gerenciamento e relacionamento com clientes). No ramo hoteleiro, mais de 80% não usam CRM. É um absurdo! Esse tipo de comportamento não tem mais espaço. Está na cara que esse setor vai entrar em uma espiral de problemas.

Nesse sentido, a própria contratação dos vendedores acaba mudando. Algumas empresas dão preferência à admissão de profissionais com formação em áreas como engenharia, física, atletas de alta competição. As corporações, ao empregarem pessoas com históricos escolares e comportamentais tão distintos entendem que, quanto mais diversa for formação educacional de seus contratados, maiores serão as chances de eles entregarem um serviço melhor. Para as organizações, o comportamento e história dessas pessoas interessa mais do que a experiência com vendas em si. Afinal, a parte operacional se aprende facilmente, já a vivência não.

É cada vez mais comum encontrar, na mesma empresa, vendedores bem avaliados em suas atividades, mas quando analisamos o seu histórico, eles revelam formação completamente diferente entre si.

Eu mesmo, já fui palestrar para empresas que os três melhores vendedores tinham históricos distintos. Um era fisioterapeuta, o outro educador físico, o terceiro era formado em marketing e os três vendiam uma plataforma de gestão para empresas.

Vendas é a profissão que mais paga no mundo! As pessoas mais ricas do mundo trabalham com vendas.

— Thiago, se é verdade que vendas é a profissão que mais paga no mundo, por que a maioria dos vendedores ganha tão pouco?

De uma vez por todas entenda: Você não vai ficar rico com vendas se esforçando das 8h às 18h, estando contratado em regime de CLT. Você até pode ter uma vida relativamente confortável dessa maneira, viver sem se preocupar com os boletos no fim do mês, mas não vai passar muito disso. Você vai ter certa estabilidade, mas desista de ficar rico dessa maneira.

Em vendas, o grosso dos ganhos acontece nas atividades que você faz antes das 8h e depois das 18h, não pela quantidade de horas comerciais trabalhadas.

Seus ganhos surgem porque você é especial como profissional, por sua raridade no mercado, pelo tamanho dos problemas solucionados por você.

Quando você consegue se colocar no mercado sendo reconhecido por:

- Suas qualidades únicas.
- Sua originalidade profissional.
- Sua habilidade para resolução das situações o dinheiro se tornará uma consequência matemática.

Mas, prepare-se, atingir esse nível profissional dá um *trabalho do cacete*. E lhe garanto: se você não estiver *inconformado para uma porra*, você vai desistir.

De nada adianta exercer a profissão que mais remunera no mundo, se você não tem ambição em crescer. A inadequação não está na profissão, mas no seu profissional. Daí, voltamos à atualidade do texto de Platão.

> **As pessoas estão cada vez mais preguiçosas e são incapazes de elaborar pensamentos mais sofisticados. E as facilidades tecnológicas só pioram essa situação.**

Para que precisamos decorar datas, número, nomes, se numa rápida utilização de qualquer ferramenta de busca na internet, encontramos tudo o que precisamos? Essa atitude nos cobra um preço muito alto. Comprometemos, inclusive, o funcionamento de nosso cérebro com esse comportamento. A tecnologia dá uma falsa sensação de que as coisas estão mais fáceis, mas, na verdade, ela está exigindo que pensemos mais, mas não estamos nos saindo muito bem com essa demanda.

Estamos passando por mais uma modificação na constituição de nosso cérebro, semelhante a que vivemos quando aprendemos a cozinhar. Sim! Nossa massa cerebral saltou de um pouco mais de 800 gramas para 1,5kg quando aprendemos a usar o fogo para cozinhar nossos alimentos. Apesar de hoje essa prática ser tão trivial, essa foi uma de nossas grandes revoluções e evoluções como espécie, nos habilitando a dominarmos o ecossistema em que vivemos.

Ao cozinhar, além de aumentarmos nossa ingestão nutricional, liberamos grande parte da energia consumida pelo cérebro por atividades operacionais, como a mastigação, para direcioná-la a outras atividades como o desenvolvimento do raciocínio lógico e da expressão oral e escrita. Sobre esse assunto, vale muito a pena acompanhar o Ted Talk de uma de nossas mais significativas neurocientistas, Suzana Herculano Houzel.

Neste atual momento, temos uma oportunidade evolutiva parecida. Muitas das coisas que fazíamos manualmente em vendas, por exemplo, estão sendo feitas por sistemas e inteligência artificial. As atividades foram automatizadas. Isso exige a criação de maneiras de interação com o trabalho. Daí, precisamos pensar mais para avaliar e construir os melhores processos para a realização das atividades.

A demanda para os vendedores é cada vez mais estratégica. Por isso, o mercado vai selecionar os mais capacitados, não apenas os mais esforçados.

Nosso raciocínio é formado a partir de sinapses cerebrais, há uma ligação química, física entre estruturas de nosso cérebro que nos fazem pensar, refletir e, consequentemente, tomar uma atitude. Entretanto, para que esse funcionamento aconteça de maneira saudável, precisamos abastecer nosso cérebro com informação. Se não temos essa atitude, pior, se a terceirizamos para uma máquina, um computador, o que acontecerá conosco? Como desenvolveremos o pensamento e raciocínio se não nos colocamos em uma situação adequada para isso ocorrer?

A tecnologia é fundamental para a nossa evolução. Ela veio para ficar. Quem não estiver disposto a conviver com ela, vai sumir do mapa de vendas. Mas precisamos ficar atentos na forma de seu uso para nos beneficiar e não nos prejudicar. Essa preocupação se estende a todas as áreas da sociedade, a todos os setores produtivos.

Cada qual, por sua vez, precisa encontrar uma resposta adequada para esse desafio contemporâneo.

Em vendas, não tenho dúvidas, principalmente aqui no Brasil, temos de aprimorar nossa condição educacional, sobretudo, para desenvolvermos uma relação produtiva e mais independente em nosso setor, a partir da tecnologia. Precisamos construir a linguagem de programação adequada para lidar com as características de nossas relações no varejo.

Quanto maior for o crescimento do comércio virtual ou de formas híbridas (que associe a experiência da compra física com a facilidade proporcionada pela tecnologia para logística da entrega do produto, inserção comercial, detalhamento dos benefícios que serão adquiridos por essa transação comercial), mais importante é a capacitação do vendedor. Porém, apesar da urgência das demandas, caminhamos em um contexto de pouca reflexão.

Como na Caverna de Platão, olhamos apenas para as sombras distorcidas do nosso mundo ao redor. Pior, a tecnologia ainda tem a capacidade de fazer com que nós entremos em um permanente autoengano pelo uso insano das redes sociais.

Nas relações virtuais o mundo tende a ser perfeito. Projetamos nas imagens utilizadas o ideal de nossas atividades, dos lugares que frequentamos, dos nossos relacionamentos. Esse comportamento é extremamente nocivo e perigoso para o nosso desenvolvimento, porque em vez de lidarmos com aspectos da realidade, interagimos com um ideal imaginado. Esse é outro desafio para os vendedores. Como desenvolver uma comunicação autêntica e honesta nessa conjuntura?

- Como você utiliza as suas redes sociais em seu benefício profissional?

Todo mundo prefere fazer negócio com pessoas e empresas conhecidas, e você:

- Como você é conhecido?
- Como as pessoas o encontram?

Hoje em dia, todo mundo utiliza a internet a procura de algo.

- Como você aparece por lá?
- Como estão as suas redes sociais?
- Se eu entrar em qualquer plataforma de relacionamento, como vou ver você?
- Vou ver você como um especialista?
- Em que você se difere dos outros vendedores?
- Será que vou ter interesse em comprar de você?

É preciso ter muita estrutura e repertório (técnico e conceitual) para criar uma comunicação assertiva e benéfica para si como vendedor, sem cair no antigo estereótipo do vendedor do passado e deixar um sentimento de enganação para quem se relaciona com você. Por isso, você precisa sair simbolicamente da sua caverna de Platão. Saia já!

- Ouse.
- Aprofunde o seu conhecimento.
- Elabore as suas análises.
- Diversifique os seus interesses.
- Busque por informação com qualidade.
- Procure confrontar o que o incomoda.
- Desconfie de generalizações.

- Evite concordar com algo só porque a maioria das pessoas pensa de uma determinada forma.
- Desenvolva a sua opinião a partir de fatos e indicadores confiáveis.
- Pratique as suas habilidades.

#Orgulho de Ser Vendedor

O futuro do profissional de vendas é ser uma pessoa de negócios. Vendas vão ser uma das habilidades desse profissional mais completo. Entender de negócio e não somente do negócio.

Empreender é a maneira mais segura de enriquecer.

Empreenda, mesmo que você seja um funcionário.

CAPÍTULO 8

ACABE COM A ENERGIA DO DINHEIRO PARADO EM SUA VIDA

"O dinheiro é um símbolo de energia. Podemos usar essa energia de modo sábio ou louco; com generosidade ou egoísmo; com liberdade ou apego ganancioso. Mas, ao usá-la adequadamente, realizamos um serviço útil, até mesmo espiritual."

SWAMI KRIYANANDA, FUNDADOR DO MOVIMENTO ANANDA.

O senso comum não me deixa mentir, as pessoas gostam de dinheiro. Nas sociedades Ocidentais ter dinheiro é sinônimo de sucesso, de bem-estar e poder. Para muitos, felicidade é ter dinheiro. Esses são alguns dos entendimentos correntes quando pensamos em dinheiro e como ele afeta nossas vidas. Eu, particularmente, acho muito bom tê-lo.

A vida da minha família tornou-se muito mais confortável quando a minha conta bancária saiu do negativo e, ano a ano, acompanhei o crescimento de meus depósitos. A partir desse movimento, desenvolvi uma significativa satisfação por ter conseguido estabilidade financeira para mim e para os meus e essa condição me traz uma prazerosa sensação de ter realizado algo importante, me gera tranquilidade. Mas não quero ficar aqui engrossando o coro de que o dinheiro é a coisa mais importante da vida. Reforçar a ideia de que sem dinheiro não somos nada, ou nem sequer podemos ser felizes.

De fato, a vida fica extremamente complicada, limitada, quando não temos o suficiente para o nosso sustento. A situação de miséria ou de constante pressão financeira é insuportável, de certa forma, até poderíamos considerá-la uma grave questão de saúde. Afinal, é possível desenvolver as mais diversas complicações físicas e emocionais quando estamos pressionados por uma situação que nos parece sem solução — que fica ainda mais agravada quando nos lembramos das três condições essenciais para vivermos em sociedade:

- Precisamos de um local para morar.
- Precisamos de roupas para nos proteger.
- Precisamos nos alimentar.

Só conseguimos existir em sociedade quando resolvemos esses três fatores e para termos essas questões encaminhadas precisamos de dinheiro!

- Dinheiro para comprar nossa casa ou pagar aluguel.
- Dinheiro para comprarmos roupa.
- Dinheiro para nos alimentarmos.

Diante desse fato é impossível ficar alheio a urgência de termos uma fonte de renda que possa nos prover essas necessidades de maneira digna. Essa é uma condição objetiva. Se não estabelecemos um constante fluxo financeiro em nossas vidas, nossa existência fica extremamente limitada. É um inferno. Estaremos sempre à mercê dos ventos, da boa vontade alheia e, tenho certeza, não é isso que você quer para você nem para os seus. Por isso, Monstros, para termos a tão sonhada condição financeira promissora, é importante dedicarmos um tempo para, de fato, entendermos o que é o dinheiro, qual é a sua origem e como ele age em nossas vidas.

- Como você ganha o seu dinheiro hoje?
- A quantidade que você gera é suficiente?
- O que o dinheiro representa para você?
- Como você se relaciona com o dinheiro?
- O quanto você acredita de verdade que você pode produzir de dinheiro?
- O quanto você está disposto a mudar em sua vida para ter mais dinheiro?

Em princípio, entenda, o valor do dinheiro está relacionado a um sistema político, social e cultural. Se isso não ocorrer, ele perde sentido. Não serve para nada.

O que você faria com 100 sheqalins em São Paulo? Ou com 200 kunas no Rio de Janeiro? Ou ainda com 1 mil złotych em Brasília? Não dá para saber, não é? Aliás, talvez, você nunca tenha entrado em contato com essas palavras e elas não façam o menor sentido para você. Mas em Israel, na Croácia e na Polônia, respectivamente, as pessoas sabem exatamente o que fariam. Essas são as unidades monetárias de cada um desses países.

Os israelenses trocam os seus sheqalins nas padarias, os croatas pagam seus aluguéis com kunas e os poloneses recebem seus salários em złotych. Eles organizam a vida financeira deles a partir dessas moedas. Isso evidencia de forma muito simples que o dinheiro por si nada mais é do que um papel ou uma moeda com sentido para um determinado grupo de pessoas. Quando ele não está contextualizado, ele deixa de ter importância. Nós não podemos comê-lo, vesti-lo ou respirá-lo. Como algo material, ele não tem nenhuma função. A sua importância está por ele ser uma intermediação, uma ligação, uma maneira encontrada para estabelecermos algumas de nossas relações e ações em sociedade, como forma de pagamento por nosso tempo, nossas capacidades cognitivas, nossa produção e criatividade.

O que aprendemos sobre dinheiro na nossa infância e durante boa parte da vida acaba sendo um guia para o nosso desenvolvimento financeiro. Isso em geral é ruim porque temos uma educação quase inexistente e muitos paradigmas negativos sobre ele.

> **CRENÇAS QUE O IMPEDEM DE GANHAR DINHEIRO COM VENDAS**
>
> **1** Você não acha que vendas é uma profissão próspera. Não acredita que dá para construir uma carreira de sucesso com vendas.
>
> **2** Você acha que vendas é uma habilidade natural, que não dá para desenvolver.
>
> **3** Acha que as pessoas ficam ricas tirando do pobre (você não fala assim, mas quando está discutindo com a família no final de semana, solta esse pensamento à mesa ou quando vê uma pessoa próxima que está bem financeiramente diz: *"Ficou rico da noite para o dia, deve estar mexendo com coisa ilegal."*
>
> **4** Investir é para ricos. Não acredita que pode poupar e que poupar pouco por muito tempo não vale a pena.
>
> **5** Sempre está exagerando em desejos imediatos, porque você dá muito duro, se "ferra", portanto, merece!
>
> **6** Para ganhar dinheiro é preciso trabalhar duro a vida inteira para só no final aproveitar de verdade.

O dinheiro é algo maravilhoso! Ele foi feito para gerar prosperidade. Ter dinheiro não é pecado, pecado é o que você faz com o dinheiro.

Um dos maiores pensadores sobre o poder de nosso subconsciente, escritor e referência teórica do movimento Novo Pensamento, Dr. Joseph Murphy, falou o seguinte sobre a questão do dinheiro em nossas vidas:

"Tire de sua mente todas as crenças fantásticas e supersticiosas sobre o dinheiro. Nunca encare o dinheiro como uma coisa diabólica ou suja. Se o fizer, fará com que o dinheiro crie asas e voe para longe de você. Lembre-se de que você perde tudo aquilo que condena. Você não pode atrair aquilo que critica."

É extremamente relevante considerar a afirmação final de seu pensamento: *"Você não pode atrair aquilo que critica."* É simples, assim, Monstros. Ninguém é capaz de ter uma relação saudável com o que despreza, com o que tem nojo, com aquilo que o envergonha.

Se você acha que precisa melhorar o seu relacionamento com o dinheiro e não sabe por onde começar, um dos livros mais antigos já escritos, a Bíblia, pode lhe mostrar tanto o lado importante do dinheiro para a sua vida, como as suas limitações. E, só para reforçar, estou mencionando um texto milenar, não uma publicação de autoajuda moderna, escrita por algum consultor do momento.

As escrituras sagradas da Bíblia possuem, aproximadamente, 300 versículos sobre anjos, 500 sobre amor, 700 sobre fé e mais de 2.350 versículos sobre dinheiro e riqueza! Se você é cristão, e no Brasil 81% da população se identifica dessa forma (sendo 51% católico), não perca a oportunidade de folhear mais atentamente a sua Bíblia e ressignifique a compreensão de suas crenças e a sua relação com o dinheiro.

ENERGIA PARADA

Dinheiro é energia e as religiões defendem muito bem essa afirmação, mas é importante notar que, geralmente, para elas o dinheiro não é pecado. Para os cristãos, por exemplo, grupo religioso o qual me identifico, o problema está no acúmulo indevido do dinheiro por si. Essa prática é condenável e eu compartilho dessa ideia. É preciso se questionar:

- Qual a razão de se guardar tanto dinheiro?
- É simplesmente pela vontade de querer mais, sempre mais?

Esse comportamento não faz sentido. Essa prática não é saudável. Como cristãos (e católicos), queremos saber duas questões fundamentais:

- Qual é a fonte do dinheiro?
- Qual será o seu destino?

O dinheiro tem de gerar mais riqueza, mais oportunidade, mais conforto, menos dor. Você não trabalha pelo dinheiro (ou pelo menos não deveria), você trabalha pelo que o dinheiro proporciona. A grande questão dos textos da Bíblia em relação ao dinheiro e à riqueza são as interpretações dadas a eles.

Constantemente, vemos um reforço muito negativo sobre esse assunto, potencializando assim nossa aversão ao dinheiro e à riqueza. Como, por exemplo, nessa amostra de versículos destacados por um grupo de cristãos, organizadores do blog "JC Na Veia", em uma matéria que aborda a maneira como o dinheiro é retratado na Bíblia. É significativo perceber a interpretação frequente das pessoas aos versículos selecionados:

"E, vendo Jesus que ele ficara muito triste, disse: Quão dificilmente entrarão no reino de Deus os que têm riquezas!" — Lucas 18:24

Interpretação comum: Dificilmente uma pessoa muito rica entrará no reino de Deus.

"Doce é o sono do trabalhador, quer coma pouco quer muito; mas a fartura do rico não o deixa dormir." — Eclesiastes 5:12

Interpretação comum: As riquezas não necessariamente trazem a paz.

"Vale mais o pouco que tem o justo, do que as riquezas de muitos ímpios." — Salmos 37:16

Interpretação comum: É melhor ser justo com pouco do que sujo com muito, como se não fosse possível ser limpo com dinheiro ou sujo sem ele.

É importante entendermos que essa interpretação comum dada pelas pessoas acontece basicamente por dois motivos:

- Em geral, o brasileiro não sabe ou tem muita dificuldade em interpretar textos. Levantamentos educacionais, ao longo dos últimos cinco anos, revelaram que apenas 8% dos brasileiros, entre 15 e 64 anos, são capazes de se expressar e compreender plenamente um texto. Essa informação é muito triste;
- Ganhar dinheiro com vendas exige trabalho, planejamento, estudo e um certo tempo. A maioria das pessoas não está disposta a esse esforço e usa esses textos como justificativa para a sua falta de prosperidade financeira.

Os valores monetários representam algo e quando pensamos em termos de trabalho, essa representação envolve as pessoas e a dedicação de seu tempo, de suas capacidades físicas, intelectuais, de suas questões emocionais. Por tanto, uma maneira de ver o dinheiro é entendê-lo como a transformação de uma energia de ação em algo estático, inanimado, referencial, como um valor monetário que nos permite interagir em sociedade.

Dinheiro é uma energia parada!

Para mim, a Bíblia deixa claro que o pecado mora na avareza, na retenção do dinheiro e em sua devoção. O dinheiro precisa gerar outras coisas. Precisa gerar PROSPERIDADE!

PARA DIVERSIFICAR SUA LEITURA SOBRE O TEMA

Em *As Sete Leis do Dinheiro*, o seu autor, Michael Phillips, elabora a partir dos princípios do taoismo, um guia de relacionamento com o dinheiro. Consultor de empresa, Phillips, foi vice-presidente do Banco da Califórnia, onde, entre outras de suas atividades, ajudou a desenvolver o cartão de crédito Mastercard. Por sua experiência como executivo e empresário, ele concebeu uma maneira acessível para qualquer um ter um conhecimento teórico e prático para organizar a sua vida financeira. Em resumo, as suas Sete Leis do Dinheiro orientam:

- Realize o seu trabalho focado em sua capacidade e competência profissional e não na quantidade de dinheiro que essa ação vai lhe trazer. O dinheiro surge em sua vida como um consequência daquilo que você faz com interesse, compromisso e prazer;

- O dinheiro tem suas normas. Seja cuidadoso com os seus investimentos e os diversifique. Jamais seja perdulário tampouco ignore o que acontece com os seus investimentos;

- Quem direciona a sua vida para acumular milhões, vive uma ilusão de poder, riqueza e bem-estar. A sua atenção dever se voltar para o processo do trabalho, não somente para o resultado financeiro do trabalho;

- A busca desenfreada da riqueza pela riqueza o aprisiona. Por medo da escassez, da pobreza, a pessoa se torna refém do ato de ganhar dinheiro. Quando isso acontece, ela perde de perspectiva outros fatores significativos para uma vida realmente próspera;

- O fluxo do dinheiro em nossas vidas é uma troca. Ninguém fica rico sozinho. Reconheça o valor do outro, do contexto nessa caminhada. Eles são extremamente importantes;

- O dinheiro nunca deve ser recebido como um simples presente. Ele sempre deve ser considerado como um empréstimo ou retorno por algum investimento. Quando se recebe dinheiro sem nenhuma forma de pagamento em troca, facilmente, pode-se estabelecer uma relação doentia entre as partes envolvidas;

- Há, sim, áreas de nossas vidas que não estão à venda, que o dinheiro não compra. A criação artística, os relacionamentos amorosos e fraternais são exemplos. É preciso reconhecer os aspectos que estão além de qualquer valor financeiro para sermos mais saudável.

Aqui, contudo, quero reforçar a lembrança do inconformismo nessa dinâmica, como forma de dar vazão para a entrada do dinheiro em seu cotidiano. Quando você coloca ação em sua vida e sai do estágio apático e passivo do incômodo para uma postura gerada a partir do inconformismo, um dos resultados diretos dessa dinâmica será a entrada de dinheiro para você.

Monstros, esse não é um conceito distante de sua realidade. Em vendas, o que interessa é o processo da venda, quando você como vendedor oferece o seu melhor, estabelece uma relação de confiança e sólida com o seu cliente, você potencializa as suas oportunidades de concluir o negócio de forma positiva. E caso, essa venda em questão não aconteça, você abrevia o processo dessa relação, tem chance de entender mais sobre o perfil do seu cliente. Você é capaz de usar todas as suas experiências como referência para a construção do profissional que você deseja ser.

O foco é no processo de seu trabalho, não necessariamente no resultado financeiro final.

E como você dinamiza a energia do dinheiro parada em sua vida? Como você cria a ação para o inconformismo? O primeiro passo é o reconhecimento dessa necessidade. Depois, é preciso se planejar para agir e entrar em ação! Nada vai mudar na sua vida, nada vai acontecer de diferente, se você não arregaçar as mangas e fazer acontecer.

A gente sempre pode fazer um pouco melhor, um pouco mais rápido, com um pouco mais de qualidade e competência. A gente sempre está fazendo menos do que temos possibilidade. É preciso ter volume de trabalho e entrega efetiva. Estabeleça as suas metas e objetivos. Entenda a sua "dor".

O seu objetivo pode ser ganhar mais, sair de uma condição de pressão financeira, mas lembre-se de que ele não pode ser o seu objetivo final, porque o que vai modificar essa situação é a maneira pela qual você vai agir, trabalhar, para dar movimento a entrada de dinheiro em sua vida. Aja agora para modificar esse cenário. Há mudanças imediatas que você já pode fazer.

- Será que você pode sair da cama um pouco mais cedo? Ou quem sabe se deitar para dormir em um outro horário que lhe possa garantir mais qualidade de sono para aumentar a sua disposição ao longo do dia?
- Será que você não pode diversificar a sua carteira de clientes?
- Será que não dá para você criar outros canais de prospecção?
- Será que não dá para você criar outros canais de venda e distribuição?
- Não consegue agregar mais valor no produto ou serviço?
- Você está procurando melhorar a sua comunicação?
- Talvez, você esteja insatisfeito na empresa em que você se encontra, quanto do seu tempo você está se dedicando para procurar outros lugares para ampliar a sua rede de relacionamentos e quem sabe ser informado de uma oportunidade de trabalho em outro lugar?
- Você está ativo em redes sociais corporativas? Você está circulando virtualmente?

São muitas as pequenas modificações que você pode fazer e que só dependem de sua atenção e ação. É com o primeiro passo que a gente começa a caminhar e você já deve estar cansado de saber disso. Por isso, dê o primeiro passo agora. Aja! Essa atitude pode ser feita por qualquer um que esteja incomodado, insatisfeito com a sua atual condição de trabalho.

Se você é o vendedor descontente da loja de sapatos, saiba que você pode modificar a sua realidade. Você pode ser o gerente de vendas irritado com os rumos que a sua empresa está seguindo. Mude! Quem sabe você é o diretor comercial de uma multinacional que não vê mais perspectiva de crescimento e isso o incomoda. O que o impede de colocar em prática novos planos? O objetivo aqui é estimular você a uma ação imediata, de curto e médio prazo e que necessariamente não envolva dinheiro para ser feita e que lhe trará algum benefício instantâneo.

Qualquer atitude imediata que você adotar o levará para outro lugar, pois essa decisão desenvolverá uma ação que vai tirá-lo da inércia. E, ao sair dessa inércia, você sai do lugar desfavorável em que se encontra.

Abri este capítulo com a citação de Swami Kriyananda, um dos fundadores do movimento Ananda, termo sânscrito usado pelo hinduísmo, na Índia, para falar sobre a felicidade suprema, um estado de vida considerado pleno. Foi ao entrar em contato com essa maneira de viver, que Kriyananda fez uma radical modificação em sua vida.

Nascido na Romênia como James Donald Walters, os seus pais norte-americanos, que estavam naquele país a trabalho, ofereceram-lhe uma educação internacional em boas escolas da Romênia, Suíça, Inglaterra e Estados Unidos. Porém, pouco antes de se formar pela Universidade de Brown, uma das mais prestigiadas dos Estados Unidos, Walters abandonou os seus estudos para se dedicar a uma vida de experiências espirituais. Uma decisão um tanto quanto peculiar. Alguns diriam que fora uma loucura, mas foi exatamente aquela decisão que trouxe a prosperidade para a vida dele.

Ele se tornou uma espécie de guia espiritual e a partir dessa decisão construiu toda a sua vida, inclusive a profissional, que foi extremamente profícua e de muito reconhecimento, no mundo corporativo, pelos mais diversos CEOs, empresários e empreendedores em vários países.

E, vale lembrar a sua ênfase ao fato de que o dinheiro é um símbolo energético, nas palestras e aconselhamentos feitas por ele mundo afora; e, sim, "o dinheiro traz uma série de benefícios, mas não é sinônimo de materialismo".

É interessante vê-lo com o seu histórico de vida, com a proximidade dos mais importantes executivos em organizações transcontinentais, ressaltar que o dinheiro não é sinônimo de algo material. Esse pensamento, em certa medida, refuta a ideia de que para conseguirmos ser bem-sucedidos financeiramente temos de "lutar" incansavelmente, com muito sacrifício e esforço para "chegarmos lá".

Pelo ponto de vista de Kriyananda, quando se exerce um trabalho com um genuíno comprometimento, em acordo com os seus valores morais, educacionais, éticos, em harmonia à sua compreensão do mundo e forma de relacionamento interpessoal, não é preciso lutar ou se esforçar de uma maneira intolerável para si.

Quando suas atividades acontecem a partir de um lugar de honestidade com suas crenças, elas simplesmente fluem. É mais fácil contornar os obstáculos pelo caminho, porque, sim, eles vão surgir a todo o momento e a forma mais adequada para lidar com eles é com leveza, eliminando a possibilidade de situações traumáticas.

Ao minimizarmos as experiências negativas em nosso trabalho, oferecemos mais espaço para o dinheiro chegar. Esse é um dos motivos da importância de termos uma atitude otimista, positiva para com as nossas atividades. Porém, não confunda esse comportamento com ser ingênuo ou uma pessoa desvairada.

Precisamos ter muita clareza do que nos cerca e planejarmos o quanto pudermos nossas ações. Temos de ter responsabilidade, mas, por isso, não temos de ser pessimistas, derrotistas ou fatalistas, afinal eu nunca vi um pessimista rico.

Quando a gente alimenta o medo da perda, da falta, a gente interage com o mundo de maneira ressabiada, mesquinha. O mundo vai perceber essa ação e vai reagir de volta com atitudes muito parecidas. Isso é uma lei de causa e efeito da física, não tem nada a ver com superstições. Agora, quando temos coragem para enfrentar a situação, quando procuramos ser otimistas para resolver nossas questões, essa mesma lei de causa e efeito vai entrar em cena. Vamos ter respostas mais acolhedoras de nosso contexto. Isso não quer dizer que tudo será uma maravilha, que não vamos nos relacionar com pessoas que querem passar a perna na gente. Acreditar nisso seria uma atitude ingênua.

Você vai, sim, ter de enfrentar situações estranhas, mas a diferença é que elas serão resolvidas mais rapidamente, acontecerão em menor número e você encontrará mais pessoas e circunstâncias para ajudá-lo a enfrentar esses revezes.

Como o dinheiro é uma energia, para que ele circule de forma abundante em sua vida, você tem de ter uma atitude mental e prática diferente da que tem hoje, caso você esteja vivendo em constante pressão financeira. Não se engane também. Não é só a falta de dinheiro que gera essa pressão. Ter dinheiro e não saber gerenciá-lo pode ser um problema.

> **Não é o quanto você ganha que vai deixá-lo rico, é a capacidade de poupar e fazer aportes consistentes que lhe dará uma vida financeira próspera.**

Para uma vida próspera é indiferente se você possui muito ou pouco dinheiro. O foco é a sua atitude. A maneira como você se relaciona com a sua vida financeira. Não tem mistério, tem de ter autoconhecimento e atitude!

> **O dinheiro não é um prêmio, não está em disputa cotidiana. Não é uma coisa ou propriedade. Ele faz parte de um ciclo energético que tem de circular, que deve ser compartilhado de maneira adequada para gerar uma prosperidade coletiva e retroalimentar.**

Quem quer ser verdadeiramente rico tem de saber se relacionar com o dinheiro. A prosperidade material não faz dupla com a mesquinhez. A energia do dinheiro é poderosa e quando mal utilizada é como uma bomba de hidrogênio, capaz de deixar toda a terra arrasada ao explodir.

Ser avarento, descuidado e relapso com essa energia não é uma boa escolha. Lembre-se, quanto mais você quiser agarrá-la (a todo o custo), mais intenção você tem de colocar em seus atos e o nível de sua frustração e ansiedade será proporcional a essa ação. Ou seja, você é candidato a entrar em uma profunda depressão quando concluir que não consegue dominar a força do dinheiro. Essa energia não é passível de ser trancada em um cofre para sempre. Não faz sentido apartá-la de nosso convívio. O bom de sua presença em nossas vidas acontece quando podemos usufruí-la e, para isso acontecer, temos de dar passagem para o seu fluxo. Só faz sentido ter dinheiro se utilizarmos dele.

O dinheiro nos interconecta e nos propicia as mais diversas trocas humanas.

Torne-se elo dessa rede de prosperidade. Essa transformação depende exclusivamente de você. Ao se colocar disponível e disposto para essa atitude, você vai encontrar as oportunidades adequadas, as pessoas que estarão contigo nessa caminhada. Com certeza, essa atitude requer acreditar em si, entregar-se ao processo sabendo que não será fácil, que haverá a necessidade de recuar de vez em quando para corrigir rotas e que, muitas vezes, a gente vai se sentir perdido, sem uma rede de proteção para nos amparar se cairmos, mas esse é o desafio da caminhada, acreditar em si e em seus passos.

É muito difícil desapegar-se da ideia de que o dinheiro por si traz a felicidade. Essa crença está em nosso imaginário, mas modificá-la é fundamental. Lembre-se, você não está só nessa incerteza que, aliás, é milenar e já foi abordada de diversas maneiras. Por isso, Monstros, peço aqui um momento de reflexão a partir de um dos ensinamentos do *Talmude*, o livro sagrado dos Judeus:

"O homem rico é aquele que está satisfeito com o que possui."

E aqui vai meu complemento:

Mas sabe que pode ter muito mais.

#Orgulho de Ser Vendedor

Quando você tem pouco dinheiro, você fica somente com o que sobra.

> Dinheiro é o lubrificante da vida. Permite que você passe por ela deslizando, em vez de se arrastar por ela.
>
> T. Harv Eker.

CAPÍTULO 9

O SUCESSO DEIXA PISTAS

> "Os melhores anos de sua vida são aqueles em que você decide que os seus problemas são seus. É quando você deixa de culpar os outros, sua mãe, o tempo, o destino etc. Quando você adota o comportamento de responsabilizar-se, você controla o seu destino."
>
> **ALBERT ELLIS, PSICÓLOGO.**

Vivíamos em uma época extremamente insólita, Monstros, quando eu estava escrevendo este livro. O mundo enfrentava a pandemia da Covid-19. No Brasil, o número de mortos já tinha ultrapassado a marca dos mil óbitos diários e a OMS (Organização Mundial de Saúde) contabilizava o falecimento de milhões. A escala da tragédia era global e não havia perspectiva para o seu término. Ainda não tínhamos desenvolvido a vacina para combater o vírus, mesmo com todos os esforços da ciência.

Apesar de termos tidos vários surtos de gripe em anos recentes, nenhum outro vírus, nestas últimas décadas, impactou o mundo da maneira como a Covid. Afinal, a extensão do isolamento social ao qual fomos submetidos, pelas autoridades sanitárias internacionais, deixou profundas marcas em nosso cotidiano, nas nossas relações fraternais, profissionais, na estrutura econômica dos países como um todo. A quebradeira foi geral. Diversos empreendimentos tiveram de ser descontinuados e a quantidade de desempregados, decorrentes do fechamento dessas empresas atingiu milhares de pessoas.

Só o Brasil, de acordo com o Instituto Brasileiro de Geografia e Estatística, IBGE, terminou o primeiro trimestre de 2020 com 1,218 milhão de desempregados. De norte a sul, o desemprego foi galopante e, quando comparado a 2019, foi mais sentido no Nordeste. A região teve crescimento de 15,6% de pessoas sem emprego, seguida pelo Sudeste, 12,4%; Norte, 11,9%; Centro-Oeste 10,6% e Sul 7,5%. Na vida real essas porcentagens representavam 12,850 milhões de brasileiros em busca de alguma oportunidade de trabalho. Uma situação desconcertante, desalentadora.

Em nosso setor, especificamente, as notícias seguiram a tendência de desânimo da economia daquele período. Alguns indicadores traduziam o desgaste do mercado, como uma das pesquisas da plataforma de prospecção digital Ramper, que avaliou quinhentas empresas e constatou que, devido à disseminação do coronavírus, 74% delas estavam com mais dificuldade para prospectar novos negócios. Os números revelados por eles eram preocupantes.

Do universo de empreendimentos pesquisados, 85% tiveram redução em suas receitas e somente 15% se mantiveram com as finanças estáveis, mesmo quando 89% delas haviam intensificado as prospecções nos meses anteriores à pesquisa.

Diante de tantas dificuldades era de se esperar que o time de vendas sentisse o impacto negativo da conjuntura. A desmotivação no setor atingiu o patamar de 73% das equipes comerciais que apresentaram, consequentemente menor produtividade em suas ações. Dado o clima de desmotivação daquela época, esse resultado seria até previsível. Mas será que podemos aceitar passivamente essa condição? Será que deveríamos apenas ficar de braços cruzados e não procurar caminhos para enfrentar a situação desfavorável? Para mim, a resposta é simples. Ficar sem fazer nada é impossível.

Temos de agir e enfrentar a situação independentemente de sua complexidade.

Nos momentos de incerteza, precisamos crescer. Temos de lançar mão de nosso conhecimento, de técnicas, de nossa experiência para reverter o jogo. Se não for possível modificá-lo, ao menos, devemos agir de forma que não nos machuquemos além do necessário.

Ter essa atitude é difícil? Sim, é muito difícil! É uma tarefa foda, requer encontrar uma força de vontade imensa que, por vezes, acreditamos que não a temos. Dá muito medo viver essas situações, mas somos capazes de superá-la. Principalmente, quando nos referimos à prospecção, uma das atividades fundamentais de nossa profissão, considerada tão ingrata, muitas vezes. Você só vai gerar riqueza em vendas se tiver oportunidades constantes e isso passa inevitavelmente pelo oxigênio das vendas chamado PROSPECÇÃO.

Muitos profissionais ainda entendem a prospecção como uma tarefa de esforço físico. Uma atividade de bater perna insistentemente. Essa maneira de executar essa função até já fez muito sentido. A bem da verdade, nos séculos passados, era a única forma que os profissionais tinham para prospectar, mas essa realidade foi alterada radicalmente, principalmente a tecnologia que avançou em nosso dia a dia. Por isso, agora, mais do que se esforçar fisicamente é preciso desenvolver uma inteligência de vendas, implementar estratégia para a prospecção.

Em alguns momentos você vai, sim, precisar colocar a sua melhor roupa profissional e andar por aí, batendo perna ou ligando para conversar com os clientes. A ênfase é fazer estudos específicos de abordagem, por levantamento de informação, com utilização de estatísticas para apoiar o seu diálogo com a sua carteira de clientes.

Vendas são técnicas e, por isso, precisam de estudo, planejamento, estratégia.
Antes de tudo, prospecção é um trabalho estratégico.

Portanto, uma das melhores ferramentas de prospecção que você pode utilizar para a sua estratégia é o Quadrante da Prospecção.

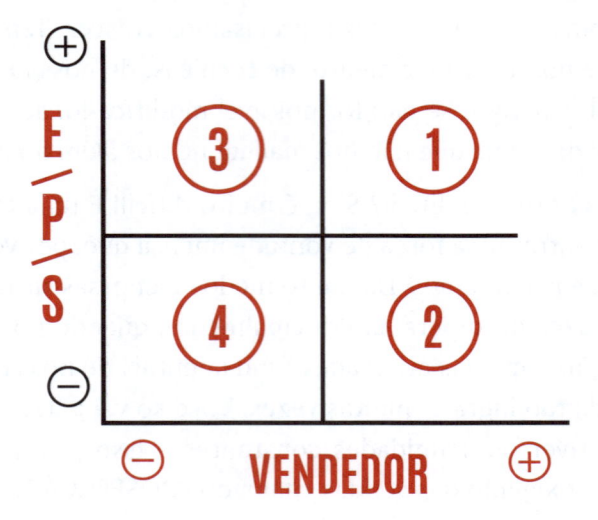

```
        +
        |
   E    |
   ─  3 |  1
   P    |
   ─ ───┼───
   S    |
      4 |  2
        |
        -
   ─   VENDEDOR   +
```

Essa ferramenta é um verdadeiro guia para descomplicar o processo de planejamento de prospecção, deixando-o mais visual, prático e, como deve ser, estratégico. Ao aplicá-lo adequadamente fica mais fácil reverter indicadores negativos. Você se torna mais eficiente.

O Quadrante da Prospecção, entre outras de suas vantagens, organiza visualmente as suas ações, porque está dividido em dois eixos, um vertical, onde você vai listar a sua empresa, o seu produto e o seu serviço; e outro horizontal, onde você deve se colocar (é o eixo do vendedor).

Os quadrantes que se formam da ligação desses dois eixos estabelecem o grau de proximidade e conhecimento entre os seus clientes, empresa, produtos e serviço. A partir dessa constatação, você tem a possibilidade de ser mais direto em sua abordagem de venda. É uma maneira que você tem para economizar o seu tempo, evitar desperdícios em sua força de trabalho, quando você investe muito do seu tempo procurando por clientes que não conhecem nem a você, tampouco o seu produto, empresa ou serviço.

Por mais óbvio que possa parecer, muitos vendedores ainda dedicam muitas de suas horas de trabalho em clientes aleatórios em vez de priorizar a sua carteira de clientes ativos e/ou inativos.

> *Antes de tentarmos estabelecer novos clientes, temos de recorrer aos clientes com algum relacionamento existente. Principalmente, os inativos.*

Muitos vendedores constroem uma imensa carteira de clientes inativos, geralmente, superior à carteira dos clientes ativos e os esquecem, os deixam de lado, não buscam abordá-los para reativar o fluxo de venda com essas pessoas ou empresas que deixaram de comprar com eles. Essa prática é um erro desnecessário. É uma contradição! Se você a comete, pare agora mesmo. Liste-a entre as tarefas de resolução imediata que você pode tomar e elimine de uma vez por todas esse comportamento de sua vida.

Em pesquisa do LinkedIn, priorizar os clientes da carteira é o principal pilar dos vendedores de alta performance. Lembre-se que buscar oportunidades na carteira também é prospectar.

Compreenda a importância de trabalhar com produtividade e retorno. Entrar num ciclo de procura por novos clientes exclusivamente pelo vício dessa procura só o leva a mais trabalho. Você só se cansa e perde de perspectiva as oportunidades de negócio já existentes.

Mas prospecção é somente uma das habilidades que você pode modelar, que você pode "copiar" de quem já fez e deu certo, afinal a maneira mais rápida, mais barata e mais indolor de se aprender é com os erros dos outros.

> *Entenda a diferença entre trabalhar muito e ser realmente produtivo.*

Quando o assunto é produtividade, vejo como extremamente oportuno trazer o pensamento do presidente da Gutemberg Consultores, Gutemberg B. de Macedo, para ampliarmos a reflexão do quanto é importante levarmos estratégia para a prospecção de vendas, nos tornando mais produtivos, eficientes e otimizando nosso tempo de trabalho.

Para Gutemberg: *"Ser produtivo significa fazer o que tem de ser feito de maneira excelente. Fazer mais com menos em todos os sentidos — recursos humanos, financeiros, tecnológicos etc."* De seu pensamento, me chama atenção o "fazer mais com menos". Essa afirmação, apesar de soar como lugar-comum quando descontextualizada, retrata a situação vivida por todos nós durante a pandemia. Tivemos de fazer mais com muito menos. Estávamos absolutamente limitados e mesmo assim tivemos de ser produtivos e nos reinventar.

Por isso, trago aqui dez pontos para você refletir sobre como você tem espaço para melhorar a sua produtividade, seja qual for a situação em que você se encontre.

SEJA MAIS PRODUTIVO.
10 PONTOS PARA A SUA REFLEXÃO

1 Entenda a real importância de seu trabalho: Quando não compreendemos completamente os objetivos da empresa onde estamos, do produto que oferecemos, das vantagens da nossa prestação de serviço, não nos comunicamos com assertividade e não conseguimos priorizar o que, de fato, tem de ser priorizado, gerando com um isso um imenso retrabalho. Você precisa entender profundamente o que está fazendo.

2 Mantenha-se motivado: Renove-se, diariamente e reafirme para si a importância de suas atividades. Por menor que seja cada uma de suas ações, valorize cada uma delas. Por isso, desenvolver a atenção plena para cada uma de suas atividades é tão importante.

3 **Planeje-se de acordo com seu ritmo:** Sua produtividade não é a mesma ao longo do dia, muito menos a mesma ao longo de sua carreira profissional. Descubra os horários em que você é mais produtivo para executar determinada atividade e defina a urgência e prioridade em realizá-la. Assim, você trabalha dentro de seu ritmo pessoal. Isso fará com que você seja mais produtivo.

4 **Gerencie os imprevistos:** Ao longo de seu dia, os imprevistos vão acontecer, pode ter certeza. Mas quando eles tiverem se apresentado para você, não se desespere, essa é a pior atitude que você pode ter. Eles não vão sumir da sua frente só porque você está com raiva, porque lhe desagradam, ou por você entender que aquela não era a hora para eles acontecerem. Eles não estão nem aí para a sua rotina. Por isso, procure programar as suas atividades sempre contando com o acontecimento de um imprevisto. Não deixe eles o pegarem de surpresa.

5 **Use ferramentas de acordo com seu estilo:** Atualmente, existem milhares de aplicativos de reunião, organização, elaboração de calendário, entre outros dispositivos que prometem facilitar todas as suas atividades. Muitos deles, porém, estão longe de ser um facilitador. De verdade, eles podem complicar bem mais o seu cotidiano. Por isso, entenda muito bem que tipo de dispositivo você vai usar para não comprar "gato por lebre". A tecnologia é fundamental para nosso trabalho, desde que seja a adequada para a suas necessidades.

6 **Seja organizado:** O aproveitamento do tempo está diretamente relacionado à maneira como organizamos aquilo que utilizamos. Lembre-se de seus pais e do que eles por tanto tempo falaram para você: organize-se! A bagunça é prima-irmã do fracasso.

7 **Evite interrupções:** Tudo que nos tira do foco de nossas atividades é uma interrupção. Um celular que toca, as mensagens em aplicativos, a insistência de um amigo em falar conosco enquanto estamos trabalhando, a lista de interrupções é grande. Por isso, aprenda a dizer não. Saber dizer não para o outro, para o que o incomoda é libertador. Mas, por favor, não seja grosseiro. Você pode priorizar as suas atividades sem ser indelicado.

8 **Preze pela objetividade:** Estabeleça uma hierarquia de atividade e assuntos quando você estiver trabalhando. Crie uma lista de bullet points para guiar a sua interação com as pessoas e indicar quais são as atividades prioritárias que você tem de realizar em seu expediente de trabalho. Lembre-se, o tempo é importante para você e para o outro, não o desperdice por ser incapaz de ter foco. Evite constrangimentos.

9 **Sua saúde importa (e muito!):** A maneira como cuidamos da saúde interfere em nossa produtividade. Ninguém é totalmente produtivo quando se está com dor, quando se está limitado por alguma enfermidade. Cuide da sua saúde hoje e de forma ampla, desde o estabelecimento de uma prática de exercício, a procura por uma alimentação balanceada, como em estabelecer uma regularidade para as visitas aos médicos. Em termos de saúde, sai muito mais barato quando a gente se previne.

10 **O tempo livre é para ser aproveitado!** O trabalho é extremamente importante, mas quando ele acaba entenda que acabou e que você terá um momento livre para se dedicar a outras atividades. Para estar com seus amigos e família, para praticar algum hobby. Exercite o seu direito de descansar. Os momentos de lazer são fundamentais para o equilíbrio de nossa saúde, para aumentar a nossa disposição.

De certa forma, esses são alguns elementos que explicam o título deste capítulo, "o sucesso deixa pista". Sim! E deixa várias pistas para você aproveitar, por isso, é tão importante olhar para a trajetória de profissionais bem-sucedidos. Não só na sua área de atuação. Aliás, exemplos de gente bem-sucedida nem precisa ser somente ligado ao trabalho. Preste atenção, há pessoas bem-sucedidas por todos os lados. Pessoas que souberam estabelecer uma relação afetiva saudável e prazerosa; pessoas que suportaram um quadro de saúde desfavorável e reverteram a situação; pessoas que sabem contemplar a vida de forma leve.

Olhe ao seu redor e perceba quem está bem consigo e com o outro. Quem tem disposição renovada para a sua rotina. Quem está satisfeito com o que tem. Muito provavelmente, essas pessoas são bem-sucedidas. E, se for possível, entenda como elas conseguiram criar essas circunstâncias.

Comece se perguntando: Quem está onde você gostaria de estar?

É muito mais rápido, a gente gasta muito menos dinheiro, muito menos energia, quando a gente aprende com quem veio antes da gente, porque ao observarmos quem nos antecede, temos a chance de constatar os erros e acertos cometidos. Eles se tornam nossas referências.

Quando seguimos na vida sem referência, dói demais, leva tempo demais para aprendermos, é cansativo demais. A gente pode se moldar a partir dos erros e dos acertos dos outros. Mas, por favor, entenda. Não estou querendo dizer, com isso, para você copiar literalmente o que os outros fizeram ou fazem. A ideia não é essa.

É importante observar as atitudes do outro e adaptá-las às suas atividades, adequá-las às suas necessidades. A chave aqui é o desenvolvimento da sua capacidade de adequação, a adaptação a essa característica é fundamental para as referências em sua vida fazerem sentido, para você tirar o melhor proveito dessa experiência.

Cada um tem uma vivência única e agiu como agiu em resposta a um contexto específico. Por isso, simplesmente, copiar, replicar o que os outros fizeram ou fazem, sem uma análise, sem um critério específico, que faça sentido para você, não funciona.

Ao mencionar a adoção desse comportamento, ao longo das minhas palestras, frequentemente, ouço essa pergunta:

— "Ah, Thiago. Vejo tanta gente vendendo para caramba e eu, tento me espelhar no exemplo deles, mas não consigo nada. Minhas vendas não mudam. Nada acontece!"

Ao ouvir esse tipo de comentário, geralmente, a minha pergunta é:

— *"Mas você acredita no que vende? Você acredita de verdade no que faz?"*

Como resposta, ao meu questionamento, escuto constantemente: "*Sim. Eu acredito!*" Esse "acreditar", contudo, sempre me soa insuficiente. A pessoa até acredita porque ela tem uma profissão. Ela sai todos os dias da cama para trabalhar e faz algo diariamente.

Com o passar dos anos, é quase impossível ter uma rotina de trabalho se você não acredita em sua atividade profissional. Viver torna-se uma tortura e, geralmente, as pessoas desistem do que fazem, procuram por outras atividades. Por isso, há uma diferença quando a gente diz que acredita no que faz de maneira automática, porque essa é a resposta correta a dar.

Quando, de fato, acreditamos, expressamos uma verdade incontestável de nossas vidas, a gente se entusiasma, tem aquele brilho no olhar e o sorriso fácil.

Quando acreditamos integralmente no que fazemos, nos dedicamos, estudamos, temos muito jogo de cintura para fazer o que gostamos, nos tornamos antifrágeis. Buscamos aprender a todo momento a partir de nosso contexto, enxergando oportunidades, inclusive, na adversidade. Esse acreditar é emocional, conceitual e prático.

Se você não entender sobre as pessoas e a complexidade de sentimentos que nos forma, você não será um bom vendedor.

Em vendas o entendimento de si e do outro é fundamental. A partir desse lugar de compreensão, mais amplo e profundo, você consegue se organizar melhor. A sua prospecção vai fluir. Ser vendedor é ser reflexivo, sim. Análise de cenário requer exercício de compreensão. Agora, como você pretende ter esse comportamento, se você não consegue organizar as atividades de sua semana.

Durante minhas palestras, vejo as mais diversas faces de surpresa quando peço para que escrevam, em uma folha de papel, o seu planejamento semanal. Peço para que me indiquem dois caminhos de prospecção. Quais questionamento, como vendedor, eles fariam para entender os seus clientes. Muitos dos profissionais presentes, geralmente em auditórios cheios, não sabem responder. Tenho a sensação, às vezes, de que eles nem sequer entendem a minha pergunta. É como se falasse em grego. Mas, apesar dos semblantes de dúvida, insisto:

- Quais são as quatro principais objeções de seus clientes?
- Como você as contorna?
- Como você faz o acompanhamento com o pessoal logo depois da compra?

Na verdade, as pessoas são incapazes de me responder a esses simples questionamentos, porque elas, literalmente, não sabem o que estão fazendo. Ignoram toda a complexidade da venda, as nuances, os detalhes.

Vendas é um trabalho que, em um determinado momento, afunila muito, e os detalhes tornam-se importantíssimos, fazem toda a diferença.

Monstros, pior do que você não saber por que está dando errado é quando você não sabe por que está dando certo.

#Orgulho de Ser Vendedor

O sucesso é uma consequência,
não um objetivo.

Existem 3 tipos de pessoa no mundo:

Os ignorantes que nunca aprendem;

os medíocres (os comuns) que aprendem somente com os seus erros;

e os inteligentes que aprendem com os erros dos outros.

Se o sucesso deixa rastros, por que não ir atrás deles?

CAPÍTULO 10

O SEU CLIENTE TEM DE DAR LUCRO

"Enquanto eu perseguia o dinheiro, nunca tive o suficiente. Só consegui mudar essa situação depois de entender a importância de estabelecer, para a minha vida, um propósito que fosse além dos ganhos financeiros. A partir dessa decisão, vivi intensamente. Como consequência, me tornei próspero, inclusive, financeiramente."

WAYNE DYER, AUTOR.

Monstros, uma das regras básicas da cartilha dos vendedores inconformados e de sucesso é que a carteira de clientes deles dá lucro. Eles não investem tempo em quem não dá o retorno adequado, em quem não diversifica e dinamiza os ganhos que tem.

Se você quer ser um vendedor de sucesso, seus clientes têm de lhe dar lucro. Geralmente quem menos dá lucro é quem mais dá trabalho.

Essa parece ser uma conclusão evidente para se ressaltar, mas, infelizmente, o mercado brasileiro ainda está cheio de vendedores que desperdiçam a qualidade de seu tempo com quem não lhes dá o adequado valor pelo seu trabalho. São clientes em que a demanda de prospecção nunca se converte em faturamento.

Talvez, por uma questão cultural, esse comportamento ainda seja tão frequente em nosso mercado. São inúmeras as características que podem explicar esse fato. Somos, por exemplo, uma das nações mais católicas do planeta e, nesse contexto, os ganhos financeiros estão muito relacionados a uma questão de culpa em nosso imaginário coletivo. De certa forma, é como se ganhar dinheiro, muito dinheiro, fosse visto como usura, ganância.

Aqui, constato que diversos profissionais se relacionam intensamente com quem não lhes confere lucro, porque sou frequentemente procurado, principalmente durante as minhas palestras, por vendedores com essa queixa. Eles alegam investir muito do seu tempo em prospecções furadas.

Nas diversas oportunidades de diálogo que tenho com esses profissionais, eles tentam entender o porquê os seus clientes têm a prática de cotar com eles os valores de seus produtos e/ou prestação de serviço e nunca fecharem o negócio. Geralmente, eles se aproximam e dizem:

— "Thiago, o meu cliente cota comigo. Ele cota muito comigo, mas não compra! Ele me pede orçamento, me liga insistentemente, manda e-mail, mas nunca compra! O que eu faço com esse cara?"

Em resumo, é essa é a queixa feita constantemente. Antes de pensar em uma resposta precisa para essa situação, tento compreender a prática de venda desse profissional. Como ele está organizado para fazer o seu trabalho. Nesse sentido, digo para quem me contesta com essa dúvida:

— "Olha, deixa eu tentar adivinhar mais ou menos o que você já deve ter feito.
Na primeira vez em que esse pedido chegou para você, provavelmente por e-mail, você o olhou e pensou: 'Pô, essa é uma empresa bacana! Eu estava doido para entrar lá. Estava esperando por um pedido deles. Eu quero muito vender para eles.'"

— Aí, empolgado e ansioso para fazer a venda acontecer, você vai lá e manda um preço legal. Não o preço cheio. É um valor que você acha bom para conquistar a negociação, para conseguir entrar na empresa. E você pensa: "Estou sentindo que vou fechar esse negócio. Eles estão com interesse, me procuraram, vieram atrás de mim. Vou mandar um preço bom para fechar rapidinho." Mas para a sua surpresa, eles não fecham a compra. Apesar de estranhar, você não perde a esperança.

— Passa um tempo, e lá vem eles pela segunda vez para uma nova cotação. E, nessa ocasião, o que você faz? Vai lá e manda o preço um pouco mais baixo. Lembre-se, da primeira vez, você já não tinha mandado o preço cheio, mesmo assim, eles não fecharam o negócio. Daí, para não perder a nova oportunidade, você abaixa um pouco mais, diminuindo assim a sua margem de lucro. E você faz isso porque acredita: "Espera aí, esse cara não comprou de mim da primeira vez. Com certeza, ele não fechou a compra por uma questão do preço." Apesar dos seus esforços, nada acontece! Mais uma vez, eles não fecham com você.

— Passado mais um tempo, eles aparecem novamente. É a terceira vez que o procuram. Você já está com sangue nos olhos e desafiado, você se determina: "Agora, eu não perco de jeito nenhum esse cliente." E joga o seu preço lá pra baixo mesmo. De nada adiantou a sua drástica redução de valor, os caras continuam da mesma maneira, sem fechar com você. E como a vida segue, passado mais um tempo eles aparecem de novo. É a quarta vez! Mas aí você já está pistola, "puto da vida", e decide virar o jogo. Já que até agora você não conseguiu nada com eles abaixando seu preço, você decide inverter a tática e joga o seu valor lá no alto seguindo sua intuição: "Vou testar esses caras. Quero ver qual é a deles. Como eles se comportam." E eles agem da mesma forma, continuam sem fechar o negócio.

Monstros, esse é um ciclo sem fim. Já estive preso nele, já me comportei muito dessa maneira e sei como é angustiante. A sensação de fracasso é enorme. Por isso, em um determinado momento, você fica desesperado e sem saber o que fazer e a sensação de impotência cresce.

A primeira atitude a ser tomada para quebrar essa roda-viva é se perguntar:

- Esse cliente vale a pena?
- Eu realmente preciso jogar minha atenção na proposta dele?
- Mesmo que eu consiga vender algo para ele, será que as vendas com ele serão contínuas?
- Ele vai me trazer um lucro significativo?

Geralmente, ao fazer esses questionamentos, rapidamente eu ouço como resposta:

— "Ah, Thiago. Sim! Todo cliente vale a pena."

Não é bem assim, Monstros. Alguns clientes não valem a pena, não! É um engano acreditar que todo possível cliente merece nossa dedicação e tempo.

Em vendas, estabeleça uma via de mão dupla.

Na relação firmada com o vendedor, não é só o cliente que compra, o vendedor também compra. Ele compra o cliente. Esse "comprar" é algo amplo, refere-se a toda a relação que você estabelece com ele. Vale lembrar, esse é um aspecto da vida, não uma particularidade de nosso setor, porque estamos falando de relacionamento. É aquela velha história, "quando um não quer, dois não brigam". Em uma relação, seja ela qual for, a gente precisa do outro e vice-versa.

A relação construída entre os vendedores e seus clientes tem de ser positiva para todas as partes envolvidas.

Quando comparados a nós, os anglo-saxões têm muito mais bem definido em suas relações corporativas, em suas negociações comerciais, uma maneira bastante eficiente para essas situações. Eles têm assimilado o conceito de mutualidade, que se aplica como uma luva para essas ocasiões. De acordo com esse princípio de ação, a situação não basta ser boa para um dos envolvidos na relação, tem de ser boa para todos. Se é bom para mim, tem de ser bom para você. E é esse o pensamento de um vendedor bem-sucedido.

Um verdadeiro Monstro nas vendas, entende a sua importância, valoriza a sua trajetória e trabalho. Assim, não vai se relacionar com qualquer um, não vai investir seu tempo em quem não vai agregar. Ele tem a consciência de que não está implorando por nada, de que está firmando uma relação profissional de negócio, portanto, ele está oferecendo uma oportunidade de ganho, de um benefício para uma necessidade do seu cliente e isso tem um valor, por vezes imensurável.

O produto e/ou a prestação de serviço tem um preço determinado, mas o trabalho do vendedor tem um valor distinto. Ter essa visão nas relações de compra e venda é uma maneira de ser afirmar como protagonista das situações sem precisar de discursos, de cancelamentos ou lacrações, para usar formas de expressão tão comuns atualmente.

Reconheça a sua importância, a sua história.

Vender também é uma balança, o seu cliente deve lhe oferecer mais lucro, do que problema. Se, por acaso nessa relação comercial a dinâmica estabelecida for o inverso, ou seja, os problemas gerados serem maiores do que o lucro, não pense duas vezes, acabe com essa relação tóxica. Vá embora e o esqueça! Tome uma atitude firme e não estabeleça mais nenhuma relação com esse cliente, a não ser que ele demonstre ter mudado de postura para com você.

Você não tem de vender para todo mundo.
Você tem de vender para quem lhe dá lucro.

Observe na sua carteira de clientes, pergunte aos seus colegas no mercado e constate por si: Aquele cliente que dá mais trabalho, com certeza, é o que dá menos lucro. Eu tenho 99,9% de convicção dessa afirmação. E sempre que algum vendedor me relata essa situação, a sua dúvida e insatisfação por se relacionar com clientes pouco lucrativos, como ato contínuo, eu os pergunto:

— *"Se esse cliente dá pouquíssimo lucro, por que você ainda está com ele?"*

Muitos me respondem:

— *"Não, Thiago, vale a pena. O cliente é bom {apesar do trabalho}."*

Beleza, o autoengano é livre e todo mundo pode praticá-lo o quanto quiser. Mas se esse também for o seu pensamento, avalie:

- Quanto você aguenta o trabalho extra que ele lhe dá?
- Quanto ele interfere em sua relação com os seus demais clientes?
- Quanto você compromete de seu tempo, ao longo do dia, com ele?

Se a resposta para qualquer um desses questionamentos indicar um comprometimento para a sua cartela de clientes, tenha certeza, você começou o processo de perda de sua clientela.

Por vezes, o ser humano gosta de valorizar quem lhes dá trabalho, é como se essas situações estivessem testando suas habilidades e, a partir dessa situação, desenvolvessem uma ideia louca de que sempre são mais fortes do que as adversidades. Estão determinados a aguentar o tranco, seja ele qual for. O pensamento por trás desse comportamento é o de que somos melhores e conseguiremos mudar a situação. Vamos provar nossa capacidade de sermos fodas. Se esse for o seu caso, pare de perder o seu tempo e perceba o óbvio. Já deu! Há muito tempo deixou de estar bom para você. Seja prático e direto, agradeça e deixe ele para o concorrente.

Muitas vezes quando um cliente cota inúmeras vezes e nunca fecha, falta a atitude do vendedor em entender o que está acontecendo. Ele fica na imaginação, no achismo, em vez de fazer algo muito simples, passar a mão no telefone, ligar para o cliente e perguntar, sem rodeios, sobre o que está acontecendo, por qual motivo ele não fecha a negociação. Keep it simple, Stupid.

Essa mais uma vez parece ser uma conclusão preguiçosa. De fato, ela não requer nenhum pensamento elaborado para ser obtida, mas, por mais incrível que possa parecer, diversos vendedores não tomam essa atitude. Não ligam para perguntar o que está acontecendo. Eles preferem conviver com a ausência da resposta, em vez de finalizar a situação em aberto a partir de uma conversa honesta, a partir de uma atitude e pergunta necessária à situação:

— "Por que a sua empresa não está fechando o negócio comigo? O que há de errado?"

Até compreendo a sua raiva pela situação, a frustração, mas essas dinâmicas fazem parte do jogo, elas não vão embora da sua vida, o problema é ser refém desses acontecimentos. Acalme-se, procure encontrar um espaço de serenidade e ligue para quem está solicitando a cotação.

— Oi, seu Antônio Carlos, tudo bem? Aqui é o Thiago, da empresa "x". Estou ligando porque fiquei com algumas dúvidas e tenho certeza de que o senhor poderá me ajudar a entender a situação. Eu sei que o senhor compra o produto que eu vendo, até hoje, porém, não tive a sorte de fechar uma venda para o senhor, apesar de, nos últimos meses, o senhor ter feito umas cinco cotações comigo. Em todos os nossos contatos sempre mandei um valor acessível. Já mandei um volume menor, já mandei com mais condição, enfim, mandei a minha proposta em vários formatos, mas o senhor não compra de mim. Eu queria entender o que está acontecendo, o que posso fazer, que está ao meu alcance, o que depende de mim, para o senhor considerar fechar uma compra comigo. Eu quero muito fazer negócio com o senhor. A empresa do senhor é sensacional e eu sempre quis trabalhar com o senhor. Sempre me interessou vender para o senhor. Tenho certeza de que temos uma oportunidade agora, mas deve estar faltando algo. Por isso, pergunto ao senhor, o que falta da minha parte para fecharmos negócio?

Tomar essa atitude requer humildade e honestidade. Lembre-se da mutualidade, tem de ser bom para todos os lados.

— "Ah, Thiago, mas o cliente não me atende."

Não fique paralisado por falta de contato. Hoje, são inúmeras as formas de comunicação. Manda um e-mail, um WhatsApp, uma mensagem em alguma das redes profissionais dele. Crie oportunidades de encontro casuais no horário de trabalho e aproveite a ocasião para marcar uma ligação, uma reunião no escritório. E mantenha a sua postura. Procure ser formal, não excessivamente formal, mas mantenha a etiqueta. Não se esqueça, você quer descobrir a intenção de compra dele. Para isso, questione-o:

— "Sr. Antônio, de zero a cinco, sendo zero nenhuma e cinco total, qual é a intenção de compra do senhor? De zero a cinco, que nota o senhor daria para a possibilidade de a gente fazer negócio? A gente está mais perto do cinco ou estamos mais perto do zero?

Monstros, o seu tempo vale muito dinheiro, é precioso demais. Pare de desperdiçá-lo com quem não quer comprar de você. Quem constantemente adia o fechamento de negócio com você, toma o mesmo tempo (até mais) em relação àquele que deseja fazer negócio contigo e comprar o seu produto.

Venda para quem lhe dá lucro.

Tenha a atitude e o compromisso consigo para estabelecer relações positivas para você em seu cotidiano de trabalho. Você é o responsável por fazer essa situação dar certo. Está em suas mãos a decisão de quais clientes você manterá em sua carteira de atendimento. Estabeleça uma rotina em seu período de trabalho para substituir clientes com pouco rendimento por outros que melhor vão atender às suas necessidades. Elimine essa pessoa que só toma seu tempo e, às vezes, acaba com o seu volume de vendas.

Uma das condições favoráveis para destruir todo o esforço de um vendedor é a dependência de clientes pouco lucrativos. De nada adianta você ter oito, dez orçamentos correndo soltos por aí se, no final do mês, você só vai conseguir fechar dois, no máximo três propostas, exatamente porque os demais pedidos de orçamento são de clientes que não estão contando com você, que não reconhecem o seu valor, a sua importância. Essa relação está desbalanceada.

Saiba com clareza qual o verdadeiro interesse dos clientes por seu produto, por seu trabalho e não se esqueça jamais de ser criativo. Procure soluções inusitadas e alternativas para os obstáculos em seu caminho.

Há muito tempo, li em uma matéria da revista *Venda Mais*, a seguinte história:

> Um cara queria muito entrar em uma empresa, mas ele não conseguia. Tentava, tentava e nada, não era aprovado nos processos seletivos. Apesar das seguidas negativas, ele não desistiu. Encontrou uma maneira nada ortodoxa de demonstrar o seu interesse. Escreveu uma carta e a colocou em uma embalagem com o pé de um dos seus sapatos. Com o embrulho devidamente pronto, ele foi até os Correios e o despachou. A pessoa para quem o pacote estava endereçado o abriu e viu o sapato. No primeiro momento, estranhou, mas ali também estava a carta que enumerava fatores para ele ser contratado. Porém, o texto em essência dizia: "Já estou com um pezinho aí dentro. Agora, só depende de você para eu colocar o outro também."

Eu gosto muito desse relato. É uma atitude muito bem sacada. Além de ele ter se mostrado persistente com o seu desejo, encontrou uma forma absolutamente original de se apresentar, de se destacar entre possíveis candidatos, mesmo quando já havia recebido alguns nãos anteriormente. Uma atitude dessa vale muito a pena como inspiração, como referência.

Sua proposta foi rejeitada várias vezes?! Ok, compreenda que essa é uma dinâmica de mercado, não leve para o lado pessoal. Procure se reinventar nos seguintes contatos. Use de sua criatividade. Um dos reflexos da inteligência é o bom humor. Aliás, a leveza ajuda qualquer relação. É muito mais fácil fechar um negócio lucrativo quando se está bem-humorado, quando a relação estabelecida com o seu cliente e leve e positiva.

A objeção dos seus clientes demonstra por si um distanciamento isso não é nada bom, porque tudo o que queremos, como vendedores, é estarmos próximos de nossos clientes. Sendo assim, o sorriso, uma postura otimista e aberta são ferramentas essenciais para revertermos o jogo a nosso favor.

Você é o seu principal artilheiro nessa situação. Aproprie-se de suas qualidades e faça o gol.

No livro *The Power of Prosperous Thinking* (O Poder do Pensamento Próspero, em tradução livre) seus autores, Jack Johnstad e Lois Johnstad, ressaltam o quanto a solução de nossas situações já existe dentre de nós mesmos. Contudo, de acordo com eles, nós não conseguimos identificar essa potência resolutiva de ação, pelo simples fato de não as reconhecermos como elementos decisivos para nos ajudar em nossa caminhada. "Temos o tempo, a energia e as habilidades ideais, mas muito de nós, ao longo da vida, não conseguem usá-los em benefício próprio." E o que falta para esse desenvolvimento? Autoconhecimento.

Esse tipo de orientação não é uma exclusividade dos Johnstad. Diversos são os autores e as correntes de pensamento que enfatizam o autoconhecimento como a chave de uma vida abundante e, grande parte delas, destaca a necessidade de nos entendermos integralmente, como um complexo composto por diversas partes funcionando de maneira única. Ao compreender tal afirmação, você amplia as chances do seu sucesso porque a sua ação ganhará força, originalidade e resultados.

#Orgulho de Ser Vendedor

Nada mais caro do que um cliente que só compra o mais barato.

Geralmente, os clientes que dão menos lucro são os que dão mais trabalho. Esse trabalho excessivo tira de você o seu bem mais precioso: o tempo. Sua falta de tempo tira a oportunidade de dar mais atenção a quem pode ser um parceiro comercial mais rentável e estratégico. Vendedor não tem que vender para todo mundo, tem que vender para quem dá lucro ou é extremamente estratégico.

PARTE 3
CONSISTÊNCIA

CICLO CONTÍNUO

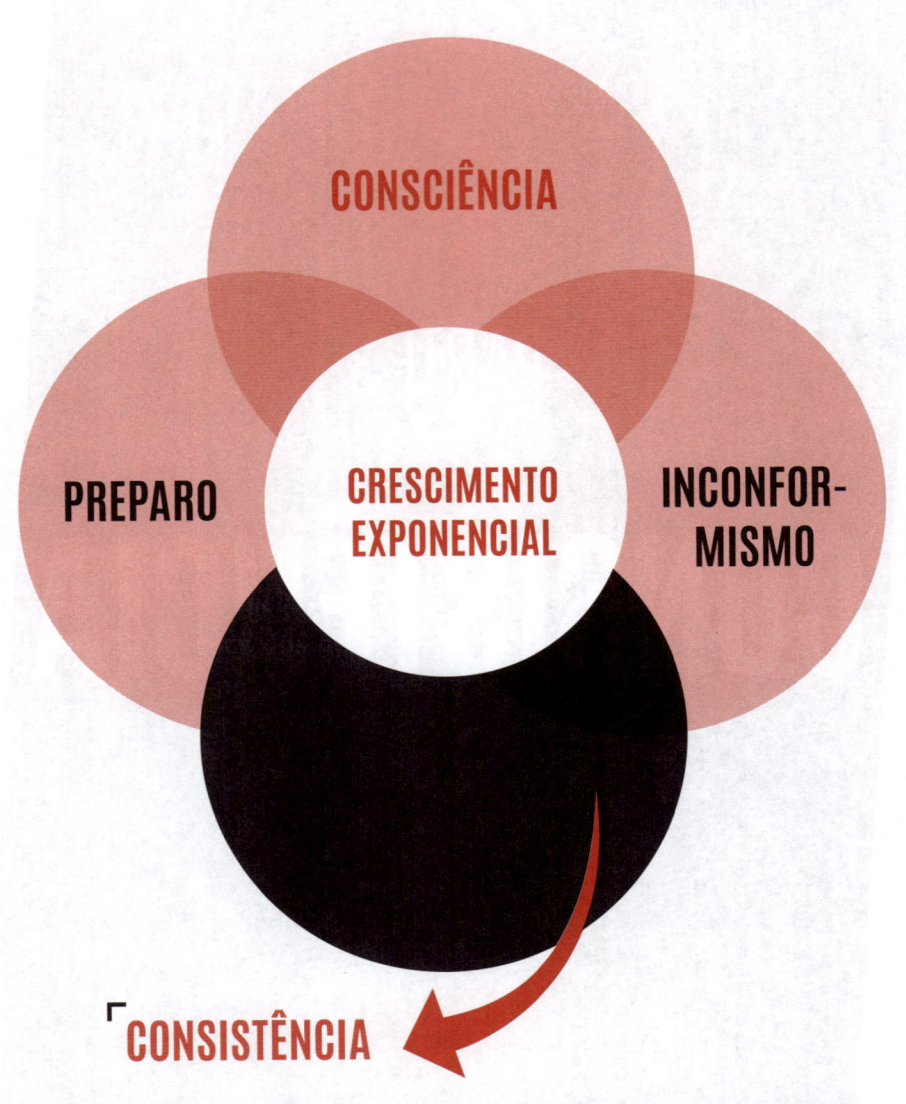

CONSCIÊNCIA

PREPARO

CRESCIMENTO EXPONENCIAL

INCONFOR-MISMO

CONSISTÊNCIA

Seguir essa sequência continuamente é o que faz a consistência de Vendas. E ao deixar de realizar uma das etapas perde-se a constância e, dessa forma, a corrente rompe no elo mais fraco.

CAPÍTULO 11

A REVOLUÇÃO DIGITAL E O IMPACTO NAS VENDAS

> "Cada novo avanço tecnológico abrirá caminho para novos e melhores avanços {na sociedade} em um ritmo cada vez maior."
>
> **GORDON MOORE, FUNDADOR DA INTEL.**

A citação que abre este capítulo foi feita por um dos mais visionários profissionais da área de tecnologia de nossa história, o químico e PhD em física, Gordon Earle Moore. Cofundador da Intel, uma das maiores empresas de tecnologia do mundo, Moore, no agora distante ano de 1965, previu que *"a quantidade de transistores que poderiam ser colocados em uma mesma área dobraria a cada dezoito meses mantendo-se o mesmo custo de fabricação"*. Com aquela afirmação, desconsiderada por alguns e vista como piada por outros, ele profetizou a evolução da tecnologia em nossas vidas e foi certeiro.

Em uma época praticamente analógica, com poucos fatos empíricos, Moore conseguiu entender a partir de suas pesquisas que, com o passar dos anos, os avanços tecnológicos seriam mais rápidos, mais abrangentes e nos trariam uma série de benefícios. Interagiríamos de maneira diferente a partir da presença tecnológica em nossas vidas. Ele acertou na mosca.

Com o passar dos anos, os descrentes tiveram de dar o braço a torcer e reconhecer a grandeza de seu pensamento. Ele estava absolutamente correto e a história foi ligeira em reconhecer as suas previsões, tanto que identificou esse seu pensamento como a Lei de Moore, ainda hoje, um dos cânones para o nosso desenvolvimento tecnológico de cada dia.

A história de Moore nos ensina muito, Monstros. Primeiro, como é fundamental quando a gente se dedica, com afinco, ao nosso assunto de interesse. Em um determinado momento dessa dedicação e envolvimento nossa compreensão sobre o tema e as suas possíveis implicações transcende limites geográficos e temporais. Segundo, apesar de ser um empresário de sucesso, um pesquisador prestigiado, um visionário, Moore teve de usar as suas habilidades de vendas para contextualizar a Intel no mercado e fazer as pessoas acreditarem naquilo que ele estava fazendo, ou seja, ele também foi um vendedor e dos bons.

No final do dia, Monstros, à frente de uma empresa fabricante de semicondutores, microchips e afins, um dos objetivos de Moore era o de vender os seus produtos. Todo o seu esforço corporativo e de pesquisa só fazia sentido se as pessoas comprassem dele o material que a sua empresa produzia. Vendas é essencial para a expansão dos negócios, para a sua existência e continuidade. E, Moore, particularmente, fez isso muito bem, sobretudo, por ter expressado com tanta clareza e objetividade o seu pensamento.

Ele se tornou um dos homens mais ricos do planeta, detentor de um patrimônio líquido estimado, em 2020, em mais de US$12 bilhões. Nada mal para um químico com doutorado em física. E mais, se refletirmos sobre a disseminação da tecnologia em nossas vidas, os possíveis ganhos que ele ainda terá serão extremamente expressivos, e um detalhe a se considerar. Se ele não os usufruir desses valores, com certeza, seus herdeiros o farão por gerações. Ele praticamente garantiu uma estabilidade financeira perene para quem bem ele desejar ter como beneficiário de sua fortuna.

Nossas vidas estão cada vez mais dependentes da tecnologia. Todos os aspectos de nossa existência têm alguma relação com os avanços tecnológicos, e essa situação independe de nossa vontade. Podemos ser completamente avessos a essas novidades. Podemos não nos interessar por nada desse universo, mas, a despeito de nossa vontade, a tecnologia veio para ficar e modificar radicalmente a nossa existência.

Em vendas as mudanças já chegaram. Caso você não goste, não adianta nada ficar reclamando. Adapte-se o quanto antes!

Com a construção dessa nova realidade, as técnicas de vendas estão sendo revistas. Muitas mudanças já foram implementadas e outras estão a caminho. Elas vêm a galope! A promessa é que elas facilitarão a rotina de trabalho, mas nem todas as pessoas vão usufruir desses possíveis benefícios, porque as alterações em curso estão relacionadas com a maneira de fazermos nossas atividades profissionais e alguns profissionais, naturalmente, não vão se adaptar às demandas.

Até então, trabalhávamos de um jeito e agora temos de aprender novas formas para executar as tarefas cotidianas. Nesse sentido, é natural que alguns profissionais se adaptem melhor do que outros. É um ciclo que se repete. No passado, alguns tipos de personalidade estavam mais aptos a realizar determinadas atividades para se manter produtivos, hoje para obter bons resultados nas mesmas tarefas são necessárias outras características.

Antigamente, por exemplo, dependíamos muito mais de nossas habilidades de sociabilização, de comunicação. Quem era mais introspectivo ou tímido estava mais propenso a não se dar tão bem em nosso setor, porque as maneiras existentes para interagirmos com os clientes eram mais limitadas e dependíamos mais de nossa capacidade de relação. A história é outra atualmente.

Continuamos tendo de nos comunicar com clareza, proximidade e atenção. Para mim, essas três características serão necessárias para sempre. Porém, há inúmeras tarefas que podem ser feitas pelos profissionais menos comunicativos, com maior dificuldade de relacionamento social.

A tecnologia transformou as vendas em uma profissão de análise de dados.

As ferramentas tecnológicas nos fornecem uma infinidade de estatísticas sobre as pessoas e as possíveis situações para usarmos e aumentarmos a efetividade de nosso trabalho. Nesse sentido, as vendas se tornaram mais preditivas. Você já não sai mais por aí dando tiro n'água, atirando para todos os lados. Esse comportamento é disfuncional. De nada adianta. Ou melhor, serve para você se cansar mais rápido, perder tempo, se sentir um profissional fracassado; e tenho certeza de que você não quer nada disso.

Entenda o mundo digital e como ele afeta a sua vida profissional. Essa é uma de suas obrigações.

A influência tecnológica tem crescimento exponencial, acompanhar o ritmo de sua expansão requer disposição e constante atualização. A pandemia da Covid-19 acelerou as transformações para o nosso lado. O comércio digital ganhou uma proporção gigantesca em nossas vidas e os seus resultados ficaram mais evidentes.

O DNA DA REVOLUÇÃO TECNOLÓGICA

O dia 20 de julho de 2020 foi histórico. Naquela data, um dos maiores vendedores de todos os tempos ficou US$13 bilhões mais rico em apenas um dia. Monstros, vocês devem ter acompanhado essa notícia à época, ela repercutiu em todo o mundo. A mídia informativa tradicional deu ampla cobertura ao fato e as redes sociais foram à loucura, ficaram congestionadas por memes, comentários e reflexões sobre o lucro até então impensável de ser conquistado em apenas um dia.

Além de aquele acontecimento ter sido inusitado, também foi importante para marcar um novo paradigma. Depois dele ficou evidente que foi dada a largada para a temporada dos ganhos bilionários em curtos espaços de tempo. Aquele foi só o primeiro, outros virão em breve. É fácil prever esse movimento porque os ganhos dessa natureza são resultados da dinâmica corporativa mediada pela tecnologia, que acelera as situações, incluindo aí os ganhos financeiros.

Contudo, Monstros, essa história para quem está no setor de vendas, tem algo que a deixa ainda mais interessante. A pessoa por trás desse feito é Jeff Bezos, um vendedor (que também é um empresário), e está à frente de um dos maiores empreendimentos de compra e venda já criados, a Amazon.com, empresa com a cara e o DNA da revolução tecnológica. O lucro obtido por ele aconteceu quando as ações da Amazon.com tiveram crescimento de 7,9%, como reflexo do otimismo dos investidores do mercado de ações, ao constatar a movimentação positiva do e-commerce durante o período de isolamento social. Obrigadas a permanecer em casa, as pessoas consumiram mais produtos pela internet, como vocês bem sabe. A lógica do ganho foi extremamente simples, então.

Se não posso sair de casa para comprar o que preciso, uso a tecnologia para fazer minhas compras. Esse comportamento praticamente foi uma adaptação do bom e velho ditado: "*Se a montanha não vai a Maomé, vai Maomé à montanha.*"

Atentos, os investidores perceberam essa movimentação e acreditaram no potencial do comércio eletrônico, decidindo investir na empresa líder desse setor, comprando as suas ações. Para Bezos e os demais acionistas da empresa, com certeza, aquela foi uma excelente e lucrativa decisão, a despeito de os ganhos terem ocorridos em meio a uma das mais graves crises econômicas vividas pelos Estados Unidos (país onde a Amazon surgiu), desde o Crack da Bolsa de Valores de Nova York em 1929.

A disseminação da Covid-19 em solo norte-americano foi, praticamente, uma ação de terra arrasada. Por lá, milhares morreram e milhões se infectaram. Oficialmente, eles foram o país mais afetado por essa pandemia no planeta. Mas como toda situação revela nuances, esse fato ilustra como poucos a ideia de que, por maior que seja a tragédia sempre há quem lucre na situação. Nesse caso, é bom frisar, de forma lícita e honesta. Bezos não se aproveitou da situação ou fez troça dos nefastos resultados da Covid-19 em seu país. Porém, o seu negócio era perfeito para a situação que se formou e ele atendeu uma demanda represada das pessoas, portanto, os seus ganhos foram consequentes.

Em 19 de julho, Bezos foi dormir com US$74 bilhões e, quando voltou para a cama no dia seguinte, sua conta bancária registrava US$189,3 bilhões, uma capitalização superior à de gigantes organizações da economia tradicional, como a petrolífera Exxon Mobil. Por isso, pergunto a você: Vendas são ou não são o melhor setor para se ganhar dinheiro?

Os profissionais de venda são os mais ricos do mundo e você pode ser um deles.

Fique atento ao movimento do mundo digital, mas não só ao e-commerce. Observe os amplos desdobramentos da tecnologia em nossas vidas. Como uma função meio, você pode se enquadrar nessa movimentação para desempenhar o seu papel de vendedor. Todos os novos empreendimentos precisam de área comercial.

A IDC (*International Data Corporation*), uma das empresas referências em consultoria sobre inteligência de mercado para os setores de tecnologia da informação, telecomunicações e tecnologia de consumo prevê que até 2023 mais da metade do PIB global (52%) vai ser originado por empresas digitais. Isso é muito dinheiro. De acordo com organizações como o Banco Mundial e o Fundo Monetário Internacional, em 2020, o valor do PIB mundial superava US$80 trilhões. Ou seja, se as expectativas da IDC se confirmarem, mais de US$41 trilhões serão gerados por empresas digitais.

VOCÊ ESTÁ PREPARADO PARA ESSA REALIDADE?

Aliás, estamos perto do momento em que a definição de um "mercado digital" deixará de fazer sentido, porque não haverá mais distinção entre o analógico e o digital, tudo será a mesma coisa. Essa já é uma realidade cada vez mais presente para alguns profissionais e setores produtivos. Gerações mais novas, por sua vez, nem sequer compreendem essa divisão, porque para eles as suas experiências de vida acontecem no ambiente digital.

Obviamente, o mundo corporativo será outro e os investimentos para tecnologia da informação serão maiores. Essa área, por sinal, progressivamente, só tende a ganhar mais espaço. Olhe ao seu redor nos ambientes corporativos e perceba como essa realidade já acontece. Se você tiver mais de 40 anos vai lembrar como, antigamente, os departamentos de informática eram secundários nas empresas.

Inexistentes, para ser mais preciso, antes de os computadores terem se tornando algo frequente em nossas vidas, lá por meados dos anos 1990, eles eram restritos a pouquíssimas empresas.

Em menos de quarenta anos, portanto, tudo mudou freneticamente, ao ritmo exponencial da expansão tecnológica, facilmente verificada em um setor como o da telecomunicação, em que o espaço da telefonia fixa, por exemplo, é cada vez menor.

Perceba as publicidades das grandes empresas desse segmento que, nos últimos anos, só anuncia as "maravilhas" de suas bandas largas, suas conexões em 4G, seus cabos em fibra ótica e afins. Onde estão os anúncios dos bons e velhos telefones que foram itens essenciais para o nosso setor? Ficaram perdidos em algum lugar do passado!

Talvez, você nem tenha mais telefone fixo em casa. Quem sabe até a sua mãe também já tenha aderido ao maravilhoso mundo dos smartphones e resolveu aposentar os aparelhos em que era preciso esperar por um sinal sonoro (a linha) para se fazer uma chamada local, de preferência. Era melhor evitar as ligações interurbanas e internacionais, porque elas eram uma fortuna. Só podiam ser feitas se fossem imprescindíveis. Mas tudo isso mudou.

Caminhamos a passos largos para arquivar nossas atividades em nuvens e os sistemas de automação e orquestração serão mais diversos e presentes. Claro, tudo isso devidamente lastreado pela inteligência artificial. Ufa! Só de pensar sobre esses assuntos reforço a urgência de me manter atualizado, interessado em novos aprendizados e saberes. Há tanto por descobrir.

UM NOVO MUNDO & SUAS MARAVILHAS

Como consultoria de análise a IDC, elabora frequentemente listas de tendências. Aqui, destaco alguns pontos gerais de um de seus estudos para atividades em breve. Quero reforçar que são previsões, ou seja, algumas delas podem não acontecer. Contudo, é importante mencioná-las para termos uma visibilidade daquilo que está sendo avaliado como relevante para o universo corporativo, como um todo.

- Muito mais inovação: As organizações aumentarão o repasse de verba para TIC (Tecnologia da Informação e Comunicação). Até 2023, devem reverter mais de 50% dos seus investimentos em TIC para transformar as suas operações em atividades de inovação e digital.

- A conexão das nuvens: Cada vez mais, as empresas vão gerenciar as suas bases de dados por meio de tecnologias específicas em nuvens, integradas aos seus servidores em um processo de multicloud. Isso está para acontecer em maior escala já em 2022.

- Acostume-se às bordas: Os data centers corporativos vão perder espaço para a Computação de Borda (Edge Computing). Dessa forma, o processamento de dados não precisa mais ser centralizado em um lugar específico (o data center). Pela Computação de Borda, as organizações vão distribuir por vários locais o processamento da informação, eliminando custos. Espera-se um crescimento em 800% dessas aplicações até 2024.

- Desenvolvedores e Softwares: A fabricação de softwares será vertiginosa até 2025. Cada vez mais, haverá empresas produzindo software com código implantado diariamente. Essa tendência exigirá a contratação de mais desenvolvedores.

- Aplicativos por todos os lados: Será uma verdadeira explosão. Até 2023, acredita-se que teremos desenvolvido mais de 500 milhões de aplicativos e, consequentemente, seus serviços digitais correlatos.

- A sua majestade IA: Ninguém duvida mais da Inteligência Artificial e de sua presença. Quando entrarmos na segunda metade dos anos de 2020, ao menos, 90% dos aplicativos corporativos vão trabalhar com IA. Ela será onipresente.

- As empresas viram sinônimo de plataforma digital: Grande parte do lucro das organizações será gerada por meio de suas atividades digitais; assim como a sua organização e logística. Ou seja, as empresas vão se transformar em plataformas digitais.

Monstros, esse universo digital impacta a todos nós. A tecnologia é disruptiva e transforma a nossa realidade indiscriminadamente. Nosso setor está passando por uma profunda reestruturação a partir de soluções tecnológicas.

Da prospecção ao acompanhamento do pós-vendas, o segmento de vendas é outro.

As empresas estão assimilando novas tecnologias para não perderem o trem da história (trem-bala, aliás) e assegurar tanto a produtividade quanto a lucratividade das corporações.

Não dá mais para pensarmos nos processos de venda sem considerar o uso de ferramentas de análise a partir do Big Data. Entre outras de suas características, ele é elemento fundamental às prospecções, momento crucial de nossas atividades e sempre visto como trabalhoso, moroso e, muitas vezes, de baixa efetividade. As ferramentas de Big Data, por sua vez, modificam essa realidade. Elas garantem aos vendedores mais segurança para abordagem e negociação, principalmente, nesse mundo virtual de tanta exposição pelas redes sociais.

As mídias sociais são oportunidades diárias para engajamento, atração e retenção de clientes. Elas tanto são um meio de comunicação de oferta de seu produto, exposição de sua marca, quanto de fornecimento de informação. E essa dinâmica pode ser feita, em muitos casos, simultaneamente para milhares de clientes, otimizando a formação de um funil de vendas.

O futuro já chegou. Você está preparado para ele?

Decidi abrir esta parte do livro que aborda a Consistência, uma das ações primordiais para o desenvolvimento de nossa carreira, com essa visão da tecnologia mais abrangente, porque as transformações decorrentes de sua presença em sociedade deixam explícitas a necessidade de sermos consistentes em nossas atitudes. Se assim não formos, nossa sobrevivência profissional, em um ambiente como esse, será muito limitada.

A aplicação da tecnologia por trás das vendas delimitou mais claramente as etapas existentes em seu processo. Como em um processo científico de análise, metrificamos tudo, surgiu daí um ambiente mais profissionalizado, o qual podemos realmente entender minucias do perfil de cada cliente, deixando a negociação com mais sentido tanto para quem está comprando quanto para quem está vendendo (lembra-se da mutualidade?) e isso é novo, uma transformação significativa.

Antigamente, o "poder" da informação das vendas estava nas mãos do vendedor. Ele era quem detinha o conhecimento e as empresas, ao compilar todas as informações fornecidas pelo vendedor, determinavam a maneira como a venda em si aconteceria. A tecnologia modificou esse comportamento. Com a informação circulando sem parar por meio da tecnologia, os clientes compartilham desse "poder", porque eles também passaram a deter o conhecimento.

Quando você queria saber ou resolver algum problema na relação de compra e venda, você tinha de ir até um vendedor ou à empresa. Hoje, não mais. Com a facilitação de acesso à informação, o cliente chega para conversar com o vendedor, bem mais preparado sobre os seus direitos e detalhes do produto.

Antes de chegar nessa conversa, ele já se autoprospectou, considerou limitações, procurou entender melhor o produto ou a prestação de serviço, refletiu sobre soluções para possíveis contratempos na compra, encontrou fóruns de discussão, cotou preços, verificou o índice de satisfação de outros clientes pela empresa e produto. Daí, só depois de ele ter percorrido todo esse trajeto é que ele vai entrar em contato com o vendedor. Antes do digital essa jornada inexistia, era impossível de ser feita.

A tecnologia concedeu muito mais poder para o cliente em uma relação de compra.

Daí, com toda essa nova dinâmica é absolutamente reprovável oferecer uma prestação de serviço e/ou produto que não faça sentido em uma prospecção. Gosto de contar uma história para ilustrar essa situação:

> "Eu tenho horror a beterraba! Não sei o motivo por que não gosto desse legume, afinal eu nunca o comi. Mesmo assim, odeio beterraba! Por isso, se você ficar falando para mim que beterraba 'deixa a pele melhor', 'a unha mais forte', 'dá mais brilho para o cabelo' e que 'dá dez anos a mais de vida', vou dizer a você que prefiro morrer dez anos mais cedo do que comer beterraba."

Esse exemplo da beterraba era exatamente o que muitos vendedores e empresa faziam antes do digital, eles usavam técnicas para fazer os seus produtos se encaixarem no cliente. Esse jeito de vender estava atrelado a possibilidade de mudar a opinião ou enganar quem estava comprando. Hoje em dia, essa postura envelheceu, perdeu sentido. Legalmente, inclusive, ficou bem mais difícil se comportar dessa maneira, sobretudo, depois da promulgação do Código de Defesa do Consumidor, em 1990. Um marco para a nossa categoria profissional.

Se você quiser ser um vendedor de bons resultados, entenda quais são as verdadeiras dores do seu cliente, o que, de fato, serve para ele.

Agir de modo profissional e compreender os desdobramentos da tecnologia em nosso cotidiano vai garantir a sua atuação no mercado de vendas. Quem se mantiver inflexível às novidades, preso a antigos paradigmas do setor, terá resultados inconsistentes e, muito provavelmente, não se manterá atuante. Ficará obsoleto e o mercado, naturalmente, vai eliminá-lo. Monstros, você só está impedido de participar desse movimento se for relapso consigo. Se não conseguir se organizar nem constituir as suas metas. A sua atitude consistente será o seu diferencial. Ela te garante existência.

#Orgulho de Ser Vendedor

Não adianta só olhar para a tecnologia sem olhar para as pessoas. A transformação digital não vai acontecer sem as pessoas.

EDSON GIESEL.

> As vendas estão exigindo uma velocidade de adaptação aos consumidores jamais vista. A escala desses números passa por automatizar algumas tarefas e permitir a gestão por indicadores assertivos e isso só é possível com a tecnologia aliada às pessoas.

CAPÍTULO 12

DORMINDO COM O INIMIGO

"O tempo é um 'empregador' que oferece oportunidades iguais. Cada ser humano tem exatamente o mesmo número de horas e minutos todos os dias. Os ricos não podem comprar mais horas. Os cientistas não podem inventar novos minutos. E você não pode economizar tempo para gastá-lo em outro dia."

DENIS WAITLEY, ESCRITOR.

Na luta contra a balança, a depressão é um de nossos piores inimigos, porque a comida é uma válvula de escape muito fácil, sempre à mão e completamente liberada para usarmos como uma fuga, uma forma de tentarmos evitar a dor que estamos vivendo. Ficar deprimido altera a nossa dieta e tanto podemos emagrecer violentamente (em situações mais extremas algumas pessoas ficam anoréxicas), ou podemos engordar drasticamente, ocasionando um sobrepeso descontrolado, uma obesidade mórbida, caso do professor de inglês Gustavo Victor, que chegou a pesar mais de 200 quilos, aos seus 24 anos de idade. Para ele, o começo de sua vida adulta não foi fácil e a alimentação tornou-se um refúgio, um pretenso abrigo contra os problemas.

No final de 2017, Gustavo foi um dos personagens de uma série de matérias intituladas *"Como Emagreci"*, feita pelo blog Viva Bem, do UOL. A ideia da edição dos textos foi mostrar dez histórias de emagrecimento para incentivar as pessoas a se manterem em forma, como eles destacaram em sua chamada. Com os relatos obtidos, os editores trouxeram um diverso painel de personagens. Havia a administradora de empresa que perdeu 46 quilos após parar de comer dois pães e beber dois litros de refrigerante por dia, a empresária que era viciada em açúcar e conseguiu mudar seus hábitos, o rapaz que após o fim do noivado decidiu se afastar de quem não tivesse um estilo de vida saudável e conseguiu reduzir o seu peso que já batia na casa dos 180 quilos.

Gustavo, ao contar sua história, disse ter sofrido "um baque" quando em um voo internacional a aeromoça se aproximou com um extensor do cinto de segurança para que usasse. Prontamente, ele o colocou, mas, ao olhar ao redor, surpreendeu-se pelo fato de que só ele usava aquele dispositivo. Aquela situação o incomodou, porém o incômodo sentido não foi suficiente para fazê-lo rever o seu estilo de vida e se organizar para conseguir perder o seu excesso de peso. A gota d'água para ele, contudo, aconteceu algum tempo depois, quando em uma festa, ele levou um tombo clássico. A cadeira de plástico em que estava sentado não aguentou com o seu peso e se partiu, como consequência, ele se estatelou no chão.

Tudo aconteceu muito rápido e não teve sinal de alerta. Depois do estalo da rachadura, a cadeira quebrou, levando-o a nocaute. Aquela situação foi demais e ele decidiu emagrecer porque percebeu que se continuasse com o estilo de vida que levava até então, poderia ter uma vida bem curta e morrer jovem.

As dez histórias relatadas pelo blog são de superação. Todos que decidiram compartilhar o seu processo de perda de peso, tiveram em comum o esforço, a persistência e o foco como ferramentas para atingir o objetivo pretendido. A disciplina, os exercícios e a busca da alimentação saudável foram fundamentais para eles. Esse foi o pedágio que tiveram de pagar para conquistar o emagrecimento. Todos eles, contudo, têm muito orgulho desse feito e da dedicação realizada. Foi pesado, mas eles colheram os resultados depois de um período. Nada aconteceu do dia para noite. Como você bem sabe, emagrecer, excetuando alguns privilegiados com metabolismo rápido, é uma situação bem difícil.

Você está satisfeito com o seu peso agora?! Subir na balança o incomoda? Quantas vezes você já começou uma dieta e no meio do caminho largou de mão, desistiu de chegar a seu peso ideal? Será que esse comportamento de desistir de seus objetivos é recorrente em sua vida? Você é daquelas pessoas que quando chega à noite de Réveillon se veste como alguma "cor da sorte", faz uma lista de desejos e três meses depois nem lembra mais o que havia desejado?

Matricular-se em uma academia e ter uma rotina de alimentação saudável está entre os seus pedidos? Você, empolgado, até se matricula, paga alguns meses, talvez, um plano anual, compra roupa de ginástica, tênis novo e, bem animado no começo, vai às aulas com muita vontade de conquistar o tão sonhado corpo malhado, mas depois de umas três, quatro semanas, aquele projeto do corpo sarado para o verão já era, virou fumaça e você troca a esteira pela mesa de um bar ou se deixa levar pela preguiça mesmo e fica no conforto do seu sofá ou cochilando em sua cama? Será que isso acontece com você?

Você já parou para se questionar quantas vezes começa a fazer algo e no meio do caminho desiste de seus planos? Pare e reflita e leve em consideração qualquer um de seus projetos dos mais difíceis aos mais simples. Parar de fumar, aprender a dirigir, matricular-se em uma academia de dança, fazer uma longa viagem de carro pela América do Sul, um safári na África, trocar de emprego, seja lá o que for, reflita! Quantas vezes você adia o seu sonho por que não teve capacidade de chegar até o fim dele?

Se você for assim, não tenha vergonha. Esse comportamento não é incomum, não é exclusividade sua. Desistir, mudar de ideia, procrastinar faz parte de ser humano. Nós somos assim. Inclusive, somos uma espécie que adora mentir. Sem notarmos, nós contamos, em média três mentiras a cada 10 minutos. Em uma hora contamos 18 mentiras. Se ficarmos acordados por 24 horas, então, lá vão 432 mentiras! Somos praticamente uma máquina viva de fabricação de lorotas.

Essa estatística foi definida pelo filósofo e psicólogo evolutivo David Smith em um de seus livros, *Por que mentimos: os fundamentos biológicos e psicológicos da mentira*. Nessa sua obra, ele explica que a *"desonestidade é resultado de nosso instinto de sobrevivência"*. Mas, no reino animal, essa característica não é exclusiva nossa como ele ressalta. O polvo indonésio, lembra David, se disfarça de peixe venenoso para afastar os seus predadores. Essa habilidade seria uma forma de mentir, afinal ele está disfarçando a sua natureza, portanto ele encontrou uma forma de ludibriar as ameaças ao seu redor.

Entretanto, David ressalta que os humanos são muito mais talentosos na arte da dissimulação, na prática da desfaçatez, somos incomparáveis; e nesse sentido, um dos nossos grandes feitos é mentirmos para nós mesmos. Somos mestres nessa condição e a utilizamos por uma pura e simples necessidade de enganar, independentemente de gênero, raça, nacionalidade, faixa etária.

Em seus estudos, David aponta que apesar de ser muito fácil nos sabotarmos, o que seria algo ruim, se autoenganar, essa característica também tem o seu valor positivo e desempenha um papel fundamental na evolução humana. Chegamos até onde chegamos porque também mentimos para o outro e para a gente mesmo. Por isso, o estudar e compreender como mentimos é um caminho tão significativo para o entendimento de nosso comportamento, coletiva e individualmente. De acordo com David, "*a capacidade de enganar aos outros, e a si mesmo, está na base da condição humana*".

QUEDA VERTIGINOSA

A autossabotagem é um tema estudado com mais profundidade pela psicanálise, que nos revela diversas nuances dessa condição e impacto em nossas vidas, mas, basicamente, o seu conceito refere-se aos momentos em que criamos obstáculos para dificultar a realização de nossas atividades, consequentemente, a conquista de nossos objetivos. Detalhe, a criação desses empecilhos acontece tanto de forma consciente como inconscientemente. Ou seja, ela pode ser perceptível, pode ser um ato deliberado que você já tenha conhecimento sobre ele, sobre o padrão de seu comportamento que leva você a se sabotar, mas pode também acontecer de forma imperceptível, de uma maneira tão sorrateira que, se você não parar para se investigar, nunca vai saber o que está acontecendo, porque está agindo como está.

Geralmente, quando nos sabotamos inconscientemente, culpamos o outro por nossos problemas. É bem mais fácil culpar o outro ou o contexto por nossas falhas, nossos erros cometidos, oportunidades perdidas. Afinal, "*estou fazendo tudo certo. Por isso, quando as coisas dão errado a culpa não é minha*". Esse pensamento lhe é familiar?

Em termos de imagem, se autossabotar é como estar perdido e aprisionado em um labirinto, onde você nunca consegue encontrar a saída. Os caminhos são sempre iguais, não levam a lugar nenhum, ou talvez levem a barreiras intransponíveis. Com o passar do tempo, vamos ficando cada vez mais cansados, perdidos, desestimulados, pessimistas. Aí a ansiedade se instala e só aumenta. A sensação de confinamento é claustrofóbica e quando você menos espera desiste, porque o "peso" daquela situação foi maior do que você pôde suportar.

Ao entendermos essa situação temos a chance de aceitar, de maneira mais tranquila, a nossa responsabilidade nas situações e compreender que somos nós (nossas atitudes e escolhas) os responsáveis por dar vida aos nossos sonhos, por mudar nosso contexto, por desistirmos ou nos boicotarmos.

Nessa dinâmica de autossabotagem deixamos nossas incertezas e medo conduzirem nossas vidas. Eles se tornam as peças principais de nosso comportamento e, por mais que a presença deles seja necessária em nossas vidas, que eles sejam um reflexo que estamos saudáveis e nos permitirmos também ser inseguros, eles são péssimos conselheiros para capitanear as nossas vidas, para estar à frente de nossas decisões.

Nossas ações a partir de um sentimento de insegurança e fragilidade tornam-se muito comprometidas, porque agimos de maneira passional demais, calando a objetividade, eclipsando nossa coragem, desvalidando nossa ousadia. Ou seja, ficamos a um passo do precipício e quando nos atiramos em vez de pegarmos o impulso e aproveitarmos o vento para criarmos asas e voarmos, desenvolvemos uma âncora em nosso pé que nos joga com mais velocidade para o fundo do penhasco. É preciso ter muita sorte para não se estatelar completamente lá embaixo, porque a queda é vertiginosa.

UMA VIDA PROCRASTINADA

A equipe do Instituto Brasileiro de Coaching (IBC), em algumas de suas publicações, listou atitudes frequentes que utilizamos quando nos autossabotamos. *Falta de Motivação, Ansiedade, Desorganização, Falta de Foco, Procrastinação* são comportamentos frequentes de autossabotagem apontados pelo IBC. Perceba, todos eles são velhos conhecidos. O IBC não está inventando a roda, eles não estão apontando sentimentos alienígenas ou exóticos que talvez você nunca tenha sentido ou praticado, muito pelo contrário. Possivelmente, desde criança, você tenha se comportado a partir de algum desses sentimentos ou de todos eles ao mesmo tempo. Quem sabe até de maneira obsessiva.

Mas a boa notícia é para todos eles há um "remédio". Dá para reverter a situação, contudo, para que essa reversão ocorra, você é fundamental nessa ação. Ninguém vai o pegar pela mão e fazer você adotar uma atitude de confiança e prosperidade. Você tem de querer viver os seus desejos, para isso, planeje-se e execute a sua vontade. Enquanto você não for proativo os entraves continuarão a te acompanhar.

Quem nunca acordou com uma dor de cabeça, sem energia para sair da cama absolutamente desanimado? Essa condição é tão comum e quando ela se apresenta, tenha certeza, é a sua falta de motivação lhe dizendo "*oi!*". E, como você bem sabe, sua desmotivação não marca horário para visitar. Ela nem bate à porta, aliás, invade e ponto. Se instala em você e o deixa apático, irritadiço, querendo não sair da cama ou que o mundo esqueça que você existe e pare de cobrar retornos.

Como ainda não desenvolvemos uma poção mágica para nos transportar para outras dimensões, a gente não tem para onde correr. Por isso, temos de falar para a nossa desmotivação de cada dia: "*Sinto muito, mas agora não é o momento. Passe mais tarde! Ou melhor, veja se erra o caminho e não volte nunca mais. Você não é bem-vinda por aqui.*"

O mesmo se pode dizer para os dias em que você está agitado por uma resposta que não chega nunca, por um trabalho que demora a ser finalizado, ou aguardando dia após dia aquela promoção que nunca chega, mesmo você tendo deixado o seu sangue na empresa. Quando você está andando de um lado para ou outro, roendo unhas, fumando um cigarro atrás do outro, com certeza, você está ansioso. Essas situações de incompletude, de falta de respostas, de vazio são gatilhos da ansiedade e a gente aciona eles facilmente. Muitos deles, inconscientemente, porque estamos tão acostumados a reagir com nervosismo a determinadas situações que não temos como nos defender de sua manifestação. Quando é esse o nosso comportamento, simplesmente, estamos adoecidos.

Porém, quando a ansiedade fica muito tempo conosco, podemos desenvolver outras disfunções orgânicas em razão da presença dela e isso é péssimo. Por isso, a prática de atividades físicas, em que haja desgaste de nossa energia, é tão aconselhável como maneira de combatê-la. É como se conseguíssemos eliminá-la pelo suor. De certa maneira, a eliminamos, sim, porque ao nos exercitar oxigenamos mais e melhor o nosso organismo e, essa é uma das maneiras para nos estabilizarmos emocionalmente e criarmos perspectivas.

A desorganização, outro dos "vilões" da lista do IBC, praticamente é um comportamento onipresente entre as pessoas. Aliás, em muitos casos pessoas e desorganização são sinônimos. Por isso, é quase uma redundância se referir a ela como um problema, ela não é "um problema". Ela é "o problema" em si visível, palpável quando se manifesta ao seu redor, em seu contexto; ou se transforma em angústia, ansiedade, quando é decorrente de alguma perturbação emocional. Uma situação caótica, desorganizada, seja em que âmbito for de sua vida, não é algo desejável.

Como brasileiro, contudo, a questão da desorganização se agravava ainda mais por uma condição cultural, porque, coletivamente, parece que somos uma sociedade avessa à organização. É como se o ar de nossos trópicos e nossa geografia tivessem dialogado com a organização e mandando ela para bem longe.

Jamais seremos uma sociedade como a japonesa ou a alemã onde a organização é um valor em si, não é algo discutível. Nesses países se é organizado porque assim é a vida. No Brasil, contudo, estamos mais familiarizados com a prática do jeitinho. *"As coisas estão bagunçadas, estão desorganizadas? Tudo bem! Dá um jeitinho aí e vamos vivendo mesmo assim, porque Deus é brasileiro e ele vai nos ajudar."*

Se você é um dos brasileiros que pensa e age dessa maneira, reveja imediatamente o seu conceito e atitude, ou então pare de ler este livro agora mesmo. Não perca mais o seu tempo, você já deve estar absolutamente satisfeito com a sua desorganização cotidiana e não vê sentido em mudar para prosperar. Organizar-se para quê, afinal? Vai dar trabalho. Característica essa que me leva a mais um dos pontos em questão levantados pelo IBC, a falta de foco.

Gente desorganizada não tem foco, essas condições estão umbilicalmente ligadas, se retroalimentam. Se o cara é bagunçado, como ele vai ter foco? É impossível! Só se acaba a desorganização com foco e para construir foco é necessário entender as rotinas prioritárias em seu cotidiano, ter disciplina. É preciso saber separar as atividades realmente importantes daquelas que são secundárias. Ao estabelecer essa prática, você terá mais facilidade para se manter em dia com a entrega dos seus trabalhos. Eu o convido a testar. Entre as suas tarefas quais são as prioritárias? Identifique-as, coloque-as como prioridade e siga a sua lista de outras atividades. Você se surpreenderá com a eficiência que vai surgir a partir dessa maneira de agir e o reconhecimento que obterá quando as pessoas o notarem mais efetivo.

Por fim, chegamos à procrastinação. Para começo de conversa, essa palavra parece mais um palavrão. Ela não é nem fácil de ser falada e é bem pouco usada em nossas conversas. Quantas vezes você ouve por aí alguém dizendo: *"Ah, hoje estou procrastinando depois do almoço."* Porém, apesar de seu pouco uso em nosso vocabulário, o que ela representa é vivido por milhões de pessoas todos os dias. Adiamos o que temos de fazer. Deixamos para amanhã uma conversa, a resolução de alguma questão, o documento que podíamos ter enviado. Queremos sempre mais cinco minutinhos na cama. Procrastinamos! Procrastinamos!! Procrastinamos!!! No final das contas nada acontece, nossa vida também ficou para amanhã. Ela foi adiada por nossa preguiça, desinteresse, falta de motivação, pela desorganização.

Se você se enquadra em algumas dessas descrições anteriores, ou em todas, que bom que você chegou até aqui na leitura, porque ainda dá tempo de mudar.

EISENHOWER PODE SALVAR VOCÊ

É cada vez mais comum nos depararmos com ferramentas de gestão, elaboradas para aumentar a nossa produtividade. Metodologias de aproveitamento de nosso tempo, principalmente das atividades profissionais não são novidades, a bem da verdade. Nos Estados Unidos, então, a cada ano eles criam procedimentos para ajudar as pessoas a se organizar em seus trabalhos.

Contudo, apesar de a gestão de tempo ser um assunto recorrente tem sempre quem não saiba o que fazer para se organizar, há diversos profissionais com muita dificuldade para definir as suas prioridades. Por isso, o uso de ferramentas específicas é fundamental. Escolha a que melhor lhe satisfazer e a aplique imediatamente. Aqui, vou citar algumas como exemplos, mas lembre-se, o mercado oferece inúmeras outras.

Uma interessante, com bastante eficiência em sua aplicação é a Matriz de Eisenhower, muito utilizada por grandes empresas para melhor equacionar a diversidade dos trabalhos. Ela é uma matriz visual e, em tese, a sua aplicação é simples. O método se constitui pela elaboração de quatro quadrantes, em que as atividades inacabadas são divididas em:

- Importante e Urgente;
- Importante, mas Não Urgente;
- Sem Importância, mas Urgente;
- Nem Importante, nem Urgente.

A visualização desses quadrantes é um facilitador para a organização de sua rotina e você define com clareza o que fazer, não se atropelando nos retornos necessários das atividades. Quando você coloca uma atividade no quadrante "Importante e Urgente", o comando que você está se dando é "Faça já!". Essa é uma atividade que não pode ser adiada, você tem de entendê-la e saber quais são os caminhos para resolvê-la da maneira mais rápida possível.

Quando a atividade para no quadrante do é "Importante, mas não Urgente", a mensagem aqui é "Atenção!". Essa é uma atividade que você precisa fazer, mas ainda tem algum tempo para fazê-la. Porém, como é importante, o quanto antes você a fizer melhor será o resultado.

Ao chegarmos no quadrante do "Sem Importância, mas Urgente", o recado é: "Talvez, essa atividade possa ser delegada para alguém." Eu não preciso necessariamente resolvê-la já que para mim ela não é importante, mas a sua execução requer certa urgência. Por exemplo, para um executivo, em uma multinacional, esse quadrante indica a importância da função de um assistente. Ter uma pessoa para intermediar ligações, correspondência, marcação de reuniões é fundamental, porque todas essas são atividades que demandam certa urgência de resposta, mas nem todas são importantes para a sua rotina.

Por fim, o quadrante das atividades que "Nem são Importantes, muito menos Urgentes". A mensagem aqui é óbvia. Se algumas das suas atividades se enquadra nessa categoria, pergunte-se: "O que isso está fazendo ali?" Elimine essas atividades da sua vida porque elas só o atrapalham, não servem para nada.

A Matriz de Eisenhower é uma poderosa ferramenta de gestão do tempo, porque ao usá-la você define bem o grau de importância de suas atividades cotidianas, bem como a urgência devida para realizá-las. Diante de suas atividades inacabadas, essa metodologia possibilita clareza aos seus afazeres. Sem contar que ao listá-los, você não os esquece. Às vezes, nosso cérebro nos prega alguns truques, é muito fácil esquecermos alguma atividade, ou mesmo, acharmos que estamos fazendo algo muito importante e urgente, quando na verdade, em comparação a outras pendências, não é bem esse o caso.

Como a matriz é uma ferramenta visual, ela é de simples consulta e pode ser um instrumento que vai baixar e muito a sua ansiedade por colocar em perspectiva objetiva as suas atividades e o seu foco vai ser direcionado para o que realmente importa.

MAS A MATRIZ DE EISENHOWER É APENAS UMA

Há outras ferramentas de gestão de tempo à sua disposição. Aliás, esse assunto tem uma vasta literatura. Aqui, seguem mais três metodologias de organização de tempo que podem ser um diferencial para a sua rotina.

O Método GTD, que é contração da expressão inglesa *Getting Things Done* (Fazendo as Coisas Acontecerem), aposta no controle como forma de resolução das pendências. Ele sugere que para conquistar esse "controle" é preciso seguir uma trajetória com cinco passos: **Capturar** — **Esclarecer** — **Organizar** — **Refletir** e **Engajar**.

Resumidamente, esse método propõe que quem o utiliza identifique todas as suas atividades (**fase da captura**); depois, ao defini-las, avalie cada uma das atividades para identificar a sua prioridade (**fase para esclarecer**); em seguida, organize as atividades (**fase da organização**), seguindo para uma revisão das ações tomadas e as que ainda precisam ser adotadas (**fase do refletir**); por fim, vem o momento da execução completa de todas as atividades estipuladas (**é chamada fase do engajamento**).

Já no começo dos anos de 2010 uma metodologia com nome bastante peculiar tornou-se bem popular, principalmente entre estudantes, é chamada "Técnica de Pomodoro". Criada pelo consultor em produtividade e eficiência o italiano Francesco Cirillo, enquanto estava na universidade no final da década de 1980, esse método promete agilidade mental, maior rendimento na execução das tarefas, fim da procrastinação e, consequentemente, aprimoramento do desempenho dos trabalhos realizados.

Em 2006, Cirillo disponibilizou, gratuitamente, em PDF, a primeira versão de seu método. Nos anos seguintes, o sucesso foi tanto que mais de 2 milhões de pessoas haviam feito o download do material. A proposta de Cirillo é delimitar em 25 minutos a execução de qualquer atividade. Após esse período para-se por cinco minutos, retomando a atividade por outros quatro períodos de 25 minutos cada. Mas é preciso ficar atento, a cada nova pausa deve-se acrescentar mais alguns minutos, saindo dos primeiros cinco minutos para 10 minutos, 15 minutos, e assim por diante, não excedendo os 30 minutos. A ideia dele é que ao usar de sua metodologia a pessoa tenha foco total nesses 25 minutos de execução das atividades, não a interrompendo por nada.

A metodologia Pomodoro está dividida em etapas: Listar Atividades — Cronometrar o tempo de trabalho (25 minutos) — Trabalhar sem Pausas — Pausar — Retomar a Atividade — Prolongar as Pausas — Eliminar a Tarefa. A esse esquema básico, ele destaca, ainda, ser preciso: Definir e Planejar as Atividades Diárias — Análise das Atividades e Identificação do Esforço Empregado para a Resolução da Tarefa — Listagem das Atividades — Observar os Espaços para Aprimoramento.

Cirillo batizou o nome de sua técnica de "Pomodoro" porque além de ser italiano (e o molho de tomate ser praticamente patrimônio cultural de seu país), ele utilizou um relógio de cozinha, aqueles marcadores de tempo para o cozimento dos alimentos, em formato de tomate, para cronometrar os 25 minutos de suas atividades.

Já do extremo Oriente, mais precisamente do Japão, vem outro método visual de gestão de tempo que ganhou popularidade no Ocidente, é o método Kanban, também conhecido como Sistema Toyota ou Método Just in Time.

Criado por Taiichi Ohno na fábrica da Toyota, esse sistema de gestão surgiu para trazer mais eficiência às atividades desenvolvidas pelas linhas de produção da montadora de carros. Quando foi desenvolvido e implementado, o que se queria era acabar com os atrasos verificados nas linhas de produção da fábrica. Para isso, em uma espécie de quadro de avisos, os japoneses dividiram as atividades em três etapas da execução:

- To Do (Por fazer)
- Doing (Fazendo)
- Done (Feito)

No quadro, visível por todos os funcionários, cartões com o máximo de detalhe possível sobre o andamento das tarefas eram afixados em cada uma dessas etapas. No decorrer da execução das atividades, os cartões eram movidos pelas áreas até as atividades serem concluídas.

Esse método é bastante simples para ser executado e implementado, por isso, ganhou aderência entre grandes corporações, assim como no trabalho de pequenos grupos de pessoas. De verdade, qualquer interessado em dar mais agilidade aos seus processos de trabalho pode aplicar o Kanban.

Indiferentemente à ferramenta de gestão de tempo que você desejar utilizar saiba classificar e diferenciar as tarefas às quais você estiver envolvido. É fundamental reconhecer entre as suas atividades quais são importantes e urgentes; quais podem esperar; e quais não deveriam nem estar em sua rotina de trabalho.

Desenvolva, também, a habilidade de compartilhar o trabalho, quando for o caso. Saiba delegar as atividades e nunca é demais lembrar, o seu tempo é um bem muito precioso para ser desperdiçado. O seu uso adequado garante o seu pleno desenvolvimento e assegura a conquista de seus objetivos. Como disse Waitley: "Você não pode economizar tempo para gastá-lo em outro dia."

#Orgulho de Ser Vendedor

"Não se deixe enganar pelo calendário. Existem apenas tantos dias no ano quantos você usa. Um homem obtém apenas o valor de uma semana em um ano, enquanto outro homem obtém o valor de um ano inteiro em uma semana."

CHARLES RICHARDS

O tempo é a única coisa na vida que você nunca pode recuperar. Uma vez que acabou, acabou para sempre.

CAPÍTULO 13

A CONSISTÊNCIA É UMA META POSSÍVEL DE SER ALCANÇADA

"A vida está cheia de desafios que, se aproveitados de forma criativa, transformam-se em oportunidades."

MAXWELL MALTZ, MÉDICO CIRURGIÃO.

Monstro, quanto tempo você leva para mudar um hábito em sua vida? Pode ser qualquer um deles. Quanto tempo você precisa para incorporar uma nova rotina, e não importa se ela é profissional ou pessoal, você tem noção desse tempo? Já parou para contá-lo? Talvez, você nunca tenha pensado sobre essa questão, se esse for seu caso, já passou a hora de você mudar essa situação, porque ter consciência sobre essa dinâmica é fundamental para você diversificar as suas atividades e se tornar um profissional verdadeiramente próspero, alguém capaz de ajudar a sua família, sem cobranças descabidas ou imposições que soam a chantagem. Mas vamos lá, vamos ao ponto da relação do tempo e das mudanças, dos novos hábitos e da incorporação deles em sua rotina.

Os seres humanos precisam de 21 dias para incorporar maneiras diferentes para fazer as suas atividades. Esse é o período mínimo, é uma referência. Algumas pessoas conseguem se modificar com menos dias, outras levam um pouco mais de tempo. Não importa, essas diferenças são normais. Mas, de forma geral, 21 dias é o tempo médio para a grande maioria das pessoas conquistar novos hábitos.

A precisão desse tempo foi determinada pelo médico cirurgião norte-americano, Maxwell Maltz, criador da psicocibernética, uma teoria científica de estudo do comportamento humano na qual ele definiu que as pessoas trazem consigo, desde a infância, uma imagem pessoal que funciona como um objetivo a ser alcançado por nosso inconsciente. Essa imagem define nossas atitudes que, por sua vez, são responsáveis por nosso fracasso ou sucesso.

Por seu pensamento, para conquistarmos nossos objetivos temos de trabalhar com afinco a relação de nosso inconsciente, e a projeção dessa imagem em processos terapêuticos e a teoria dos 21 dias surgiu no contexto desse trabalho de autoconhecimento, como técnica para assimilação de novos hábitos.

Na década de 1950, Maltz, especialista em cirurgias plásticas e amputações, ao observar as reações de seus pacientes, principalmente os amputados, percebeu um comportamento comum na reação que eles tinham quando se deparavam com a ausência do órgão. Era preciso 21 dias para que eles se acostumassem com a falta do membro ou com a reconstituição física, resultado da operação plástica realizada.

Antes do final dessas três semanas, os pacientes se comportavam como se ainda estivessem com o membro. Eles tinham uma relação com o seu "órgão fantasma", como a medicina descreve casos desse tipo.

Porém, ao final dos 21 dias, período em que eram submetidos a intensos processos fisioterapêuticos e de atenção clínica, eles tomavam consciência da nova conformidade de seus corpos e tinham mais tranquilidade para aceitar as mudanças. Era como se naquele momento aceitassem, física e emocionalmente, a perda definitiva do órgão.

Décadas depois da publicação de seus estudos, outros pesquisadores colocaram em xeque a teoria do Dr. Maltz, porém, ao fazerem contraprovas, constataram a pertinência do seu estudo. Sim, a teoria dele tinha pertinência científica. O que ele dizia fazia sentido. Mas outros pesquisadores foram além em suas conclusões e entenderam que um dos fatores mais significativos para a mudança de comportamento no espaço de tempo indicado estava relacionado exatamente à definição de um prazo.

A eficácia da teoria dos 21 dias estava no fato de que havia um tempo descrito, determinado para uma das fases dos tratamentos aplicados. A medicina entendeu que o estabelecimento de prazos é fundamental à manutenção de nossa saúde mental. Essa condição auxilia o funcionamento do cérebro, porque ele nos dá perspectiva e limites e precisamos dessas circunstâncias, porque a partir delas somos capazes de prever um fim àquilo que estamos submetidos, consequentemente, haverá uma renovação e somos capazes de nos envolver em novas ações. Essa conclusão reforça a importância de estabelecermos a disciplina em nossas vidas e ajuda a modificar a péssima imagem de que a disciplina nos prende. Pelo contrário, uma maneira de nos libertarmos, de conquistarmos autonomia, de fato, é agirmos disciplinadamente.

Esse exemplo explicita mais uma das chaves para obtermos consistência em nossas atividades profissionais: a determinação de prazos para a execução de nossas tarefas e a disciplina como rotina. No caso da mudança ou integração de hábitos, não prazos aleatórios, mas, sim, 21 dias de atividades consistentes e coerentes para fazermos as mudanças pretendidas. Experimente essa técnica, ela funciona com qualquer desafio, dos mais complicados aos mais simples. Mas é mais aconselhável, ao tentar praticá-la inicialmente, buscar por uma mudança mais fácil de ser realizada.

Se você fuma, você até pode tentar parar, mas essa tentativa pode ser muito traumática já que o cigarro entra na categoria dos hábitos que são vícios e o esforço para cortá-lo de seu cotidiano será bem maior. É preciso desprender muita energia para fazer essa mudança, sem contar com as intensas alterações de humor o que tem muitas implicações. Mas se você é sedentário e deseja ter uma rotina de atividades físicas, experimente caminhar todos os 21 dias por, ao menos, trinta minutos. Um pouco mais ou um pouco menos, não importa. O desafio aqui é estabelecer a rotina da prática dessa atividade aeróbica por 21 dias. Nesse período perceba como o seu corpo responde a esse novo comando. A insistência nele pode levá-lo, mais rápido do que você imagina, a uma maratona.

É sempre pertinente reforçar, as grandes mudanças começam de maneira pequena, discreta, mas o significativo nesse movimento é a atenção depositada às pequenas atividades. É a sua entrega que conta. Eis outra chave para estabelecer a consistência em sua vida profissional: a entrega.

Por 21 dias, faça a atividade que você se programou fazer, atentamente, com entrega. E entrega não tem nada de exotérico ou excêntrico é manter o foco, estar alerta e atento, observar-se, analisar os resultados, rever as suas projeções, estar presente e disponível para a atividade realizada. Não caia na armadilha de confiar em sua força de vontade por si. De repente, ela pode te deixar na mão.

Ao longo dos 21 dias em que você estiver no caminho de adquirir um novo comportamento, é o seu comportamento que vai responder pelo êxito da jornada. Daí, a importância de se preparar para manter o foco, porque as distrações aparecerão a todo instante. E mais do que apenas visualizar os resultados, que são importantes serem projetados, é preciso atentar-se ao momento imediato e a sua repercussão. A boa execução das atividades é determinante para seguir no caminho e fazer a tão esperada virada de mesa. Tenha compromisso, sobretudo, com você. Compromisso é mais uma das chaves fundamentais da conquista da consistência em sua formação profissional.

Ter compromisso consigo, com seus sonhos e planos é primordial. Não se trata, contudo, de sermos egoístas. Egoísmo é outra história. O importante é ser compromissado com a sua história, com o seu projeto de vida. Esse acordo que você faz consigo, colocando-se em primeiro lugar, como protagonista de suas atividades, dá sentido às suas ações. É uma espécie de régua e compasso, uma bússola. E esse comportamento tem a capacidade de mudar a sua vida, consequentemente, o mundo a sua volta.

A OUSADIA DE UMA MENINA

Você consegue imaginar que uma menina de 14 anos seria capaz de dar uma volta ao redor da Terra, velejando, sozinha, um barco de dois mastros?! Laura Dekker foi capaz de imaginar e realizar tal proeza, desacreditando todos que se opuseram ao seu sonho.

Aos 14 anos, ela zarpou da Holanda para contornar o planeta em um veleiro de 38 pés de comprimento em que na proa estava desenhado um pequeno peixe saltitante. Seu barco se chamava Guppy.

A história de Laura é bastante peculiar, mas exemplifica bem nossa força para realizar nossas atividades quando temos clareza de nossos propósitos e bastante consistência em nossas ações para alcançá-lo.

Para começo de conversa, Laura nasceu durante uma parada na Nova Zelândia, quando seus pais, os holandeses Dick Dekker e Babis Müller, faziam uma circum-navegação em alto-mar, que durou sete anos. De lá, recém-nascida, Laura seguiu por três anos singrando os mares com os seus pais, até que eles retornassem à Holanda. Por isso, ela aprendeu a engatinhar e andar no convés daquele veleiro, que era a sua casa. E esse era apenas o começo de sua história.

Até os 10 anos de idade, ela só viveu doze meses em terra firme, os nove anos restantes ela sempre esteve em alto-mar. Resultado, aos 6 anos de idade, ela já conseguia velejar sozinha uma pequena embarcação. Aos 11 anos, mais uma vez sozinha, contornou a costa marítima holandesa. Percurso que realizou em pouco menos de dois meses. Dois anos mais tarde, aos 13 anos, ousou um pouco mais e fez uma espécie de preparação, velejando da Holanda à Inglaterra, para variar, sozinha. E aos 14 anos, em 2010, veio seu grande momento. Ela zarpou para um feito inédito. Por dois anos, a partir daquele momento, ela velejaria por mais de 28 mil milhas náuticas (51.856 quilômetros). Foram 366 dias no mar completamente só.

Como escreveu Jorge de Souza, autor do livro e do blog *Histórias do Mar*, onde conheci o feito de Laura: "*O mundo da vela ficou estarrecido: como aquela menina havia conseguido dar a volta ao mundo velejando sozinha um barco com a complexidade de dois mastros, e sem nenhum contratempo durante a viagem?*" Ela conseguiu essa proeza com muita consistência! O seu consistente conhecimento sobre barcos e o mar, assim como as suas características de persistência e resiliência foram as respostas de Laura para uma conquista tão sem precedentes e inusitada como essa.

Óbvio, ela não adquiriu essa consistência da noite para o dia, ela surgiu como resultado de um processo ao longo de sua vida, construído com muita entrega, perseverança e dedicação. Aos poucos, ela aprendeu o que era velejar, entendeu o mar e os seus perigos. Essa compreensão lhe deu coragem para ousar; e os seus sonhos a impulsionaram a planejar a viagem que marcaria para sempre o mundo náutico.

Ela desafiou o senso comum e jogou por terra uma série de preconceitos. Menina e sozinha, Laura dominou o mar, um dos lugares mais inóspitos e traiçoeiros da Terra. A história dela me faz lembrar que podemos fazer coisas impossíveis, quando realizarmos, diariamente, pequenos feitos para atingirmos nosso grande objetivo. Se correr 100 quilômetros, em um primeiro momento, lhe parece impossível, experimente começar correndo dois quilômetros ao dia.

A consistência é um fator motivacional. Fazer um pouco por dia, mostra que grandes projetos podem ser executados de maneira fatiada.

Como diz Eduardo Zugaib em seu livro, *A Revolução do Pouquinho*: "(...) As verdadeiras revoluções são feitas em pequenas partes. É preciso incorporar pequenas atitudes à rotina para que, aos pouquinhos, torne-se possível atingir objetivos maiores."

Deixamos de atingir nossos objetivos quando somos incapazes de incorporar essas pequenas atitudes e isso acontece porque perdemos o foco de nossas atividades e somos levados a agir de forma aleatória, inconsistente. Esse fazer pouquinho, dia a dia, tem muita força e proporciona resultados fantásticos, sobretudo, em longo prazo.

Até porque, monstro, é preciso lembrar, a maioria das pessoas desiste no meio do caminho. Elas facilmente deixam os seus sonhos de lado, porque perderam o estímulo para continuar os perseguindo, porque o seu propósito profissional não é objetivo, com isso, procrastinam e, por fim, desistem.

Esse ciclo é muito comum e você pode se beneficiar dele se estiver atento aos sinais. O primeiro deles é reconhecer quando ele estiver acontecendo em sua vida para, no primeiro sinal de sua manifestação em seu cotidiano, você rever as suas atitudes, frear esse movimento e não cair nessa armadilha. O segundo é observar quando esse comportamento é adotado por quem o cerca, principalmente os seus concorrentes, porque, enquanto eles desistem, você pode seguir tranquilamente seu caminho, suplantando um a um. É como comer um elefante. Você sabe como se faz? Por pedaços!

BUY AND HOLD

Lembrem-se: o medíocre consistente realiza muito mais do que o fora de série que faz somente quando quer, quando lhe é conveniente. Ser medíocre, por um determinado ponto de vista, não é de todo mal, ainda mais quando estamos falando sobre o desenvolvimento da consistência. A mediocridade pode ajudar esse processo. Mas é preciso entender o conceito dessa palavra para não cometermos equívocos e nos paralisarmos.

A palavra medíocre tem origem no latim *mediocris*, que, por sua vez, significa "médio" e médio é algo equilibrado, aquilo que está no meio. Em nossa cultura, entretanto, vemos essa condição com maus olhos, nos remete a expressões de indecisão, como: "*Você está em cima do muro*"; "*É conveniente não tomar partido*"; "*Você é morno.*" O significado desses pensamentos é negativo. Ok, quem é mediano não é extraordinário, não se destaca, isso é um fato. Mas ser mediano, também, não é ser ruim, estar abaixo, ou inferiorizado. Ser mediano nos mercados de trabalho, por exemplo, é manter uma consistência de entrega. "*Ele tem uma entrega mediana.*" Não é excelente, vá lá, mas está dentro do padrão e "estar dentro do padrão" é algo significativo quando pensamos em consistência, porque essa característica indica regularidade de comportamento.

Por diversas vezes, eu tenho ressaltado a importância de você, como profissional de vendas, destacar-se da média, evitar ser um vendedor morno, ao afirmar, contudo, que ser mediano tem seu valor, não estou me contradizendo, pelo contrário.

Na consistência, ser mediano é até um valor desejado, porque a regularidade das ações vai resultar em algo mais robusto, consistente. E manter essa média de resultado é algo festejado em qualquer setor produtivo. No mercado de trabalho as pessoas querem profissionais consistentes. Usar o mercado financeiro como alegoria desse pensamento é interessante para a reflexão.

Nas aplicações da bolsa de valores, em alguns meses você tem momentos de significativas perdas, em outras ocasiões, contudo, os seus ganhos podem ser exponenciais, porque essa dinâmica é da natureza desse ambiente. As ações em determinados momentos se valorizam e em outros se desvalorizam. Nessa gangorra de números o mais importante é se manter na média. Ser medíocre no estrito senso do significado em latim dessa palavra. Ao se manter na média, por um período longo, você ganha. É mais um *"buy and hold"* do que um *"daytrade"*. Explico. Buy and hold e daytrade são expressões do mercado de ações.

Quando os investidores compram ações e as mantêm por um longo período, eles estão fazendo uma ação de *buy and hold*, em tradução literal, estariam comprando e segurando as suas ações. Essa estratégia é feita para obter lucro em longo prazo, mesmo considerando a alta volatilidade diária do mercado.

Já quem busca o daytrade como opção de investimento está procurando ganhos imediatos e no curto prazo. Esses investidores apostam na volatilidade diária do mercado, pela oscilação dos preços dos ativos financeiros.

Acontece que o comportamento daytrade é praticamente um suicídio, quando fazemos uma analogia dele a uma postura profissional, porque nenhum profissional tem saúde para viver, todos os dias de sua rotina, a intensidade de altos e baixos. Em algum momento dessa prática vai bater a exaustão, daí as conquistas que aconteceram, se é que houve, vão se perder.

O comportamento profissional de *buy and hold* é mais seguro. Os resultados podem até não aparecer imediatamente, mas eles virão e serão sólidos pela consistência do caminho para a obtenção deles. Sucesso é uma maratona, não uma corrida de 100 metros rasos. Ninguém alcança o sucesso profissional em alguns segundos de sua carreira.

#Orgulho de Ser Vendedor

Disciplina e consistência é uma habilidade.
E como toda habilidade ela é treinável.

Você não precisa ser o melhor, nem o mais rápido, nem mesmo excelente. Você precisa ser consistente. A maioria das pessoas vão desistir no meio do caminho diante das primeiras dificuldades, acredite nisso.

CAPÍTULO 14

NOSSA MOTIVAÇÃO E A DISCIPLINA DE CADA DIA

> "A função de um gerente não é acender o fogo da motivação, mas criar um ambiente para permitir que a centelha de motivação pessoal de cada pessoa brilhe."
>
> **FREDERICK HERZBERG, PSICÓLOGO.**

Primeira história: Na agitada noite da cidade de São Paulo as ruas e avenidas dos bairros boêmios e os seus entornos estão sempre cheios de carros. O entra e sai de pessoas em bares, casas noturnas e restaurantes é intenso. A cidade que nunca dorme tem muito a oferecer para quem procura e como diz o ditado: *Quem procura acha*. Sempre há algo a se fazer e as opções de divertimento são para todos os gostos e bolsos. É como se a oferta por uma incessante diversão nunca acabasse, mas na realidade, em um determinado momento, ela acaba, há um fim e, às vezes, ele é bem trágico.

Na madrugada de sábado, 4 de julho, de 2009, a noite não acabou nada bem para o modelo e ex-participante da segunda edição do Big Brother Brasil, Fernando Fernandes. Aquela noite transformou a sua vida, depois que ele, sozinho, dirigindo o seu carro, se estatelou contra um poste, em uma das esquinas da avenida República do Líbano, zona sul da cidade. Na violenta batida, Fernandes teve várias escoriações pelo corpo e graves ferimentos em sua coluna que foi seriamente traumatizada. Duas de suas vértebras foram completamente comprometidas pelo impacto, sendo fundamentais para o quadro de paralisa física, ao qual ele foi acometido depois do acidente.

Ao sair daquela cena, ele nunca mais voltou a andar. Foi levado às pressas para um hospital, onde, imediatamente, foi submetido a uma cirurgia de urgência para descompressão da medula e fixação da coluna. Mas o trabalho cirúrgico já não conseguiria reverter o seu quadro clínico de paralisia. Era tarde demais para que ele pudesse voltar a andar. Ali, sua vida mudou radicalmente.

À época do acidente, ele era jovem, tinha 28 anos, uma carreira de modelo profissional, um porte altivo e atlético e estava com diversos projetos que envolviam a sua imagem. Naquela madrugada, contudo, em breves instantes, por um descuido ao volante, ele se acidentou e ficou totalmente paralisado da cintura para baixo. E agora, o que ele faria?

Fernandes não demorou a reagir e, contrariando as más línguas de plantão, deu um chapéu naquela situação. Foi um verdadeiro 7 x 1 em favor dele, contra o seu traumatismo vertebral. Na verdade, ele nem sequer lutou contra a sua, então, nova condição de imobilidade. Nos esportes, ele encontrou o seu caminho de reação. Dedicou-se à canoagem e se tornou campeão mundial e bicampeão sul-americano em canoagem paraolímpica.

Inquieto, ainda criou o Instituto Fernando Fernandes de Canoagem Solidária, uma Organização Não Governamental, que administra o seu trabalho como palestrante e ajuda crianças com limitações de movimento a encontrar o seu potencial. Fernandes transformou um extenso e trágico acidente em um momento de renovação, um ponto de partida para conquistar novos espaços, um motivo para descobrir novas possibilidades.

Segunda História: 1961, Estados Unidos. Em 20 de janeiro, John F. Kennedy tomou posse como 35º presidente do país. Alguns dias antes, os norte-americanos haviam cortado relações diplomáticas com Cuba, após dois anos em que Fidel Castro, desafeto do país, estava à frente do poder político na ilha caribenha. Alguns meses depois, em abril, exilados cubanos, apoiados pela CIA (Agência Central de Inteligência), invadiram a Baía dos Porcos em Cuba. A iniciativa foi um fracasso. No mesmo mês, a então União das Repúblicas Socialistas Soviéticas (URRS), arqui-inimiga dos Estados Unidos, realizaram um feito e tanto. Eles foram responsáveis por mandar literalmente para o espaço o primeiro ser humano, o russo Iuri Gagarin, despertando inveja e atenção dos Estados Unidos, que um mês depois desse feito sem precedentes, anunciaram um ambicioso plano de conquista espacial, prometendo enviar, ainda naquela década, astronautas à Lua. A missão foi cumprida com pompa e circunstância em 16 de julho de 1969.

Em agosto, foram iniciadas as construções do muro de Berlim e aqui, pelo Brasil, nosso então presidente da República, Jânio Quadros, renunciou ao cargo, abrindo espaço para que, em setembro, João Goulart, seu vice-presidente, tomasse posse como chefe da nação. Essa era parte do cenário de 1961, quando em agosto, na cidade de Honolulu, capital do Havaí, nascia Barack Husseim Obama Jr., filho da norte-americana Ann Dunham e do queniano Barack Obama.

Em pouco mais de quatro décadas, aquele bebê miscigenado, se tornaria o primeiro presidente negro dos Estados Unidos, um país com um dos mais controversos e violentos históricos de racismo do planeta. Contra todas as apostas pessimistas, Obama chegou até o cargo mais importante da política dos Estados Unidos, um dos mais prestigiados do mundo, impulsionado por uma esperança de mudança: *"Yes, we can."*

Evidentemente, suas duas eleições presidenciais foram os momentos mais épicos de sua trajetória política. Claramente, ele teve muito foco e perseverança para conquistar essa honraria. Mas a vida de Obama, como a de quase todos os negros não só nos Estados Unidos, é uma história de superação. É preciso muita resiliência para superar os entraves que se colocam ao longo do caminho.

E é exatamente a superação o ponto de interseção dessas duas histórias. Tanto Fernandes quanto Obama excederam expectativas, reverteram situações, destacaram-se no que fazem. Eles são duas personalidades com muita motivação e disciplina. São pessoas que perseguiram seus objetivos indiferentemente ao tamanho dos obstáculos que a vida os fez enfrentar.

AS MARCAS DA DISCIPLINA

A disciplina, como já vimos no capítulo anterior, é uma das maneiras mais seguras que temos para conquistar nossa autonomia, consequentemente, nossa liberdade, principalmente a financeira. Ao sermos disciplinados, lidamos muito melhor com as tarefas cotidianas, sobretudo, encontramos maneiras mais eficazes de solucionarmos as questões de trabalho que aparecem.

Uma das grandes questões, contudo, que dificultam o desenvolvimento da disciplina em nossas vidas é a imagem associada a ela. É senso comum as pessoas relacionarem disciplina à rigidez, ao controle das atividades, ao cerceamento da expressão, à opressão, o que até certo ponto são imagens verdadeiras, afinal elas não surgiram à toa.

A aplicação da disciplina é facilmente relacionada com regimes políticos ditatoriais, opressores, a ambientes militares, na mais diversas corporações ou em escolas tradicionais e conservadoras.

Esses são alguns dos espaços em que a disciplina é exigida como um valor incontestável. Sendo assim, quando nesses lugares as pessoas agem indisciplinadamente, em reação a autoridade, elas são malvistas ou eliminadas do convívio para que a ordem seja mantida. Essa dinâmica é em parte a grande responsável pela má fama da disciplina.

Porém, o que os seus críticos vorazes perdem de perspectiva é o fato de que a disciplina, por nos determinar uma rotina, nos obriga a elaborar estratégias de ação para a condução de nossas atividades. Ela nos centra e nos instrumentaliza para agirmos com mais objetividade, foco e criatividade. Ela é uma espécie de bússola para nos guiar vida afora. Sobretudo, ela é uma aliada, não uma inimiga. Portanto, é um diferencial na vida das pessoas, em qualquer âmbito de ação, porque nos permite ir até ao final dos nossos objetivos, sendo uma espécie de fiadora para nossos planos e antídoto da frustração pela perda, pela incapacidade de realização de nossos sonhos. Essa dinâmica acontece, simplesmente, porque a disciplina nos organiza e organização é um dos elementos da prosperidade.

Quem é disciplinado tem agenda, tem anotações organizadas dos seus afazeres e os checa constantemente, os revisa para verificar se foram realizados a contento e como. E a partir desse lugar, da realização dessas atividades, consequentemente, a pessoa sabe aonde quer chegar, porque ela tem objetivos, se não totalmente definidos, ao menos, tem uma boa noção deles e do caminho a trilhar para atingir um determinado lugar e conquistar o que se almeja. Essa situação nos leva imediatamente a outra característica do disciplinado, a resiliência.

Quem é disciplinado sabe que os erros vão acontecer ao longo da jornada, nem tudo são flores, afinal. Errar, ser enganado, adiar momentaneamente ações, são situações que fazem parte da vida, porque ninguém vive em uma linha reta com começo, meio e fim, predeterminados. Assim, o importante não é conviver com a sinuosidade do percurso, com os altos e baixos naturais, mas ter a tranquilidade para superá-los, para viver as perdas, os erros, retomar os seus sonhos e olhar, mais uma vez, para o horizonte projetado. Essa é uma atitude resiliente, porque quem age dessa maneira, não sai por aí abandonado seus objetivos, pelo contrário, está na vida digerindo as pancadas que recebe e corrigindo as suas rotas de ação.

Se por acaso, monstro, você não se vê nessa descrição, não se desespere. Você ainda tem muito tempo para se adequar e repensar a importância de desenvolver a disciplina em sua rotina. E o bom disso é que todos nós conseguimos convidá-la para a nossa vida, porque ela virá com muito prazer para o nosso lado. Claro, ela é uma convidada exigente e para muitos de nós leva um bom tempo para nos acostumarmos com a sua presença, mas você se lembra dos 21 dias para mudarmos nossos hábitos? Pois é, comece por determinar esse tempo em todas as atividades que você faz em prol de desenvolver uma rotina mais disciplinada.

Se você, por exemplo, tem dificuldades com organização e o seu escritório é uma zona, comece por colocar ordem em sua mesa de trabalho. A mantenha limpa e organizada por 21 dias. Evite o acúmulo de papel, de objetos desnecessários, de cadernos de anotação que você nunca os usa. Pare de entulhar a sua estação de trabalho com itens desnecessários. Esse é um exemplo de fácil execução, que está absolutamente sob o seu controle, portanto, você não tem desculpas para não começar agora mesmo a organizar a sua mesa de trabalho e, a partir daí, expandir essa organização para outras áreas de sua vida.

Perceba, quando a organização da mesa já não lhe tomar mais tempo, essa condição é um dos indicativos que você tem para começar a modificar outras situações.

Outro fator importante, talvez, uma dos mais vitais, é encontrar tempo para um descanso de qualidade. É extremamente recomendável que você tenha uma grande capacidade de trabalho. Sem dúvida, essa característica é fundamental. Mas de nada adianta se matar de trabalhar e não encontrar momentos livres de qualidade, para o seu lazer, para os seus familiares e amigos ou para não fazer nada. Essas paradas garantem a nossa saúde física e mental, porque precisamos descansar. Não à toa, nosso corpo pede que todos os dias a gente durma. Dormir garante nossa saúde. Ou seja, inserir o lazer como uma parada habitual em nossa rotina profissional assegura nossa saúde profissional, fácil de se verificar pelos bons resultados.

O descanso físico e mental constrói profissionais com alto desempenho. O cansaço, por sua vez, nos gera perda de foco, baixa produtividade e péssimo rendimento. Não espere que o mercado o rotule como um profissional de venda de baixa produtividade; que em sua empresa você seja conhecido como o vendedor sem foco. Não deixe que o julguem por erros que só você é capaz de corrigi-los. Você é quem sabe o tamanho de seu cansaço, a necessidade de seu esforço para realizar as suas atividades, o tamanho de sua irritação e frustração por viver patinando sem sair do lugar.

Você é o responsável por sua vida e rumos profissionais, tome as rédeas dessa situação e a conduza de maneira próspera, com atenção e avaliando as perdas e ganhos. Os benefícios logo surgirão dessa atitude e eles serão abundantes.

Para começar, você saberá gerenciar melhor o seu tempo, abrindo espaço para se dedicar de forma mais inteira às atividades que lhe interessarem. Dessa forma, você aumentará o seu rendimento. Sua produtividade vai ser aprimorada e, com certeza, a quantidade de trabalho extra que você tem, será eliminada. Como os seus objetivos estarão mais claros, você saberá exatamente em qual estágio de distância você se encontra deles e terá mais facilidade para acomodar as suas atividades, diminuindo a sensação de fracasso, de perda de tempo e inadequação. Resumo da ópera, a sua qualidade de vida será bem melhor. E me diga aí, você não quer viver melhor? O que você está esperando para ter essa vida?

Monstro, todos os vendedores *top performance* têm a disciplina como característica comum em seus perfis. Isso me leva a destacar o outro tópico deste capítulo, a motivação.

OS MOTIVOS QUE ME DEFINEM

No campo da gestão e da administração de empresas a motivação é tema de inúmeros estudos e pesquisas. Em termos de vendas, então, esse assunto é básico e recorrente. Claro, as organizações querem saber o que motiva as pessoas, porque ao deter essa informação podem, muito mais facilmente, estabelecer um relacionamento comercial vantajoso e isso faz com que as vendas cresçam. Mas esse crescimento também não é tudo. As empresas precisam entender a motivação de seus colaboradores, porque funcionários motivados tendem a trabalhar melhor, mais encaixados às expectativas de desempenho profissional estabelecidas.

A motivação é um ativo fundamental para a vida como um todo e em especial aos negócios e à área de vendas. Por isso, o setor vive uma grande expectativa sobre a integração da tecnologia como uma das nossas ferramentas de trabalho.

As novas tecnologias prometem virar do avesso as pessoas e informar com os mais precisos detalhes todas as nossas motivações. A Inteligência Artificial e os algoritmos não estão vindo aí para brincadeira, não. O futuro promete ser uma grande devassa de nossas individualidades. Discussões éticas à parte (que são importantíssimas e devemos fazê-las com muito critério), como profissionais de venda, temos de olhar de frente para essa situação e nos entender dentro dela. Por si, essa situação já deveria ser para você, monstro, um dos maiores motivos em sua vida. Um urgente alerta todos os dias em que você acorda para trabalhar. Você corre um sério risco de se tornar um profissional irrelevante se não tiver uma reflexão honesta sobre essa questão. Eu nem estou falando de uma resposta, porque como tudo é tão inusitado e novo, não temos respostas fáceis, mas você não escapa da necessidade da reflexão sobre como esse tema afeta o seu cotidiano nas vendas.

Ao longo deste livro, venho pontuando o quanto as vendas estão cada vez mais ligadas às análises de dados. Essa situação será ainda mais presente a médio prazo. E pior, ninguém sabe ao certo como tudo isso acontecerá, porque as mudanças são multifatoriais e em uma escala nunca vivida. Temos de nos preparar a partir de nossas limitações para transformar esse momento em insumo à nossa motivação.

Caso você queira entender mais sobre estudos motivacionais, eu vivamente, aconselho que você procure uma literatura mais específica e acadêmica, porque ela existe aos montes. Mas se esse não for o seu interesse, a sua motivação, eu peço, ao menos, que entenda o mínimo sobre o conceito dessa palavra, porque a motivação é combustível para a realização de nossas atividades. É mais do que simplesmente ter força de vontade, não se trata disso. É o conjunto de sentimentos, sensações, reações biológicas, pensamentos, objetivos e subjetivos, que se mistura dentro da gente e nos impulsiona, nos movimenta, nos faz agir, correr atrás de nossos interesses. A ausência dessa condição nos deixa apáticos, paralisados, indica depressão, confusão, falta de vitalidade.

A presença da motivação está presente em toda a sociedade. Apesar de ser algo abstrato, imaterial, nossa relação com ela é extremamente concreta. Tudo o que nos cerca é resultado de nossa motivação.

Estou escrevendo este texto em um computador que um dia Steve Jobs, o seu criador, sonhou em construir. Um produto tecnológico que ele se motivou a fazer. Estou em um escritório em que um dia um arquiteto se motivou para planejá-lo. Depois, um engenheiro se motivou para transformar aquele projeto em realidade e uma série de operários executaram aqueles planos pelos mais variados motivos.

Tudo em sociedade, das leis aos bens materiais, rigorosamente tudo, em algum momento, passou a existir como resultado da motivação de alguém. Se você for uma pessoa de fé acreditará, inclusive, que toda a natureza e os seus fenômenos mais fantásticos existem porque um ser superior e supremo se motivou para criar esse mundo.

Reside aí a profundidade do conceito da motivação em nossas vidas, que é decisivo para nosso bem-estar. Não existiríamos em sociedade se ela não existisse. Nossos motivos são processos de satisfação e queremos com eles: ganho material, reconhecimento social, realização pessoal.

Alguns teóricos tornaram-se clássicos ao refletir sobre esse assunto, caso do psicólogo Frederick Herzberg que desenvolveu uma das mais significativas explicações para o aparecimento da motivação nas empresas. Para ele, o rendimento profissional das pessoas é intrinsecamente ligado ao ambiente de trabalho no qual os profissionais estão inseridos. Quando esse espaço é considerado salutar, os resultados obtidos do trabalho serão positivos, haverá uma produção consistente. Por outro lado, se o ambiente do trabalho for tóxico, opressivo e limitante, o rendimento das pessoas é insuficiente, completamente aquém do desejado.

Ao lado de Herzberg, outro importante pensador sobre questões da motivação em nossa vida profissional foi o também psicólogo, Abraham Maslow, que desenvolveu o conceito de hierarquia no trabalho, simbolizado por uma pirâmide, que ao longo das décadas, passou a ser considerado uma das ferramentas para compreensão do comportamento profissional mais significativas para a gestão empresarial.

Maslow classificou as necessidades e carências humanas em níveis que variavam dos mais básicos e simples (ligados à nossa sobrevivência, como a necessidade de suprirmos nossa alimentação, vestuário e moradia) aos mais complexos e sofisticados (estes, por sua vez, ligados aos processos de autorrealização).

Sem dúvida, é importante ter certo conhecimento sobre esses estudos, assim, como outras teorias, mas o indispensável, monstro, é que você tenha consciência sobre o que o motiva, como você lida com a sua motivação, o que você faz para fortalecê-la. Esses são alguns pontos que precisam de você e da sua resposta mais honesta. Obter clareza sobre essas reflexões vai garantir a você consistência. Lembre-se, a motivação é o que faz a gente começar nossas atividades e a disciplina faz a gente continuar.

#Orgulho de Ser Vendedor

Se você se permitir ser indisciplinado nas pequenas coisas, provavelmente será indisciplinado nas grandes coisas também.

> A função de um gerente não é acender o fogo da motivação, mas criar um ambiente para permitir que a centelha de motivação pessoal de cada pessoa brilhe.

CAPÍTULO 15

A PRÁTICA APRIMORA A CONSISTÊNCIA

> "Eu rezo para ser como o oceano, com correntes marinhas suaves e, de vez em quando, umas ondas. Cada vez mais, quero consistência em minha vida, em vez de viver em uma sucessão de altos e baixos."
>
> **DREW BARRYMORE, ATRIZ.**

Monstro, geralmente a gente não observa que uma das atividades mais antigas da nossa espécie, *Homo sapiens*, é a de quebrar rochas. A gente não se detém sobre esse tema, porque a reflexão teórica e prática sobre esse assunto, se você não for geólogo, é algo muito distante de nossas vidas, apesar de essa atividade continuar extremamente presente e significativa na sociedade hoje em dia. Os setores da mineração, da construção civil, dos trabalhos ligados às instalações subterrâneas são exemplos de áreas em que a perfuração e o corte das rochas são assuntos muito comentados e geram muito dinheiro.

Desde o começo de nossa existência na Terra, quebramos rochas pelos mais variados motivos e com as mais diversas finalidades. A maneira como realizamos essa atividade, contudo, evoluiu ao longo de nossa história, graças a Deus. Introduzimos diversas tecnologias que facilitaram consideravelmente o esforço humano que precisa ser feito para a sua execução.

Apesar dos avanços, uma característica desse trabalho permanece igual. Quando queremos quebrar uma rocha, temos de, persistentemente, aplicar uma determinada força no mesmo ponto em sua superfície, por incontáveis vezes, para conseguirmos abrir uma fresta em sua rígida composição e, logo em seguida, parti-la ao meio ou em diversos pedaços. Essa era a dinâmica adotada há milhares de anos; essa é a dinâmica atualmente.

Calma, se neste exato momento, você estiver se perguntando, mas que *cazzo* é esse que ele está escrevendo? Porque falar em rochas e como quebrá-las em um livro sobre vendas, eu explico de forma mais direta.

A imagem de perfuração das rochas é uma das mais perfeitas traduções para você entender como a consistência funciona em nossas vidas. As rochas não se quebram se não houver intencionalidade no ato, elas não vão modificar o seu formato ou se despedaçar sem esforço. É impossível abrir uma fenda na superfície delas se não usarmos uma técnica qualquer. E mais, elas resistem bravamente ao impacto do atrito em sua superfície e reagem mandando de volta, como ondas de energia, a força aplicada contra elas. É por essa troca energética que os instrumentos mais antigos utilizados para perfurar as rochas, depois dos porretes é claro, são estruturas que vibram incessantemente, que funcionam tremendo ou, os mais modernos, girando em espiral.

Longe de mim querer dar uma aula sobre perfuração de rochas, não sou capaz disso, mas ao ler sobre esse assunto para evitar algum grave deslize ao mencioná-lo aqui, fazendo uma correlação com o nosso trabalho de profissional de vendas, encontrei textos interessantes que descreviam o empenho acadêmico no desenvolvimento de novas técnicas de perfuração.

Me chamou a atenção as pesquisas do professor Lev Saruev e de seus colegas da Universidade Politécnica de Tomsk, na Rússia (mesmo eu nunca tendo ouvido falar sobre essa universidade antes de ler sobre esse assunto para escrevê-lo aqui). Por lá, eles desenvolveram uma *tecnologia de pulso hidráulico livre de impacto*. Esse sistema, de acordo com o professor Saruev, barateia os métodos de perfuração, torna-os mais duráveis e mais eficientes em termos energéticos.

Nesta história, vale uma ressalva, se o professor quiser popularizar o seu invento, ele terá de encontrar técnicas de venda em sua fala. Além de acadêmico, ele vai precisar ser um vendedor. Pelo visto, ele está ciente dessa condição e no caminho correto das vendas, porque já soube enumerar com precisão as vantagens de seu produto para o seu mercado consumidor e destacou a economia de dinheiro que os interessados teriam ao investir em seu invento.

Mas o mais interessante desse estudo, como metáfora para nosso cotidiano profissional, é se ater à seguinte descrição do professor Saruev. *"Durante a perfuração, um dos maiores desafios é superar inclusões, porções das rochas que apresentam dureza mais alta do que o restante do material."* Na sua vida de vendedor, quais são as "inclusões", os momentos em seu dia a dia mais difíceis de lidar? As situações mais problemáticas e aparentemente sem solução?

E o professor Saruev prosseguiu enfatizando: *"Os mecanismos de choque usados pelas modernas plataformas de perfuração geram pulsos de energia muito longe da otimização, que não levam em conta a resistência da rocha à destruição. Por isso, as formas dos pulsos de potência e a curta duração de seu impacto na rocha reduzem a profundidade de penetração da broca na rocha e formam uma onda de tração que destrói a ferramenta de perfuração."* Genial! Apesar de essa ser uma explicação muito técnica, preste atenção, no que ele diz.

A ferramenta de perfuração é destruída porque o seu funcionamento desconsidera a resistência da rocha. Portanto, a destruição acontece pelo próprio funcionamento da ferramenta. O que formalmente é uma grande contradição. O funcionamento da ferramenta é quase um ato "suicida", é uma autodestruição, porque se ela foi criada para perfurar rochas, o seu funcionamento não deveria incapacitá-la. Por sua vez, a rocha que deveria ser destruída fica lá numa boa intacta enquanto a ferramenta entra em colapso depois de ter trabalhado sem parar.

Você consegue se perceber nessa situação? Quantas vezes você não ouviu alguma história de um colega que, apesar de trabalhar incansavelmente, não conseguia os resultados pretendidos e acabou desistindo da carreira? Quantos casos de burnout você já não tomou conhecimento nos últimos tempos? A incidência de profissionais vítimas de estresse no trabalho por não conseguirem mais lidar com a pressão é crescente. Essa situação é tão grave que ela está prestes a ser classificada pela Organização Mundial de Saúde (OMS), como uma epidemia. E pensar que grande parte dessa situação acontece por um comportamento disfuncional, inadequado à rotina das atividades de trabalho, desgastado pelo relacionamento com os colegas e emprego equivocado de esforço. Isso é muito grave e requer nossa contínua atenção para revertermos essas situações.

No caso da perfuração das rochas, professor Saruev e seus colegas encontraram uma solução ao desenvolverem um *"novo pulso de energia, que muda em acordo à resistência da rocha"*. Bingo! A saída encontrada por eles foi criar um sistema de perfuração capaz de se adaptar à rocha.

Como cada rocha tem uma consistência distinta, de nada adianta usar o sistema de perfuração para cada uma delas. É preciso reconhecer as muitas especificidades de cada rocha para só então definir como usar o sistema da melhor maneira possível para perfurá-las. Isso requer estudo, dedicação, presença e compreensão da limitação das possíveis ferramentas que serão utilizadas para a execução dessas tarefas.

A IMPORTÂNCIA DA ADAPTAÇÃO

A capacidade de se adaptar é uma das mais básicas funções em todos os aspectos de nossa vida, sobretudo, em nossas relações de trabalho. A adaptação, inclusive, foi uma das estratégias mais eficazes usadas por nossos ancestrais para garantir nossa evolução e domínio da cadeia alimentar.

O ser humano como espécie, coletivamente, é extremante capaz de se adaptar às situações mais inesperadas possíveis. Porém, individualmente, temos muita resistência às mudanças. Para algumas pessoas, modificar algum aspecto de seu comportamento é simplesmente impossível. Quem possui esse tipo de personalidade se nega a mudar. Vendedores com esse comportamento enfrentam muita dificuldade no mercado, ainda mais agora quando o setor passa por inúmeras mudanças e nos projeta em um cenário de incertezas.

Monstros, usei a maneira como se perfuram as rochas neste capítulo como forma de provocá-los, porque é muito claro que se você não procurar se adaptar às demandas do mercado, você vai acabar exausto e fora do jogo mais rápido do que você imagina. Você vai cometer um "suicídio profissional". Vai ficar sem utilidade exatamente como os instrumentos de perfuração que não se adaptaram às características das rochas.

Entretanto, a adaptação é um processo que tem de ser feito com muita consistência, e para você "quebrar suas rochas", o primeiro passo é ter consciência do quão "rochosos" são os seus desafios e entender quais ferramentas de trabalho estarão ao seu dispor.

Lembre-se, ao se comprometer em fazer algo seguidamente você é responsável por esse acordo, consigo e com os outros e, nessa dinâmica, nem pense em fazer tudo do mesmo jeito, como se seguisse uma receita de bolo.

Sem adaptação, sem a correta contextualização de seus esforços, o seu desempenho fica comprometido em médio e longo prazo. Por isso, saiba se adaptar, porque a resistência a esse comando, que deve ser interno, vai atrasar a sua evolução profissional e, muito possivelmente, o colocará fora do mercado.

Uma das maneiras para garantir essa adaptação é a constante revisão de seus métodos de trabalho. Estabeleça uma frequência para a revisão do seu desempenho profissional, com o objetivo de atualizar as suas abordagens, informar-se mais sobre os seus clientes, expandir a sua percepção para a demanda do mercado. Com o tempo, a frequência dessa revisão lhe dará consistência, trará elementos objetivos para a sua adaptação aos desafios que surgirem e facilitará o seu entendimento sobre o momento oportuno de se adaptar. Toda essa dinâmica está ligada à sua consistência.

O mercado, por sua vez, entende que você é um profissional consistente ao identificar a sua contínua atualização, ao perceber as suas abordagens diferenciadas nas relações comerciais, quando você amplia os seus resultados e otimiza as suas chances. Acompanhar as transformações do segmento é um dos mais efetivos demonstrativos de consistência e essa atitude é reconhecida, faz você se movimentar por entre oportunidades, ligar-se a tendências, se fazer notar.

Para garantir uma verificação objetiva sobre o desenvolvimento de sua consistência e se as suas decisões darão certo, atente-se a essas três questões:

- **Referência:** Busque exemplos exitosos. Aprenda com quem já fez alguma atividade de seu interesse e conseguiu obter bons resultados.

- **Por vivência:** A experiência do fazer é um dos nossos principais mestres na vida. É fazendo que se aprende. Por isso, ouse e coloque em prática as suas ideias.

- **Permanente Análise:** Avalie regularmente as suas atividades, criando indicadores e métricas. Esse comportamento gera dados objetivos para a sua evolução.

A consistência é mais fácil de ser mantida quando sabemos aonde estamos indo e é muito importante não a confundir com teimosia. Essa diferenciação é demonstrativa de profissionalismo. Indica que você está longe de ser um amador.

Profissionais buscam elementos objetivos para avaliar o cenário de sua atuação, a conjuntura e, mediante as suas conclusões, entram em ação, tomam atitudes planejadas, montam estratégias e propõem trabalhos realísticos e caminhos viáveis a se seguir. Sobretudo, quando é necessário, fazem as devidas correções de rota, por reconhecer os erros e não insistir com eles. Essa atitude é completamente oposta a postura de quem é amador e teimoso.

Agir com teimosia é simplesmente persistir, usando de uma lógica muito precária, com algo infrutífero. Quem tem esse tipo de comportamento, insiste porque não consegue reconhecer a hora de parar, de mudar o caminho. Mas toda essa obstinação cega, outra das definições no dicionário para o comportamento do teimoso, pode gerar muitos danos e perdas.

Enquanto a consistência tem relação com a persistência, em manter-se firme, adaptando-se para construir algo próspero, a teimosa tem a ver com a limitação, a falta de visão estratégica e a desconstrução de um ambiente produtivo. A junção dessas características no trabalho é um verdadeiro desastre.

Diante da adversidade em suas atividades profissionais, pare e reflita. Avalie se a sua ação é motivada a partir da teimosia inócua ou da persistência produtiva e consistente. Uma das mais eficazes maneiras de saber se você está sendo consistente é se você conseguir adaptar à situação e contornar os problemas apresentados, buscando consenso e soluções definitivas. Se diante das dificuldades, isso não ocorrer, acenda o sinal amarelo, você pode simplesmente estar agindo como um teimoso, perdendo o seu tempo e se colocando em enrascadas.

Por outro lado, o uso da consistência nessas situações te instrumentaliza a se livrar de diversas roubadas, porque o capacita para identificar o momento mais propício para desistir e pular fora de canoas furadas. A primeira questão a entender dessa afirmação tem a ver com a importância da desistência em nossas vidas.

Algumas pessoas ainda têm muita resistência e agem com muito preconceito, como algo errado, demonstração de fraqueza, quando as pessoas desistem de algo. É uma questão cultural, geracional, porque para quem tem essa compreensão, o ato de desistir é absolutamente reprovável. É como se a pessoa não tivesse tentado o suficiente, logo é um fraco de plantão, um incompetente, um *loser* como se diz nos Estados Unidos. Não é bem esse o caso.

Quem desiste, na verdade, pode estar dando uma demonstração de muita força, porque tem coragem de dizer: "Basta! Não dá mais." Com essa decisão, a pessoa está cortando laços, pondo fim a alguma relação e esses momentos são sempre ruins, envolvem dor emocional, frustração para algum dos envolvidos na relação, seja ela profissional ou não. Ao mesmo tempo, abre espaço para tornar o relacionamento mais leve, ressignificar a convivência ou acabar com ela de uma vez por todas e empurrar as pessoas para outra.

Em vendas é vital entender o momento de desistir. É inteligente saber quando deve se falar "basta!", porque essa atitude assegura perspectiva, demonstra sua autonomia diante das situações. Agora, claro, essa não pode ser uma reação intempestiva de momento, mas, sim, uma resposta elaborada a partir de muita consideração. Além do mais, esse rompimento deve ser sucedido por uma ampla perspectiva de trabalho, como uma correção de rumo (expressão que venho insistindo muito ao longo deste livro).

Vendedores de alta performance não se paralisam por esse momento do "basta!". Pelo contrário. Eles buscam meios de ação ao se deparar com as adversidades. Inclusive, é por essa característica, que eles são vendedores de alta performance. Eles não se abatem facilmente e sabem reconhecer quando as adversidades são maiores do que a possibilidade de obtenção do êxito na situação e, de quebra, ainda se livram de situações que podem os levar a muita insatisfação e desconforto. A desistência, aliás, é um dos antídotos mais eficazes contra a infelicidade.

Profissionais consistentes têm senso de responsabilidade e são hábeis no reconhecimento das situações as quais estão envolvidos. Não têm senões em reconhecer as suas habilidades técnicas e conhecimento, assim como valorizam as competências e o saber do seu colega e concorrente. Essa atitude é bem característica dos vendedores de alta performance. Como eles têm segurança em sua formação e na entrega de seu trabalho, colocam para correr o medo da concorrência, porque não faz sentido ficar amedrontado diante do outro. Cada um tem de se preocupar com o seu, em fazer melhor o seu trabalho. Se você está dedicado plenamente ao que faz, não importa a ação do outro. Agindo dessa maneira, o vendedor sempre estabelece a sua régua de ação e determina os parâmetros do mercado.

Vendedores consistentes arregaçam as mangas e as situações acontecem para eles e para o setor em que atuam, porque assim como não têm medo da concorrência, entendem que um mercado fortalecido é melhor para os seus integrantes. Todos têm a chance de se desenvolver quanto mais oportunidades encontrarem. Este profissional consistente se importa com o todo, tem autonomia, senso de liderança e dor de dono, o oposto daquele vendedor inconsistente, sempre dependente de seus gestores, acanhados, que procuram se esconder e com nenhuma habilidade para evoluir em suas carreiras. A consistência é uma habilidade aprimorada na prática.

#Orgulho de Ser Vendedor

"Se preocupe em fazer. Tenha foco em executar a quantidade, depois busque a qualidade"

FÁBIO OLIVEIRA.

O ato de fazer, talvez seja a maior ferramenta de transformação da história mundial.
Ideias sem execução não têm valor algum.
Tirar da inércia é a maior habilidade que uma pessoa de sucesso pode ter.

PARTE 4

PREPARO

CICLO CONTÍNUO

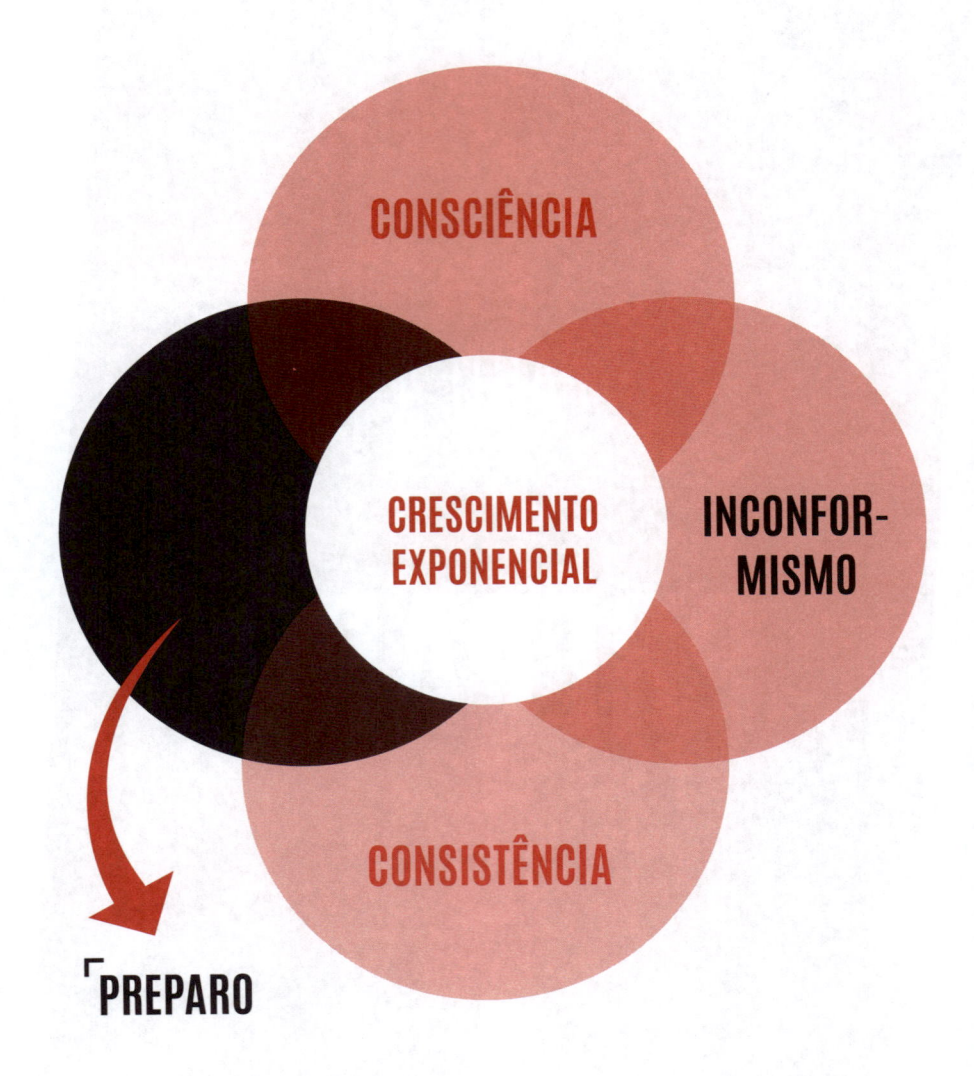

CONSCIÊNCIA

CRESCIMENTO EXPONENCIAL

INCONFOR-MISMO

CONSISTÊNCIA

PREPARO

Seguir essa sequência continuamente é o que faz a consistência de Vendas. E ao deixar de realizar uma das etapas perde-se a constância e, dessa forma, a corrente rompe no elo mais fraco.

CAPÍTULO 16

A EDUCAÇÃO FORMAL VAI FAZER VOCÊ GANHAR A VIDA. A AUTOEDUCAÇÃO VAI FAZER VOCÊ GANHAR UMA FORTUNA

"Eu nunca deixei a escola interferir na minha educação."

MARK TWAIN, ESCRITOR.

Além de todos serem homens e bilionários o que teriam em comum Amancio Ortega, Bill Gates, Jay Z, Júlio Bozano, João Adibe, Kanye West, Larry Ellison, Mark Zuckerberg, Michael Dell, Ralph Lauren, Richard Branson, Sheldon Adelson e os irmãos Joesley e Wesley Batista? Todos eles são algumas das pessoas mais endinheiradas do mundo e não possuem nenhuma formação acadêmica. Em suas contas bancárias, têm uma fortuna reluzente, mas, em contrapartida, nenhum diploma pendurado na parede para chamar de seu.

Alguns até ganharam alguma titulação ao longo de suas carreiras, caso do rapper norte-americano, Kanye West, que recebeu o título de doutor, pelo Instituto de Arte de Chicago, por seus serviços prestados à arte, contudo, essa honraria lhe foi concedida pela consistência do desenvolvimento de seu trabalho, não por ele ter se sentando em algum banco universitário.

Se a ideia é fazer fortuna, esses profissionais comprovam que não é preciso de um diploma para se juntar milhões ou até bilhões. Mundo afora, aliás, existem mais bilionários sem diploma universitário do que com PhD; e essa condição não é de hoje.

Tornar-se uma pessoa extremamente rica não é um fato necessariamente ligado à quantidade de estudo formal adquirido. Até porque, em alguns períodos de nossa trajetória como humanidade, as universidades nem existiam, mesmo assim já havia pessoas acumulando expressivas fortunas. Com o passar dos séculos, apenas adaptamos esse fato aos distintos contextos em que vivemos.

Entretanto, essa condição não indica que o estudo formal seja um mau negócio. Pelo contrário, quanto mais conhecimento conseguimos obter, mais oportunidades criamos para fazer nossa fortuna. A questão que trago aqui é: o estudo acadêmico não é fundamental para o enriquecimento. Principalmente, se estamos falando em juntar bilhões, porque quem consegue esse feito é um empreendedor. Além do mais quem trabalha com carteira assinada não tem contexto para juntar tanto dinheiro.

O profissional contratado no mercado de trabalho, a depender de sua atividade, pode até ficar milionário, caso de quem está no setor financeiro, mas esses são exceções que comprovam a regra, porque os ganhos de quem é assalariado são limitados, ficando bem longe de cifras bilionárias.

Mas é bom lembrar, de acordo com informações do Cadastro Geral de Empregados e Desempregados (CAGED), no final dos anos de 2010, brasileiros com ensino superior completo recebiam até 131% a mais do que pessoas sem diploma. Ou seja, no mercado de trabalho formal pessoas com mais qualificação educacional recebem mais.

Na disputa por uma vaga de emprego ter diploma conta, principalmente se seu interesse for ingressar em uma grande corporação ou no serviço público. A titulação universitária é diferencial para a composição salarial no fim do mês, mesmo assim, esses profissionais por mais títulos que tenham conseguido terão uma restrição em seus recebimentos. Apesar de conseguirem manter uma boa renda mensal fixa, os seus ganhos sempre serão limitados à remuneração por sua função. Sendo assalariado, por melhor que seja o seu ganho, o profissional nunca conseguirá ser um bilionário.

Um dos mais simbólicos exemplos dessa dinâmica no Brasil é a história profissional de Silvio Santos, um dos mais brilhantes empreendedores brasileiros, que começou a sua fortuna aos 14 anos como camelô, vendendo capinhas plásticas para documentos, no centro da cidade do Rio de Janeiro. Silvio fez das vendas o seu caminho de prosperidade.

Sua história é extremamente singular, porque ele criou um diversificado conglomerado empresarial, atuando por meio de empresas no setor de finanças, construindo uma rede nacional de televisão, passando por empreendimentos em cosmética e hotéis, tudo criado a partir de sua fala carismática e habilidade como vendedor; de quebra, ele se transformou em uma das figuras mais populares do Brasil, uma referência cultural brasileira e acumulou bilhões.

A sua visão para identificar oportunidades nos negócios é um dos seus mais importantes diferenciais e essa habilidade ele não a desenvolveu em sala de aula (Silvio é formado como técnico em contabilidade), mas, sim, no dia a dia do comércio, na sua ininterrupta rotina de trabalho e incansável busca por oportunidades.

Outro exemplo de sucesso que desafiou todo o senso comum da sociedade em que vivia é o de Sarah Breedlove, a primeira mulher nos Estados Unidos a ser oficialmente reconhecida como milionária e a ter conseguido tal proeza por conta própria. Sua história é mais interessante ainda porque ela despontou para os negócios nas primeiras décadas do século XX, sendo negra, filha de pais escravos emancipados, em um país que vivia sob um forte regime de segregação racial, em que os negros estavam submetidos as mais reprováveis e absurdas situações de discriminação e violência e eram vistos como cidadãos de segunda classe.

Sarah fundou a sua empresa em 1906 e nem a indigna situação de segregação racial foi capaz de detê-la. Em 1909, ela já havia faturado mais de US$150 mil, uma soma extremamente expressiva para a época. Dez anos depois, em 1919, ano de sua morte, ela empregava 40 mil pessoas e a sua empresa estava avaliada em milhões de dólares.

A história de Sarah ainda é pouco conhecida no Brasil, mas é possível encontrar detalhes de sua trajetória em alguns livros, filmes e séries. Ela construiu um dos mais promissores empreendimentos de cosmética nos Estados Unidos e ficou conhecida sob o pseudônimo de Madam C. J. Walker.

Sua fortuna, vale lembrar, teve origem a partir de uma adversidade de saúde, quando ela se viu com um problema de queda de cabelo. Com dificuldades em achar algum produto para evitar a perda de cabelo e com poucos profissionais dispostos a ajudá-la, a sua solução foi caseira. Ela recuperou a sua saúde capilar testando diversas fórmulas capilares para encontrar a formulação de uma substância adequada às suas necessidades. Ao encontrá-la, ela não demorou a perceber que poderia comercializá-la para outras mulheres com questões similares à dela. A sua percepção foi extremamente acertada. Com aquela atitude, ela revolucionou o setor da beleza, principalmente, o mercado voltado às mulheres negras que precisavam de produtos apropriados e não os encontravam.

A sua ação, contudo, não se restringiu apenas ao papel de mulher de negócios bem-sucedida, como se isso já não fosse uma conquista e tanto. Ela se tornou uma personalidade ativa nas causas dos direitos humanos e, bem antes de se falar em empoderamento feminino, lugar de fala, igualdade racial, Madam C. J. Walker fez tudo isso acontecer na prática, por suas atitudes.

Ela não economizou em ações filantrópicas, desenvolveu uma capacitação técnica para mulheres, sobretudo as negras, trabalharem como cabeleireiras e na comercialização de seus produtos, oferecendo efetivamente uma chance para que cada uma delas tivesse a sua fonte de renda e se tornassem pessoas financeiramente independentes. Várias das mulheres beneficiadas por sua ação desenvolveram o seu próprio negócio, tornando-se empresárias ou profissionais com sólida carreira executiva.

E a lista de histórias de pessoas bilionárias sem nenhuma formação acadêmica segue em todos os setores produtivos, em qualquer país. Na França, François-Henri Pinault, que é considerado um dos homens mais ricos do mundo, comanda um dos maiores conglomerados de moda do planeta, apesar de ele ter abandonado a escola praticamente em sua puberdade.

Ele é o principal acionista de algumas das mais icônicas marcas do mundo fashion como Gucci, Yves Saint Laurent, Alexander McQueen e Stella McCartney. Porém, aos 11 anos de idade, por sofrer bullying no colégio, ele abandonou os estudos, nos anos 1970, e foi trabalhar com o seu pai, que era dono de uma madeireira. Quatro décadas depois daquela data, a sua família acumula um patrimônio líquido superior aos US$39 bilhões e grande parte desse imenso valor é resultado direto do trabalho de François.

Aquele que é considerado o primeiro bilionário da internet, James H. Clark, um dos fundadores da Netscape, deixou o colégio em pleno ensino médio, aos 16 anos. Mas com o passar dos anos e tendo se tornado acionista em algumas das mais reconhecidas empresas de tecnologias do mundo, entre elas, Apple, Facebook e Twitter, a sua fortuna é projetada em quase US$2 bilhões. O inglês Richard Branson é outro bilionário que desistiu do colégio no ensino médio, aos 15 anos de idade. Desde então, ele conseguiu acumular um patrimônio de quase US$5 bilhões. Entre outros de seus empreendimentos, Branson é o fundador do Virgin Group.

ENTENDER O CLIENTE

A abundância financeira vem de vários fatores, inclusive, da educação formal, mas para se construir uma fortuna é preciso muito mais do que uma titulação acadêmica. É preciso considerar outros atributos de aprendizado que acontecem além dos bancos escolares.

A ONU aponta que 300 milhões de trabalhadores, ao redor do mundo, ganham uma média salarial na casa dos US$7.500 mensais. Esse ganho, contudo, em termos de Brasil, está restrito aos empregados assalariados mais bem remunerados em nosso mercado. Está bem longe de ser uma quantia média para os trabalhadores brasileiros. Em nossa realidade, essa projeção de valor é mais próxima de uns US$600, US$700, ou R$2.400, para quem tem formação educacional, porque para quem não tem um diploma e quer atuar no mercado formal de trabalho como empregado, aí você vai enfrentar um problema de remuneração porque ela será bem inferior a essa quantia. Mas a boa notícia sobre essa questão é a de que você não precisa se limitar a esses ganhos.

Em um mercado com tantas precariedades, com tanto espaço para o aprimoramento, caso do brasileiro, tem muito espaço para o bom profissional de vendas, aquele preparado e com muita gana de fazer acontecer. Falta muito conhecimento e atitude para grande parte das pessoas que trabalham com vendas em nosso país. Sendo assim, quando você é um pouquinho melhor do que a sua concorrência, é fácil ganhar mais dinheiro, mesmo sendo assalariado.

Nosso mercado comporta, sim, vendedores mais bem preparados e, aliás, sempre vai comportar, mas a cada dia as exigências tornam-se maiores, assim como será maior o nível de preparo e a constante necessidade para atualização dos seus conhecimentos. Isso acontece até pelo fato de que vamos acompanhar o desaparecimento do vendedor transacional e o surgimento de um vendedor com perfil muito mais técnico.

Nas negociações de venda, o intuito do vendedor é entender como ele ajuda o outro, o seu cliente. Nesse sentido, essa ajuda só acontecerá ao utilizarmos a ciência como nossa aliada, métodos específicos de análise de dados como ferramentas, e no domínio de algumas das inúmeras novas tecnologias. Assimile essa condição, porque as vendas deixaram de ser uma atividade meramente intuitiva, de *feeling*, dependente da habilidade natural do indivíduo como acontecia até bem pouco tempo atrás.

Em uma venda transacional, entender o comportamento do cliente é uma atribuição cada vez mais ligada à função do vendedor. Sendo assim, ao pensar como dono da empresa, faz mais sentido investir na contratação de um profissional técnico, que entenda muito bem do produto ou da prestação de serviço em questão para, posteriormente, inseri-lo em um modo de trabalho mais preditivo e automatizado, menos dependente de uma determinada habilidade comportamental de comunicação de um vendedor, característica essa que foi dominante em nosso mercado de trabalho. Há muito tempo essa prática deixou de ser uma previsão futurística e acontece a todo vapor no mercado.

Em muitas lojas, principalmente as que já atuam mais alinhadas com as inovações tecnológicas, utilizando-se de novas ferramentas de inteligência artificial, por exemplo, os vendedores nem sequer têm comissão. Em vez disso, recebem pagamentos extras por metas atingidas e, muitas vezes, essa metas nem sequer são relacionadas às vendas em si. Elas são pagas pelo fato de o vendedor ter realizado algo em prol de seu desenvolvimento pessoal, como a realização de cursos, pela demonstração de satisfação do cliente, por uma análise diferenciada feita sobre produto em questão etc.

Esses profissionais serão os que farão as vendas com os maiores valores agregados, eles estarão envolvidos com as negociações mais complexas. Com certeza, estarão no topo da cadeia de pagamento, com os melhores rendimentos. Por outro lado, como esse perfil de atuação não será encontrado em toda esquina, principalmente agora no começo dessa fase de transição de mercado, esse profissional será mais disputado, tirando o lugar de emprego de muitos outros profissionais, porque investir em sua contratação será mais rentável às empresas.

A ERA DA HIPERSEGMENTAÇÃO DAS VENDAS

O mercado de vendas é cada vez mais nichado, mais segmentado. Com a quantidade absurda de dados que conseguimos levantar dos consumidores pelo uso de ferramentas de big data, as corporações conseguem focar profundamente a sua atuação, oferecendo produtos e serviços extremamente específicos para os mais diversos grupos sociais, de interesse e gosto. As vendas seguem uma customização nunca vista antes. Nunca tivemos tanta capacidade de entendimento do consumidor como agora, por isso, necessitamos de profissionais de venda capazes de dar sentido a esse volume de informação. Pessoas que sejam hábeis em fazer ligações inteligentes a partir da análise de dados com conexões aparentes ou não. O mercado precisa de vendedores que usem da criatividade para emitir suas opiniões e sugerir caminhos.

Cada vez mais, as empresas vão entender as pessoas pelos grupos sociais que elas participam. Assim como vão entender nos mínimos detalhes a especificidade desses grupos. A partir dessa compreensão, elas oferecerão de maneira mais direta os seus serviços e produtos para esse grupo de indivíduos.

Pela ampliação do uso contínuo da tecnologia, entenderemos mais profundamente a necessidade do outro e a partir desse entendimento seremos capazes de realizar as conexões necessárias.

Ao criar uma empresa, em termos de negócios, o pensamento comercial deve ser o mais específico possível. Esse conceito também é válido para a orientação do comportamento profissional dos vendedores. O pensamento deve ser hipersegmentado, o que podemos constatar pelo trabalho dos influenciadores digitais, quando eles envolvem uma determinada comunidade de pessoas e asseguram um diálogo direto de marcas e produtos com esse grupo de interessados. A influência desses profissionais digitais é estabelecida a partir dessa relação e, como consequência, o trabalho deles repercute por meio de comentários e da interação das dessas pessoas.

A tecnologia que utilizamos agora está mudando a estrutura do comércio, da comercialização na área de vendas. Agora, e no futuro imediato, a venda será hipersegmentada. Com a venda sendo hipersegmentada, o vendedor inserido nesse ecossistema precisa se modificar e se segmentar. Ele precisa se especializar, porque não haverá mais aquele vendedor genérico que atuava em todos os setores da empresa. Ele precisará ser um vendedor especialista, um grande especialista, capaz de ser um facilitador da experiência do produto para o consumidor.

Na prática, esse comportamento é cada vez mais visto no mercado quando observamos a distribuição das funções no setor e o crescimento da presença do SDR (Sales Development Representative), ou pré-vendedor, como também é chamado, profissional contratado para fazer a prospecção da venda assim como a análise dos Leads. Nesse sentido saiba desenvolver parcerias e integrar as suas competências. O mercado de trabalho daqui por diante exige profissionais mais flexíveis, com capacidade para se adaptar em cenários de trabalho menos estruturados e hierarquizados, daí a necessidade do uso da criatividade para se trabalhar de forma mais colaborativa, gerando valor para si e para o produto ou serviço comercializado.

#Orgulho de Ser Vendedor

"A educação não transforma o mundo. A educação muda pessoas e pessoas mudam o mundo."

A velocidade das mudanças tornou quase impossível o acompanhamento através somente da educação formal. A educação informal e não formal faz parte da construção do novo profissional.

CAPÍTULO 17

QUER GANHAR DINHEIRO COMO VENDEDOR? SAIBA CORRER RISCOS

> "Ser original não exige ser o primeiro. Significa apenas ser diferente e melhor."
>
> **ADAM GRANT, PSICÓLOGO.**

Em 16 de novembro de 1957, ao lado de seu marido Pelegrino Donato, a vendedora Luiza Trajano fez um movimento certeiro para ela e para a sua família. Naquele ano, quando o casal decidiu comprar uma loja de presentes na cidade em que moravam no interior de São Paulo (Franca a 400 quilômetros da capital paulista), para diversificar os seus negócios e gerar trabalho para toda a sua família, eles começavam a montar uma das maiores redes de comércio varejista do Brasil, um dos maiores estabelecimentos comerciais do mundo.

Ali, como os seus fundadores, Luiza e Pelegrino, desde os primeiros momentos de sua atuação, entenderam a importância de investir em uma comunicação transparente com os seus clientes e na inovação como forma de conquistar espaço na ferrenha disputa do comércio. Por isso, eles chegaram demonstrando na prática esses conceitos e fazendo barulho para serem notados pelos seus concorrentes quando promoveram, como uma de suas primeiras ações, um concurso cultural em uma rádio local da cidade, para escolher o nome da loja. A ideia foi um sucesso!

É bom lembrar, o rádio naquela época, sobretudo em uma cidade do interior, tinha a mesma importância e influência das redes sociais. Ele era o principal veículo de comunicação daqueles anos. Entendendo isso, você já percebe que o casal não veio brincar no comércio. Eles fizeram um movimento de marketing bastante ousado ao investir seu dinheiro e tempo em uma comunicação de massa que tivesse alcance entre os seus possíveis clientes. Mesmo que eles não tivessem equipes estruturadas de trabalho, mesmo que eles não dispusessem de todos os sofisticados conceitos de venda que temos atualmente, claramente, disseram em alto e bom som "nós viemos para ficar, vamos incomodar e queremos crescer". E eles conseguiram, como bem se vê, décadas depois daquela iniciativa.

Quando o concurso foi ao ar para a escolha do nome da loja, como em um misterioso acordo com os seus ouvintes/clientes, o resultado não poderia ser um recado mais direto do reconhecimento do esforço do casal. As pessoas quiseram que a loja se chamasse Luiza, porque ela já era uma vendedora popular em Franca. Ali, a sua maneira de agir no setor já lhe rendia dividendos. Assim surgiu a rede de varejo Magazine Luiza S.A., agora, em tempos de expansão e domínio do e-commerce, cada vez mais conhecida como Magalu. Aliás, essa evolução de sua marca, de fato, comprova a existência em seu DNA da inovação.

O grupo se firma no setor como um dos conglomerados do comércio mais capazes de adaptar a sua operação à demanda contemporânea. Não à toa, enquanto a pandemia explodia pelo Brasil, e mundo afora, afetando violentamente os mais diversos negócios, com lojas sendo fechadas aos milhares e as pessoas perdendo os seus empregos, os demonstrativos financeiros do Magalu chamaram a atenção.

Entre abril e junho de 2020, um dos períodos mais dramáticos da Covid-19 entre nós, eles registraram um crescimento de vendas declarado em seus relatórios à Comissão de Valores Mobiliários (CVM), de R$8,6 bilhões o que representa uma alta de 4% em relação ao mesmo período do ano anterior. Essa sólida evolução foi creditada por sua diretoria como resultado das estratégias digitais adotadas por eles.

Essa ação também os tornou, naquele momento, a maior rede varejista do Brasil. O retorno positivo de suas atividades foi tão excepcional que, no mesmo período analisado os dividendos operacionais da companhia estavam avaliados em R$2,2 bilhões, foi o melhor resultado operacional da história da empresa até então. E o caixa líquido deles, em junho de 2020, fechou em R$5,8 bilhões. Nada mal para uma empresa do interior que quando começou as suas operações fez questão de se fazer notar por todos a sua volta.

Luiza e Pelegrino tinham a fórmula para ser milionário décadas antes que essa ideia ganhasse as páginas de publicações como este livro. Por *feeling*, eles já sabiam que para construírem a sua fortuna precisariam empreender. Não só trabalhar com afinco, mas empreender.

Ao olharmos a trajetória deles no setor, o recado que conseguimos enxergar é muito claro, até porque Luiza, como a sua história nos revela, já era uma vendedora bem-sucedida em sua cidade. Ela podia ter permanecido acomodada naquela situação, mas para ela, aquele status não era suficiente. Ela desejou conquistar mais. Ela quis ser a dona de seu negócio e ajudar a sua família, gerando a possibilidade de trabalho para os seus entes queridos. Ela não conseguiria atingir esse objetivo apenas como vendedora. Assim, não lhe restava outro caminho que não fosse o de empreender.

Ao longo das décadas, todas as suas ações foram se provando acertadas, inclusive, o fato de ela ter apostado em sua família como um dos motivos para o início dos negócios. Sua sobrinha, Luiza Helena Trajano, e hoje um dos rostos mais conhecidos do comércio varejista brasileiro, ao assumir as atividades da empresa em 1991, deu continuidade à história próspera de sua tia e avançou em sua gestão. Como o site do Magazine Luiza menciona, em 1991, quando Luiza assumiu o comando dessa empresa familiar, começava ali um novo ciclo de administração e prosperidade da companhia.

Sob a sua batuta, a rede expandiu fisicamente, com a abertura de lojas e aquisições de outros negócios em todas as regiões do país, transformando o empreendimento de regional para nacional, de fato. Os anos se passaram e quando Luiza Helena fechou o ciclo à frente da presidência da companhia, ela passou o bastão do comando dos empreendimentos para o seu filho, Frederico Trajano, que assumiu o controle da empresa como CEO e é considerado um dos responsáveis pela diversificação do Magazine no comércio eletrônico. Dessa maneira, as diretrizes de Luiza e Pelegrino seguem vivas na companhia que fundaram há mais de seis décadas.

O "ESPÍRITO" DE EMPREENDER

Monstro, você pode ter uma vida muito boa sendo um gestor de vendas de uma grande empresa, ninguém dúvida disso. Seu bônus pode ser bastante atraente, assim como outros benefícios e segurança para você e para os seus familiares, mas é mais provável que seus melhores representantes ganhem mais do que você. Se para você essa situação o satisfaz, ok. Siga nesse caminho de estabilidade e de ganhos definidos no final do mês. Desde que você consiga pagar suas contas, que mal tem. Ninguém tem nada a ver com a sua forma de ganhar dinheiro. Ninguém está dizendo para você ser um empreendedor que vai abrir a próxima megarrede varejista do país.

Agora, se você é esse gestor de vendas e todos os dias você sonha em ser um milionário, em diversificar suas atividades, em aumentar constantemente seus rendimentos e, com isso ampliar a sua estrutura de vida, pare de se enganar. Você não vai conseguir mudar de nível profissional se não se envolver com o empreendedorismo.

Sim, você tem de ser um empreendedor, mas a adoção dessa nova postura não é necessariamente para você ser uma pessoa financeiramente mais rica, é também para dar continuidade a sua vida profissional. Empreender, principalmente nesses novos arranjos de mercado é uma das maneiras de sobrevivência para os vendedores.

Se você como vendedor trabalha no regime de carteira assinada (CLT), encontre os meios subjetivos e práticos para desenvolver uma mentalidade de empreendedor, caso você queira juntar os seus milhões. Alguns contextos são mais favoráveis para o desenvolvimento dessa condição como, por exemplo, a cultura organizacional da empresa em que você trabalha.

Avalie objetivamente o seu ambiente de trabalho e perceba se a empresa dá mais autonomia de ação diante do aumento de seus resultados e na sua maturidade. Modelos de relação profissional em que essa situação ocorre o capacitam mais a ousar, a se sentir mais apto a assumir tarefas e trazer melhores resultados tanto para você individualmente quanto coletivamente para quem trabalha diretamente com você, consequentemente, à empresa como um todo.

Quem empreende inova, transforma ideias em realidades, cria contextos de ação, diversifica a maneira de interagir com o seu contexto, encontra soluções, propõe desafios, se renova e não se deixa paralisar pelos erros ou inadequações momentâneas. Empreendedores têm a noção da transitoriedade dos acontecimentos e que o importante dessas situações é o aprendizado que se obtém com elas e a capacidade de continuar trabalhando. Empreender também é apostar em um novo negócio, mas essa iniciativa não resume ou limita esse termo.

Devemos nossa evolução em sociedade aos empreendedores de todos os tipos e nem todos eles têm de estar necessariamente sob a luz dos holofotes como um Steve Jobs ou Jeff Bezos para serem considerados bem-sucedidos. É possível ser um empreendedor mais discreto, o grau de celebridade não é uma característica determinante. Mais importante do que o quanto um empreendedor é conhecido é a verificação objetiva dos resultados alcançados por ele. A capacidade de indicá-los e mensurá-los é algo mais assertivo para se reconhecer como um empreendedor. Tendo essa condição em perspectiva é fácil entender que tomar decisões é o primeiro passo para se empreender.

Empreender é a melhor maneira de ficar rico!

A RELAÇÃO COM OS RISCOS

O ato de empreender tem a ver com características de personalidade. Um jeito de sentir, pensar e agir. Observar as oportunidades que passam a sua frente e aproveitá-las. E o bom disso é que mesmo se essas circunstâncias não lhe soarem familiares, se você não as identifica em seu comportamento, você pode desenvolvê-las; e o começo desse desenvolvimento passa pelo processo de atenção e consciência que você tem para com as suas atividades.

Observe como você executa as suas tarefas, perceba se apenas reproduz um modelo de ação ou se você revê constantemente a maneira de seu desempenho. Se está agindo no piloto automático ou se você reflete sobre formas distintas para executar o seu trabalho de maneira mais adequada e aprimorá-lo. O que nos leva a outra questão: *Como ser um empreendedor sendo um funcionário?* A resposta mais curta e objetiva para essa é pergunta é: sabendo lidar com os riscos.

Saber lidar com o imponderável, com as situações que podem sair do seu controle, agir apesar da possível margem de erro são situações de risco, portanto de estresse, de insegurança, de resultados inesperados. Mas, se você quer ser reconhecido como um empreendedor de verdade, é indispensável, eu vou repetir, é indispensável que você saiba lidar com os riscos. E aqui, é preciso considerar, ainda, os riscos emocionais como enfrentar a rejeição de um cliente, sentir-se apontado, ver-se envolvido em situações de exposição, entre outras. Essas situações ocorrem para qualquer tipo de empreendedor, tanto aqueles que agem como pessoas físicas ou como pessoas jurídicas.

Outras características que complementam a resposta em *como ser um empreendedor sendo um funcionário* é buscar ser o protagonista das ações, agir de maneira otimista, com o pensamento de que a sua iniciativa vai dar certo, estar disponível para as ações e tomar a atitude pertinente. Claro, esse contexto é gerado a partir da autoconfiança, acreditar em si é insumo do empreendedorismo.

Por fim, todos os empreendedores são pessoas perseverantes. Eles têm essas características por, além de confiarem em seu taco, em suas ideias, sabem que mudar um paradigma, conseguir construir algo sólido, inclusive a sua carreira, leva tempo, portanto, de nada adianta se esforçar sem perseverar. Desistir em curto espaço de tempo é bobagem. Em nossas vidas profissionais estamos em uma maratona, não em uma corrida de 100 metros rasos. Essa condição é válida tanto para as empresas como para as pessoas que agem individualmente. É importante lembrar nesse cenário que todas essas capacidades não devem ser confundidas com um entusiasmo passageiro, nem uma predisposição que diante das primeiras dificuldades evapora instantaneamente.

Eu, por exemplo, invisto em ações na bolsa de valores. Quando decidi diversificar as minhas fontes de renda, fui atraído pelo mercado financeiro como caminho viável de fonte de renda, por isso, em meu portfólio de rendimentos, as ações que negocio na bolsa de valores compõem uma atividade substancial. E, como investidor, tenho um perfil misto de aplicação.

Invisto de maneira mais conservadora, porque a volatilidade do mercado é muito grande e gosto de calcular meus riscos.

Definitivamente, perdas financeiras não me atraem. Mesmo tendo essa consciência, eu me arrisco e o risco que corro na bolsa me paga os maiores dividendos de minhas transações. Meus maiores ganhos acontecem em minha movimentação de alto risco. Ou seja, vale a pena controlar as minhas inseguranças, avaliar bem o cenário, mesmo sem ter certezas, e me arriscar. E isso não é só. Eu também tenho investimentos de altíssimo risco.

Sou investidor de startups porque, de fato, o empreendedorismo me atrai e aposto nas empresas disruptivas, em quem procura revolucionar o mercado, ou simplesmente fazer algo diferente. Digamos que essa é a parte conceitual de meus investimentos nesse setor, mas, pelo lado objetivo se a startup em que eu tiver depositado o meu dinheiro (e esperança) der certo, posso ter ganhos que superem em mais de vinte vezes o meu valor investido.

De forma otimista, aposto em um negócio de médio a longo prazo, por acreditar em seu bom desempenho. Nesse sentido, é fundamental compreender que a possibilidade do alto risco envolvida é absolutamente proporcional ao meu preparo, a minha maturidade, e o quanto esse risco pode afetar as minhas finanças. Quem compromete os seus investimentos em uma única jogada comete suicídio. Meus investimentos de maior risco, por exemplo, são sempre inferiores a 15% de meu patrimônio.

Para ganhar mais dinheiro, saber lidar com o risco é um divisor de águas, mas essa condição é consequência do quanto você conhece sobre esse risco e sabe que a sua vida financeira não depende exclusivamente dessa iniciativa arriscada. É como em um jogo de pôquer, quando um jogador faz um *all in*, ele não tem mais nenhuma alternativa e, no geral, essa atitude é muito ruim. Em tempo, *all in* é a expressão usada quando o jogador aposta todas as suas fichas naquele jogo.

Ao longo de minha carreira, em raríssimas oportunidades vi alguém desesperado fazer um bom negócio. Desespero e bons negócios são situações completamente antagônicas. Elas divergem e jamais se harmonizam. Não caia em uma esparrela bastante divulgada por aí. Na internet e em diversos livros biográficos há milhares de histórias de sucesso de pessoas que "apostaram" tudo o que tinham naquele projeto e, como em um roteiro de novela, aquela "aposta" resultou no maior acerto da vida deles. Simplesmente, deu certo como se o enredo de final feliz estivesse escrito nas estrelas. Lembre-se, só conta a história quem ganha a guerra. Desconfie de quem se mostra predestinado. Um exemplo muito famoso é o do bilionário brasileiro Flávio Augusto, fundador da rede de escolas de idioma Wise Up e proprietário do Orlando City, time de futebol nos Estados Unidos.

Um belo dia, para abrir a sua primeira escola de inglês, Flávio pegou um cheque especial no valor de R$20 mil, a uma taxa de 12% ao mês. Nessa iniciativa, contudo, ele tinha uma característica interessante de se observar. Ele não falava nada em inglês, nem *The book is on the table*, mas nessas viradas da vida em que as probabilidades de erro não se confirmam, a escola fundada por ele, a partir de um cheque especial, em que pagou juros altíssimos e sem dominar patavinas daquele idioma, deu supercerto. Resultado, ele saiu dessa empreitada multimilionário. Bilionário, para ser mais preciso com a biografia dele.

Todo o enredo da história de Flávio tinha tudo para dar errado. Ele correu um risco e tanto, não é? Mas o risco se pagou, a sua ousadia foi recompensada. Eu não estaria falando dele aqui se ele não tivesse tido essa atitude. Histórias como a de Flávio são exceção e, como você bem sabe, toda exceção existe para confirmar a regra. Mas também é importante se atentar a alguns detalhes de sua jornada.

Você não precisa amar os riscos ou jogar tudo para cima, inclusive os seus valores, para ganhar dinheiro empreendendo. Não é esse o caso. Mas se você quiser empreender e ganhar dinheiro, você tem de deixar de ser cagão, sobretudo, se quiser ganhar dinheiro com vendas. Flávio foi tudo, menos cagão.

Vendedores de alta performance se arriscam, controlam o seu medo, procuram alternativas e compreendem que os extremos não são os melhores conselheiros para se ganhar dinheiro. Nem o excesso de risco ou a sua completa falta vão lhe ajudar, mas tem um caminho do meio nessa equação, dá para ser equilibrado. Arriscar-se quando necessário e ser prudente quando assim pedir a situação. Assim como eu, você pode fazer essa transição de sair dos extremos e chegar em um ponto do meio. Sair da apatia e entrar em ação ou diminuir os excessos. Com consciência e atenção é possível tirar o pé de um barco e colocá-lo no outro.

Trabalhei como vendedor enquanto construía a minha carreira de treinador de vendas. Durante o dia, visitava meus clientes e, à noite, dava minhas palestras e treinamentos totalmente de graça. Foram sete anos nessa toada, 2.555 dias. Todo esse tempo me preparou, me deu base, superei meus medos, planejei ações, construí uma rede de relacionamento profissional, me tornei conhecido. O esforço foi completamente recompensado. Agora, vou contar um segredo, não sou o único ou o primeiro a ter agido dessa maneira. Há milhares de exemplos em que você pode se inspirar.

Um dos livros que mais mudaram meu mindset foi *Originais: Como os inconformistas mudam o mundo*, de Adam Grant, autor que cito na abertura deste capítulo. Ele pesquisou a fundo grandes empreendedores que transformaram o mundo, viraram referência para outras empresas e impactaram milhões de pessoas. Sabe o que ele descobriu com seus levantamentos? Que esses grandes empreendedores são pessoas similares a você. Eles têm medo, dúvidas, hesitam em suas decisões, mas, apesar disso, acreditam que o medo de fazer e errar é mais aceitável do que o medo de viver uma vida medíocre. Onde você se encaixa na conclusão de Grant? Está disposto a viver uma vida medíocre por medo? Ou a fazer e errar e tudo bem?

O trabalho de pesquisa de dois outros importantes profissionais, Joseph Raffiee e Jie Feng, trazem mais reflexões para essa discussão quando eles buscaram responder à seguinte questão: "*Quando alguém começa um negócio próprio, é melhor manter ou abandonar seu emprego convencional?*" O que você acha?

Se buscássemos uma resposta rápida e simplista para esse questionamento, como muitas vezes o "mercado de empreendedores" quer que acreditemos nessa colocação, claramente, a resposta seria "*largar tudo e pular de cabeça no empreendedorismo*". Mas veja, Raffiee e Feng encontraram algo interessante em seus estudos. Aqueles empreendedores que mantiveram seus empregos apresentaram probabilidade 33% menor de fracassar quando comparados aos que se demitiram. O mais impressionante ainda é constatar o fato de que grandes empreendedores, reconhecidos mundialmente, tiveram um melhor desempenho em seus negócios quando mantiveram mais de uma atividade até consolidarem os seus novos empreendimentos.

Se você não tem o perfil de arriscar, mas tem os outros atributos como ser otimista, querer ser protagonista, ter iniciativa, autoconfiança e perseverar, você está absolutamente apto para empreender na empresa em que trabalha. Aposto qualquer coisa que se assumir o protagonismo de suas ações, mesmo sendo CLT, você vai se sobressair entre os seus colegas de trabalho e conseguir melhores rendimentos financeiros na empresa em que você estiver. Mas se o seu local de trabalho não proporcionar uma melhoria em seus ganhos, como reconhecimento por seus esforços, você está mais capacitado para buscar novas oportunidades em um lugar mais adequado as suas expectativas, que lhe dê mais e melhores oportunidades.

É impossível ficar desempregado quando se é uma pessoa de atitude, protagonista nas vendas, um profissional que entrega resultados consistentes. Ao ter esse perfil, você pode ser um vendedor com bons salários e buscar oportunidades seguras nas empresas consideradas estáveis por você. Se essa condição estiver boa para você, está tudo bem. Mas atente-se para não cair na armadilha de achar que você é o melhor profissional do setor e, por estar cansado de um chefe que enche o seu saco, você vai chutar o pau da barraca, partir para empreender, e vai amarrar o seu burro na sombra.

O tempo de quem empreende é muito precioso. É bastante comum, inclusive, faltar tempo ao longo das horas trabalhadas e a gente sempre querer fazer um pouquinho mais. Essa dinâmica do tempo vira tanto de pernas para o ar para quem empreende que férias se tornam uma miragem. Tirar trinta dias de descanso, então, uma completa utopia. Não se iluda! Caia fora dessa armadilha infantil.

Quem empreende trabalha muito e incessantemente, tudo se torna uma oportunidade, uma chance, para fazer negócio. O empreendedor convive com o risco e a postura dele diante desse risco determinará o seu ganho financeiro. Mas, jamais se esqueça, não é o tamanho da sua exposição ao risco que definirá quanto dinheiro você vai ganhar, mas, sim, o seu equilíbrio em relação ao risco.

RESUMO DA ÓPERA

É possível empreender e você está a um passo de colocar a sua vida profissional nesse caminho. Se essa é a sua vontade, comece agora mesmo na empresa em que presta serviço. Empreenda a partir de suas atividades cotidianas. Pense como o dono do negócio, dedique-se e arrisque. É fundamental ter a dor de dono para agir com uma mentalidade empreendedora. Essa experiência inicial vai capacitá-lo a buscar horizontes profissionais mais amplos.

Reconhecer essa primeira etapa de sua jornada é fundamental, porque você tem certa proteção e estabilidade no ambiente da empresa em que presta serviço. Lá, você poderá se testar com segurança, perceber os seus limites, suas inseguranças, reconhecer as suas características de força, sobretudo, sentir a cultura do seu empregador e constatar se você se encaixa, de fato, no modelo de serviço em que está envolvido.

Por meus anos de experiência, adianto que essa constatação vai ser um banho de água fria. Grande parte das empresas não tem uma cultura organizacional de incentivo ao empreendedorismo, por isso, quando se deparar com essa situação, e se sentir aprisionado, ela vai servir como uma mola propulsora para você se lançar no mercado e empreender. Para o roteiro dessa viagem, seguem alguns passos previsíveis:

- Você reconhece suas habilidades e pontos para se aprimorar como profissional.
- Depois, age no local onde trabalha como dono. Tem uma atitude propositiva, assertiva.
- Ao ter a dor de dono, você testa seus limites e corrige suas posturas. Você se adéqua.
- Por fim, perceberá que se quiser crescer, vai ter de se arriscar, abandonando aquele trabalho.

Ao perceber o risco iminente, você estará apto a concluir um ciclo de amadurecimento profissional, porque no momento de sua decisão em partir para voos solos, você fica cara a cara com o risco e nesse instante perceberá o seu verdadeiro eu profissional, porque o grande pulo do gato do empreendedorismo em vendas é o risco, o quanto você está disposto a se arriscar para acontecer no mercado. O risco define você como um profissional preparado para o empreendedorismo. Depois, o tamanho do risco que deseja correr indica as possibilidades de seu crescimento.

A transição de sua carreira está em suas mãos, talvez, o primeiro grande risco que você tem de enfrentar é ter essa consciência e entrar em ação. A partir do momento em que você percebe a possibilidade de sua autonomia, os demais passos de sua caminhada rumo ao seu empreendimento são consequentes e vão acontecer na medida da velocidade de suas ações.

#Orgulho de Ser Vendedor

É impossível você ganhar além da média correndo o risco que quase todos correm. O mercado premia os corajosos.

> O maior risco é não correr nenhum risco. Em um mundo que está mudando rapidamente, a única estratégia que certamente vai falhar é não correr riscos.
>
> Mark Zuckerberg.

CAPÍTULO 18

PREPARADOS, SOMOS ETERNAMENTE CORAJOSOS

"É a coragem, coragem, coragem, que eleva o sangue da vida ao esplendor carmesim. Viva bravamente e apresente uma frente corajosa à adversidade."

HORÁCIO, POETA DA ROMA ANTIGA.

Quando era moleque, eu adorava jogar bola na rua onde morava com meus pais. Era sempre muito divertido encontrar a meninada da vizinhança para bater uma bolinha e as partidas eram muito emocionantes tanto pelo jogo em si, quanto pelas acaloradas disputas com o grupo de moleques da rua de baixo, que com muita frequência arrumavam qualquer pretexto para brigar.

Foi ali naquele jogo de futebol na rua de minha infância e nos constantes bate-bocas com os outros meninos do bairro que tive alguns dos ensinamentos mais significativos sobre como seria viver em grupo e qual seria a importância de estar devidamente preparado para enfrentar as adversidades.

O campo das partidas era o asfalto marcado por riscos, pedras e gravetos e, geralmente, os portões das garagens eram os nossos gols, onde sempre tínhamos nossas intensas disputas futebolísticas. Ninguém dava mole para ninguém e todo mundo queria ser o artilheiro da jogada.

Quem não estava jogando, de momento, ficava de torcida esperando por sua vez para participar, mas nem todos que ficavam por ali estavam tranquilos com aquela situação de espera, ou mesmo com o jogo rolando. Subitamente, em algumas ocasiões, sempre aparecia na esquina de onde estávamos jogando, um moleque baixinho e magrinho da rua de baixo. Ele ficava ali parado, nos xingando, com todas as forças que tinha.

Os xingamentos não paravam e ele os repetia, cada vez com mais força, até que conseguia seu objetivo com toda aquela gritaria, atrapalhar nosso jogo, nos tirar do foco da partida para corrermos atrás dele. Quando a gente estava bem de saco cheio, nos entreolhávamos e falávamos: *"Como é que é? Esse moleque daquele tamanho, sozinho, vai ficar nos xingando e a gente vai ficar quieto, sem fazer nada. Isso não dá. Somos em sete e maiores do que ele. Então, bora lá dar uns tapas nele."* Aquela era a deixa para corrermos para a esquina onde ele estava, confiantes de que colocaríamos um fim naquele falatório irritante. Como estávamos enganados!

Ao chegarmos junto dele, com sangue nos olhos, qual não era a nossa surpresa, ele estava lá nos esperando com outros vinte moleques da rua de baixo. Toda a nossa superioridade numérica e de estatura caía imediatamente por terra. O baixinho era só uma isca para nos atrair para a confusão. Aprendi muito com aquela situação, até porque, ela se repetiu algumas vezes.

Quando a pessoa está preparada, quando ela se garante, quando tem ferramentas para se bancar, ela tem todas as condições para resolver o problema em que está envolvida. Portanto, ela se encoraja e assume riscos, porque são situações que, apesar das incertezas dos resultados, têm grande probabilidade de darem muito certo, de saírem a contento ou até superar as expectativas. O nosso nível de preparo é proporcional à nossa coragem e essa situação é o que nos faz enriquecer. Essa atitude flerta com os ganhos financeiros. Atrai o dinheiro.

Aquele moleque desaforado me fez entender, logo cedo, que o preparo é o elemento responsável por separar a coragem da loucura pura e simples, os amadores dos profissionais, porque, de fato, a coragem sem preparo é pura loucura. Precisamos nos preparar para atingirmos nossos objetivos. No final do dia você vai estar sozinho consigo e é para você quem vai ter de prestar as suas contas. Mas essa certeza não quer dizer que somos necessariamente ermitões, ilhas isoladas em algum ponto perdido qualquer deste planeta gigante. Não é esse o caso.

Estamos sós no final do dia, porque as decisões que tomamos são nossas, o caminho que decidimos trilhar foi nossa opção, mas essa condição não precisa nos levar a sermos egoístas de carteirinha, só olharmos para o nosso umbigo. Estamos em um mundo repleto de pessoas e para vivermos em sociedade dependemos de nossos relacionamentos interpessoais, dependemos dos outros para atingir nossos objetivos.

É uma grande troca, mas, de certa forma, muita gente esquece disso. Só tem olhos para a sua necessidade e circunstâncias e esquece de ver quem está ao seu lado, ou quem precisa de ajuda.

Esse comportamento é até completamente irônico quando temos a capacidade de passar semanas como verdadeiros fanáticos torcendo para um desconhecido em um reality show como o Big Brother Brasil. Ao acompanhar esses programas de televisão nos organizamos em torcida, nos envolvemos em acalorados desentendimentos com outras pessoas, ao mesmo tempo, somos incapazes de prestar atenção a um amigo e ajudá-lo. Ignoramos os parentes e as suas necessidades. Afinal, para muitos, essas situações são incômodas demais, tomam o tempo, chateiam. Lembre-se, as pessoas até podem querer ver você bem, principalmente se estivermos falando de colegas profissionais, mas elas nunca querem ver você melhor do que elas.

BUSINESS AS USUAL

Monstro, de verdade, seus clientes não têm afeto por você, eles não estão nem aí para as suas dificuldades ou possíveis queixas. A relação que eles estabelecem conosco, vendedores, é objetiva. Eles querem comprar um produto ou um serviço e desejam fazer essa ação por um preço justo, que se encaixe no orçamento deles. Esse é o foco do relacionamento. Não se engane nem por um segundo sequer que você pode estabelecer uma relação fraternal duradoura com quem o tiver procurado para fazer uma compra.

Quando faço essas afirmações, você pode senti-las como um punhado de socos no estômago, algo bastante desmotivador, inclusive, não é verdade? Se esse for o seu caso, acorde já dessa hipnose boba, imaginando que ao trabalhar com vendas está fazendo amigos confidentes para o resto de sua vida. Isso é um autoengano. Você até pode estabelecer uma ou duas relações de amizades com algum dos seus clientes, mas esses encontros serão exceção. E tem mais, no fim das contas, estabelecer relações fraternais nem deveria ser o seu objetivo profissional, porque a ligação em que você está inserido com essas pessoas envolve dinheiro, prazos, produtos, serviço, entrega, devolução, todas características que não têm nada a ver com vínculos de amizade.

Para a cultura de países anglo-saxões essa distinção é mais evidente. Eles não duvidam nem um minuto sequer que estão em *business as usual* quando estão se relacionando comercialmente. Já para as pessoas de países com origem latina essa distinção é conturbada. Em algumas regiões aqui deste imenso Brasil, a prestação de serviço chega a ser entendida como quase um favor. Um ato que não precisa ser remunerado para acontecer.

Alguns brasileiros têm o péssimo hábito de não reconhecer o valor de certos profissionais que resolvem com muita facilidade as suas tarefas. Em várias dessas ocasiões, o trabalho desse profissional é desvalorizado com um sonoro: *"Mas era só isso?"*, *"Você nem teve trabalho para resolver o problema"*, *"Se eu soubesse que era tão fácil, eu mesmo tinha feito."* E esse é o "x" da questão, a pessoa não sabia que era "fácil" resolver, porque não tinha o devido preparo. Essa pretensa facilidade é fruto de experiência, de conhecimento, de qualificação.

Quando o investimento de nosso tempo em nossa capacitação para estarmos aptos a resolver as situações da melhor maneira possível não é evidenciado adequadamente, os clientes lançam mão desse não reconhecimento para jogar o pagamento lá para baixo, para regatear os preços, para conseguir descontos. Uma história popular resume bem essa situação:

> Um belo dia, lá no porto de Santos, um imenso navio cargueiro estrangeiro transportando uma carga avaliada em milhões, não conseguia zarpar do porto. Alguma peça da engrenagem de seu motor havia pifado. O capitão ao se ver naquela situação, rapidamente, acionou os mecânicos superespecializados de sua tripulação. Eles olharam daqui, de acolá, passaram horas discutindo, trocaram algumas peças e nada. O navio continuava parado no porto sem conseguir se mover. Ao ver o problema persistir, o capitão não duvidou, ligou para a companhia proprietária do cargueiro e chamou um prestador de serviço especializado, que prontamente, colocou uma equipe na embarcação para solucionar o problema, mas depois de horas eles também não conseguiram mudar a situação. Já era noite alta quando eles jogaram a toalha e entregaram os pontos, confessando não saber mais o que fazer para resolver a questão.
>
> Desesperado, o capitão começou a se ver sem saída até que um funcionário do porto, percebendo a situação, lhe procurou e falou: "Senhor, perto aqui do porto tem um

antigo mecânico de navios, seu João. Há anos ele conserta as embarcações que dão problema por aqui. O senhor não gostaria que eu fosse chamá-lo?"

Desconfiado, o capitão ouviu aquela história, refletiu e, sem ter outra ideia melhor, pediu que o trouxessem até o navio.

Já era madrugada quando bateram à porta da oficina de Seu João, e ele já estava em sua cama há um bom tempo. Mas seu João atendia a urgências "24 horas por dia"; ele não se fez de rogado ao ser chamado. Rapidamente, despertou, se levantou, vestiu o seu surrado macacão de trabalho, pegou a maleta de ferramenta, conferiu se tudo que ele precisaria estava lá e partiu para o porto.

Ao chegar por lá, ouviu atentamente o capitão que lhe explicou a situação e fez questão de lhe dizer que vários mecânicos, superqualificados, já haviam passado por lá, mas não conseguiram obter nenhum êxito. O motor do navio continuava sem funcionar.

Seu João pediu licença ao capitão e se embrenhou no maquinário do navio. Com gestos rápidos e precisos, trocou alguns canos, fez novos apertos, modificou alguns parafusos, uma hora depois o serviço estava terminando e o motor do navio voltou a funcionar.

Surpreso por sua agilidade, o capitão o parabenizou e lhe pediu a fatura do seu serviço, ao que, prontamente, seu João lhe respondeu: são R$500 mil. Impressionado pelo valor, o capitão lhe contestou: "Mas seu João, o senhor não fez quase nada! Mal ficou uma hora embarcado para resolver o serviço." Seu João lhe retrucou: "Uma hora em sua frente. Mas o senhor não me viu trabalhando ao longo dos últimos 40 anos. E foi todo esse tempo que me fez chegar aqui agora e resolver o seu problema com rapidez!"

A história de seu João, uma fábula moderna, digamos assim, exemplifica o valor do preparo, demonstra como quando estamos preparados profissionalmente, resolvemos com assertividade as questões e podemos oferecer um serviço mais interessante, portanto, cobrar um valor justo e alto por nossa capacidade profissional.

O preparo interrompe o nosso ciclo de perdas, porque ele é uma das engrenagens da roda da fortuna. Ele quebra o medo paralisante, aquela sensação que tira a nossa coragem de ação, que nos afasta de correr riscos que vão nos levar aos ganhos substanciais e verdadeiramente relevantes. Ele nos gera autonomia.

DIANTE DO ESPELHO

Quando comecei a trabalhar com vendas, tinha vergonha de falar com as pessoas, de ligar para agendar um encontro. Ficava extremamente constrangido quando me falavam que aquele não era o momento ideal para ligar, que eu estava interrompendo algo importante que elas estavam fazendo. Aqueles retornos negativos me constrangiam, me inibiam, mas diante daquela situação, decidi estabelecer um firme propósito, independentemente do tempo que fosse preciso, mudaria aquela situação. Oras, afinal eu era vendedor e vendedor tem de conversar com as pessoas, vendedor liga para oferecer algum produto, vendedor não pode se inibir ou desistir facilmente, era preciso insistir, persistir. Assim, desenvolvi um treinamento para lidar com essas situações.

Antes de ligar para os clientes, simulava a ligação que faria. Literalmente, eu pegava um telefone, ia para a frente do espelho e treinava a minha fala, o nosso possível diálogo. Me munia da quantidade máxima de informação que conseguia obter do meu interlocutor e da sua empresa e, basicamente, praticava exaustivamente duas situações de relacionamento. A primeira em que, ao me contestar, ele seria uma pessoa com muita resistência, com respostas ríspidas e evasivas. Na segunda possibilidade, eu teria uma circunstância absolutamente oposta. A pessoa seria muito cordial, estaria aberta a me ouvir e interessada em meu produto. Esse exercício tornou-se uma prática religiosa. Antes de qualquer ligação, pegava o telefone me colocava em frente ao espelho e mandava ver. Ao me sentir confiante, imediatamente, fazia a ligação. Era importante ligar após a prática porque todos os meus argumentos estavam recentes em minha memória e não me atrapalhava. Para mim essa técnica funcionou demais, foi um diferencial para o início da minha carreira.

Simulava sem parar e ligava para os clientes incansavelmente. Até o dia em que não precisava mais de tanto treinamento, porque o cotidiano das vendas me preparava. Mas daí, decidi fazer palestras e naquele momento usei da mesma estratégia para me sentir confiante. O espelho era a minha plateia, diante dele ensaiava todas as minhas apresentações.

Montava palestras de duas horas e quinze minutos e as ensaiava completamente, fala a fala, slide a slide, piada a piada, que encaixaria em minhas apresentações. A repetição me tornou mais atento, mais focado e com muito mais versatilidade para enfrentar plateias de qualquer tamanho.

Quando subo no palco para me apresentar, sei exatamente o que vou fazer e tenho certeza de que essa precisão e confiança são responsáveis por terem me transformado no palestrante mais contratado no Brasil na área de vendas. O preparo me tornou muito bom.

Quando sabemos que as coisas vão acontecer ou, pelo menos, sabemos que podem acontecer, nós já nos preparamos para os possíveis cenários. Imagine se você soubesse um mês antes que o governo vai bloquear ou limitar os saques das contas-correntes? O que você faria? Claro, você retiraria o dinheiro da sua conta antes da fatídica data para o bloqueio bancário. Ou se você soubesse que haverá uma apresentação especial para quinhentos empresários interessados em adquirir o seu projeto, o que você faria? Se prepararia com mais zelo para a ocasião? Claro que você sim! Ou ainda, se você fosse um jogador de futebol e na final do campeonato, você fosse o escolhido para cobrar o pênalti decisivo da competição, você se prepararia para esse momento decisivo em sua carreira?

A repetição é uma das maneiras mais eficientes e práticas para se assimilar um conhecimento, adotar um determinado comportamento, obter resultados melhores em suas ações. Quando repetimos, dizemos para o nosso cérebro que aquilo é algo que conhecemos, nos sentimos seguros e isso nos possibilita para, além de fazer melhor e mais rápido as nossas atividades (sem dúvida nenhuma essa habilidade é de grande valor para o mercado), assumimos também mais desafios, nos arriscamos mais e essa condição amplia nossas possibilidades.

Ao estudarmos ou entrarmos em contato com outros conhecimentos teóricos, estamos indiscutivelmente nos preparando. Quando lemos e diversificamos nossos conhecimentos, nosso cérebro cria as sinapses que são as junções dos neurônios, construindo os atalhos apropriados para a elaboração de nosso raciocínio. Isso nos permite ter agilidade de pensamento, nos ajudando inevitavelmente a tomar mais decisões, afinal nossa carga de informação se amplia nos deixando mais seguros para exercermos nossas escolhas.

Outra forma de nos preparar é aprendermos com os outros. Aliás, uma das maneiras mais ancestrais de transmissão do saber. Ainda hoje, algumas culturas baseiam o seu sistema educacional na transmissão oral do conhecimento entre as pessoas mais idosas e os mais jovens. Aprender com o outro é uma excelente maneira de ampliar nossa compreensão sobre o que nos cerca e consolidar nosso repertório de ação. E esse aprendizado nem precisa ser direto ou acontecer oralmente. Uma das maneiras mais eficazes de obtê-lo é por meio da leitura de biografias.

Ao lermos a história de vida de quem admiramos, quem nos inspira e que conseguiu conquistar o que gostaríamos de conquistar, é como se tivéssemos o poder de antecipar nosso futuro, afinal, ao entrar em contato com o relato de quem gostamos, temos a chance de aprender algo, sobretudo, pelo privilégio de acompanharmos determinadas situações que provavelmente vamos passar. Isso nos instrumentaliza para nos precaver. Conseguimos antecipar cenários e estruturamos um plano de ação. No final das contas quando nos preparamos, em geral, conseguimos vislumbrar maneiras diferentes de fazer o que fazemos; ou até mesmo encontramos oportunidades desconhecidas, inusitadas.

Quanto mais ignorante é a pessoa, menos preparo e conhecimento ela tem. Nosso mundo é do tamanho de nosso conhecimento. E quando nosso conhecimento é pequeno, limitado, aceitamos o que acontece sem contestações, porque em nossa ignorância as circunstâncias são como se fossem imutáveis, inexistem outras maneiras para resolvê-las. Até por isso, popularmente, costuma-se dizer que o ignorante é feliz. Mas essa afirmação perde de perspectiva o inconformismo, porque esse sentimento simplesmente some do nosso vocabulário, consequentemente, de nossas vidas. Aceitamos as circunstâncias e nos impedimos de sair desse círculo vicioso de pobreza e mediocridade. Mas é importante lembrar, todos nós temos um certo grau de ignorância sobre vários assuntos. Desconhecemos inúmeros saberes, técnicas, acontecimentos, experiências. Eu, por exemplo, ignoro inúmeras coisas, desconheço diversos assuntos, mas não é o caso de vendas. Por isso, ao falarmos de preparação específica para vendedores, gosto de trabalhar em cima de três pilares:

- Conhecimento
- Habilidades
- Atitudes

O velho e famoso **CHA**, que por sua importância já o mencionei anteriormente. Neste capítulo, contudo, detalho uma modelagem para a sua aplicação.

Para saber exatamente o que precisa desenvolver nesses três pilares, gosto muito de modelar as pessoas que são referências para mim. Quem está onde eu gostaria de estar e alcançaram o que eu desejo alcançar. Por isso, elaboro algumas perguntas referenciais:

A MODELAGEM DO CHA

1. Qual é o seu Conhecimento?

- Quais ferramentas eles utilizam muito bem que as ajudam obter resultados espetaculares? (CRM, LinkedIn, mídias sociais etc.)
- O quanto eles conhecem do mercado? O quanto conhecem dos seus concorrentes?
- O quanto eles conhecem dos produtos e serviços que vendem?

2. Quais são as suas Habilidades?

- Como prospectam novos clientes? Quais ferramentas utilizam? Quando fazem?
- Como entram em contatos com os clientes? Como geram confiança?
- Como descobrem as dores dos clientes? Quais perguntas fazem?
- Como lidam com desconto? Como conseguem apresentar valor?
- Como mantêm o relacionamento com os clientes?
- Como vendem mais para os mesmos clientes?
- Como pegam indicações?

3. Quais são as suas Atitudes?

- Como lidam com as decisões?
- Há quanto tempo trabalham?
- Quão focado são?
- Como gerenciam o tempo?
- O que fizeram em situações difíceis?
- Quanto tempo levaram para chegar onde estão?

> Em linhas gerais, essa modelagem também responde a outras perguntas, como por exemplo:
>
> **1** No que essas pessoas são referência para você?
>
> **2** Qual preço pagaram para estar onde estão?
>
> **3** Você tem condição de pagar esse preço?
>
> **4** Se não tem, o que falta?
>
> **5** Está disposto?
>
> **6** Faz sentido para você?

Talvez, o maior dos benefícios da preparação é o fato de que, ao se preparar, você fica extremamente corajoso. Quando se prepara, você adquire meios e ferramentas que o deixam confiante de saber que tem inúmeras alternativas para resolver o mesmo problema. Como um lutador muito bem treinado que sabe atacar, defender e contragolpear.

#Orgulho de Ser Vendedor

Treino duro, jogo fácil.

Nada deixa uma pessoa tão corajosa quanto ela estar segura sobre como agir diante de uma situação. Os grandes negociadores que conheço trazem para o início da conversa as objeções que vão ter, diferentemente da maioria dos vendedores que fogem das objeções por não saberem o que fazer.

CAPÍTULO 19

COMO SE TORNAR EXCELENTE MESMO NÃO SENDO UM GÊNIO

> "Os seres humanos têm um impulso inato para serem autônomos, autodeterminados e conectados uns aos outros. Quando esse impulso é liberado, as pessoas vivem vidas mais ricas."
>
> **DANIEL PINK, ESCRITOR.**

Darvino Concer era o nome de meu pai, que sempre foi mais conhecido como *professor Darvino*. Ele era absolutamente apaixonado por seu trabalho e se dedicou muito ao seu ofício, por isso, ter sido reconhecido como *professor* ao longo de sua vida foi um grande orgulho para ele. Por sua vez, para quem o acompanhava, sua carga horária parecia não ter fim. A dedicação ao que fazia era tão imensa que algumas das minhas primeiras memórias de infância sobre ele são de suas longas jornadas de trabalho. Ele costumava sair de casa com o nascer do sol para ter certeza de que chegaria à escola onde dava aulas às 6h30; e por lá ficava até altas horas da noite, só voltando para casa por volta das 23h. Como bem diz o ditado, *ele trabalhava de sol a sol*. De segunda a sexta-feira, sem falhas, era essa a sua rotina e ele não se fazia de rogado. Se precisasse dar expediente aos sábados, lá estava o professor Darvino pronto e sorridente para o dia de labuta.

Com o tempo, além de estar em sala de aula, ele se tornou diretor de escola. Foi uma promoção muito bem-vinda não só pelo aumento salarial, mas porque aquela função permitiu a ele exercer o seu ofício como educador de uma maneira mais abrangente, e a paixão dele pela educação mudou a vida de muitos que cruzaram o seu caminho.

Porém, com a quantidade gigantesca de afazeres profissionais, restava pouco tempo para se dedicar como gostaria à família. Com ele, tínhamos o domingo, dia em que se fazia presente integralmente. *"Aos domingos, exerço o meu papel de pai"*, costumava comentar.

Eu, particularmente, discordo desse pensamento de que ele só exercia o papel de pai uma vez por semana. Para mim, a sua ausência física, decorrente das longas horas de trabalho, nunca foi impedimento para me sentir próximo a ele. Eu entendia que aquela foi a forma encontrada para cuidar dos seus filhos, da esposa, entre outros parentes. De alguma maneira, ao compreender o comportamento de meu pai, entendi, desde muito pequeno, que as pessoas podem estar presentes mesmo à distância. Por isso, quando de fato podíamos estar todos juntos, aos domingos, nossos encontros eram muito especiais.

Para celebrarmos a presença de cada um de nós, de nossa proximidade, meu pai organizava uma das mais tradicionais formas de socialização do brasileiro, o churrasco. Ele tinha absoluta confiança na eficácia desses encontros.

Para começo de conversa, ele pilotava a churrasqueira com maestria, mas entendia profundamente que assar a carne (por vezes, ficar junto ao fogo por mais de nove horas para deixar uma deliciosa costela no ponto, que seria devorada em não mais de trinta minutos) era um mero detalhe. O importante daqueles momentos, sem sombra de dúvida, eram as conversas e troca de afeto que aconteciam a partir do pretexto daqueles almoços, do encontro das pessoas ao redor do churrasco. Assim, todos os domingos, ele seguia firmemente o seu ritual. Afinal, ele sempre foi um homem disciplinado.

Para garantir as melhores carnes, logo cedo, ele pulava da cama para ir à *Casa de Carnes SS*, um tradicional açougue da cidade de Bauru onde morávamos à época, interior de São Paulo, que ficava próximo ao Estádio do Noroeste; e ele sempre fazia questão de me levar junto, me assegurando: "*Filho, nesse horário vamos garantir as melhores peças de carne.*"

Por outro lado, eu, como a maioria das crianças em circunstâncias semelhantes, o acompanhava emburrado, porque preferiria ficar com meus amigos jogando bola na praça em vez de *"perder meu tempo"* saindo de casa para comprar carnes. Mas meu pai era irredutível quanto a minha presença. Ele não abria mão da minha companhia e fazia questão de me lembrar que aquele era o único dia em que poderia ficar comigo por mais tempo, portanto, queria aproveitar cada segundo daqueles encontros.

Entretanto, eu não ia contrariado ao açougue simplesmente pelo fato de que não poderia encontrar os meus amigos ou ficar em casa dormindo. Não era esse o caso. Eu não gostava daqueles momentos sobretudo pela "vergonha" que ele me fazia passar todas às vezes que conversávamos com o açougueiro. Naquela época, eu não poderia imaginar que aqueles momentos se manteriam tão vivos em minhas memórias e anos mais tarde eu os lembraria com tanto carinho e de maneira completamente saudosa.

Como em uma coreografia extremamente bem ensaiada, o ritual de meu pai aos domingos no açougue era sempre o mesmo. Não havia erro. Ao chegar à loja, ele fazia alguma graça com "Bigode", o dono da Casa de Carnes, e se dirigia a um dos seus funcionários para pedir uma peça de *Noix*, a melhor carne que podíamos pagar.

Ao ouvir o nosso pedido, o açougueiro prontamente se dirigia à câmara frigorífica e nos trazia a peça como solicitada. Aquela movimentação, contudo, era o momento crucial para mim, precedia a ocasião em que me sentiria mortalmente envergonhado. Furtivamente, olhava para os lados para ver se as pessoas nos observavam e, em minha imaginação, procurava encontrar um buraco no chão para sumir, desparecer para sempre. Tudo em vão. À minha espreita, rapidamente, a vergonha me tomava de assalto.

Meu pai era muito teatral, habilidade que desenvolveu primorosamente em sala de aula para garantir a atenção de seus alunos. Só que ele usava e abusava desse recurso de comunicação em situações que iam muito além das escolas e, como não podia deixar de ser, o açougue também era palco para ele exercitar os seus dotes de atração e convencimento de seu interlocutor.

Praticamente, todos os domingos eu o ouvia falar o mesmo texto e acompanhava a sua "encenação" que já sabia de cor. Ele se virava para o açougueiro, pegava a peça de *Noix* de suas mãos, a colocava na altura dos seus olhos e perguntava:

"Entre todas as peças de *Noix* que você tem aí na câmara frigorífica essa é a que você levaria para as pessoas que você mais ama na vida? Essa é a carne que você levaria para um churrasco especial em que essas pessoas vão estar reunidas uma única vez na semana? Ou será que você poderia encontrar algo ainda melhor?

Essa fala de meu pai revirava o meu estômago, me fazia ter uma intensa e súbita vergonha. Naquelas ocasiões, eu simplesmente queria sumir daquele lugar. Eu tinha certeza de que os açougueiros com os quais ele conversava não estavam esperando por um questionamento daquele tipo, por isso, a sua pergunta me constrangia sobremaneira. Os outros clientes não os questionavam daquela forma, ao menos, até ali eu nunca tinha visto um diálogo parecido. Porém, diante da insistência do meu pai e do tom de voz usado por ele, os açougueiros interpelados invariavelmente o respondiam: "*Pode deixar, professor. Vou ver se encontro algo ainda melhor para o senhor*". E pegavam a peça da carne das mãos de meu pai e voltavam para dentro da câmara frigorífica, em busca de atender a expectativa dele. Por minha vez, ali completamente constrangido com aquela cena, do alto de meus oito, nove anos de idade, o encarava como podia e lhe dizia:

— *"Pai, você sempre faz a mesma coisa! Ele vem com a carne e você fala a mesma coisa!"*

Ele me ouvia atentamente, me olhava com toda a paciência do mundo e me respondia:

— *"Filho, e você já percebeu que ele sempre volta com uma peça melhor? Sabe por que isso acontece?"*

Em todas as ocasiões eu mantinha uma cara de interrogação e ele complementava:

"Porque as pessoas sempre podem fazer mais, melhor ou mais rápido. Elas só precisam ser provocadas para isso."

Quando criança, eu não tinha a menor maturidade para compreender a dimensão daquele pensamento, mas ao me tornar adulto, entendi que aquela reflexão se tornou um dos meus mais importantes ensinamentos na vida. É um comportamento que levei para o meu trabalho e que também transmito na educação de meu filho e compartilho com os meus amigos. De fato, as pessoas podem sempre fazer mais, podem se esforçar para se aprimorar naquilo que estão executando, podem ter mais eficiência e imprimir mais assertividade e rapidez em suas ações, se forem incentivadas para isso. Se forem realmente vistas, adequadamente escutadas e devidamente questionadas. Nós podemos sempre nos superar e exceder as expectativas do outro.

Ao amadurecer, esse comportamento ficou cada vez mais evidente e percebi que ele sempre está presente na história de quem é bem-sucedido, assim como o encontramos nos mais variados cases de sucesso do universo corporativo. Ele é um componente de distinção para um processo realmente *evolutivo* o que difere de um movimento *revolucionário*. Afinal, como refletia o escritor russo Fiódor Dostoiévski: "O povo não quer Deus, o povo quer milagres."

Geralmente, as pessoas buscam por atalhos ou revoluções para conquistar seus objetivos, mas se esquecem que toda revolução traz muito sangue, suor, dor, traição e um que de falcatrua. Sendo assim, quando queremos de fato uma trajetória próspera, precisamos nos empenhar sem medidas para conquistá-la e, consequentemente, evoluirmos. Na vida não precisamos, necessariamente, fazer uma revolução, mas temos de evoluir constantemente.

ALÉM DO DINHEIRO

Em capítulos anteriores, vimos aqui que os maiores empresários do mundo evoluíram. A revolução que fizeram foi por meio de um processo de transição, passo a passo, errando, testando novos caminhos, novas saídas, recuando quando necessário, mas sempre fazendo um pouco mais a cada dia. Se esforçando para fazer um pouco melhor, para serem mais rápidos. Agora, olhe para você e responda alguns questionamentos:

- Quais são os conhecimentos, habilidades e atitudes que você aprendeu nos últimos cinco anos de sua vida e que foram fruto da sua busca ativa, planejada, não somente fruto da sua experiência?
- De verdade, o que você foi atrás para mudar?
- De uma forma inconformada, qual foi a saída que você buscou para uma situação específica que você gostaria de ter aprimorado em sua vida?

E eu não estou falando aqui, necessariamente da execução de algo grandioso apenas. Você pode ter buscado tudo isso por meio da leitura de um livro, de um curso, da introdução de um novo hábito. Seja lá como for:

- De quanto em quanto tempo a sua ação consciente o jogou para um outro patamar em sua vida e profissão?!

A falta de resposta para esses questionamentos, em muitos casos, indica por que grande parte das pessoas está estagnada em suas vidas. Elas trabalham quinze anos na mesma atividade, mas na verdade não têm quinze anos de experiência, têm apenas uns três anos, quando muito. Basicamente, aprenderam atividades distintas nos três primeiros anos de sua carreira profissional e nos doze anos seguintes deram prosseguimento a uma rotina monótona, maçante, apenas repetindo o que entraram em contato no começo de suas atividades profissionais. Não se esqueça: **experiência é diferente de tempo de trabalho!**

Com toda a certeza do mundo, a experiência é uma ótima professora, mas ela é um pouco lenta em seus ensinamentos e, grande parte das pessoas não tem todo o tempo do mundo disponível para assimilar os ensinamentos da experiência. Provavelmente, você que me lê agora não tem todo esse tempo para assimilar esses ensinamentos.

Porém, cada vez mais os mercados profissionais nos cobram uma mudança de atitude profissional. O ano de 2020 foi um marco recente com o surgimento da pandemia do coronavírus, que nos obrigou a uma mudança de mentalidade, de conhecimento e principalmente de atitude. Tudo ficou muito mais rápido.

No setor de vendas, por exemplo, o cliente está mandando no mercado mais do que nunca. Por isso, o cotidiano de quem está inserido nesse segmento profissional é tão desafiante. O exercício cotidiano da profissão de vendas precisa ser encarado como a construção de uma espiral em que a cada dia é preciso dedicação para dar uma volta ascendente, do contrário, quem não se esforçar nesse sentido, corre o sério risco de ficar para trás, de ser suplantado pelos acontecimentos, pela evolução consequente do mercado. A excelência profissional só é conquistada quando colocamos em cursos nossa evolução diária.

Obviamente, teremos momentos de mais intensidade nessa dinâmica. Haverá ocasiões em que precisaremos investir mais tempo, energia ou dinheiro para entrarmos em outro patamar profissional que pode nos conduzir ao tão desejado estágio de sucesso. Em outras circunstâncias essa dinâmica será mais lenta, menos exigente, mas isso não quer dizer que podemos relaxar. Precisamos nos manter alertas e aplicando a devida energia para as coisas acontecerem.

Seja como for, essas circunstâncias exigem dedicação e uma dose significativa de estresse. Tendo essa condição em perspectiva é preciso redobrar a atenção e os cuidados para saber "dividir" esse nível de estresse em pequenas doses, porque do contrário, se o trabalho for constantemente envolto em muito estresse, no meio dessa jornada, você vai ter sérios comprometimentos físicos de saúde. O trabalho pode matá-lo e essa não é uma mera figura de linguagem.

Quando, por exemplo, você está empregado em uma empresa em regime de CLT, não é simples provar aos seus chefes que você é merecedor de promoções. Para galgar novos postos em sua carreira é preciso bater metas constantemente, desenvolver habilidades técnicas e comportamentais, dominar ferramentas como Excel, CRM, ERP, aprender novos idiomas, aprimorar a sua oratória e tudo isso tem de ser feito ao mesmo tempo, indiferentemente à sua vontade. É uma situação semelhante àquela velha imagem em que o carro está descendo uma ladeira e, além de conduzi-lo, você tem de trocar a roda com o veículo em movimento. Em outras palavras, sim é difícil de fazer, mas é possível! A boa notícia nesse contexto é que ao longo de sua carreira as etapas que você tem de cumprir para evoluir vão diminuir. Ao menos, ficarão mais leves.

Quanto mais atividades você fizer, mais experiência ativa e consciente você vai conquistar, diminuindo dessa forma o nível de exigência das demandas que são necessárias para a realização de seus afazeres.

Nesse contexto, a organização de seu tempo, de suas tarefas, é um fator primordial para o melhor fluxo de tudo o que você faz. No setor de vendas, constantemente lembramos aos vendedores, em treinamentos e capacitações, que eles vão atingir melhores resultados se conseguirem que seus clientes tomem pequenas decisões, no processo de suas compras. Em vez de forçá-los a tomar uma grande decisão de uma única vez. Esse pensamento também é válido para você. Ele pode ser aplicado em qualquer área profissional na qual você esteja envolvido ou de seu comportamento.

Ao longo de um dia, é mais fácil você separar trinta minutos para se dedicar a alguma aprendizagem, uma atividade física, uma mentoria, do que se esforçar por seis horas seguidas em uma única tarefa, num único dia. Além de você tomar um tempo absurdo de sua agenda, você acabará extenuado, podendo facilmente se desmotivar e desistir de seus objetivos.

Lembre-se, evolua durante a sua jornada diária. Adote um comportamento ininterrupto de busca pelo novo, pelo aprendizado, por realizar os seus compromissos de maneira diferente, diversificando as suas soluções. Tenha um compromisso sério com o seu aprendizado e evolução (pessoal e profissional). Você não precisa agir de maneira insana trocando a sua vida por dinheiro. O dinheiro é fundamental, é muito bom tê-lo, ele te proporciona conforto, mas é apenas parte de seu cotidiano, um elemento entre tantos outros em sua história.

Sua vida não se resume aos valores monetários que você é capaz de produzir e ele vai aparecer com mais facilidade quando você encontrar um caminho de promoção da excelência em tudo aquilo que você se propõe a realizar. Das tarefas mais triviais às suas complexas decisões, procurar fazer o seu melhor é uma chave inconteste para o seu sucesso financeiro. E, se por acaso, você ainda se questiona sobre o que é excelência, a reposta para essa sua dúvida é simples. Excelência é uma busca constante. A excelência está no processo de procurar o aperfeiçoamento em suas atitudes, relações, funções, em tudo aquilo que você desempenhar.

Quanto mais você procurar ser excelente, naturalmente, as suas oportunidades de conquistas vão aumentar. Você terá mais repertório de informação, conhecimento, e estará mais bem instrumentalizado para agir. Sobre esse assunto, Mário Sergio Cortella em seu livro *Ainda Dá* define:

> "A excelência é um horizonte, não um local aonde se chega. É uma referência de movimento contínuo, não um patamar em que se estaciona. Se imaginada como uma linha de chegada a ser cruzada, a possibilidade de ser excelente se esvai. Porque a noção de excelência está ligada a ideia de melhor. E melhor não é uma escala, com gradações de ótimo, bom, regular, ruim e péssimo. Excelência é a atitude de buscar ultrapassar, de avançar, de ser melhor do que se está."

A essa reflexão acrescento que para vivermos a jornada da excelência precisamos ativar nosso modo de *ação da consistência*. Afinal, a consistência está diretamente ligada ao fazer pouco a pouco, diariamente, de maneira persistente, com resiliência. Não é preciso acelerar a todo o momento. O mais importante nessa jornada é não parar!

Eu, particularmente, não canso de sentir na pele os efeitos de uma teoria do psicólogo Abraham Maslow quando ele reflete sobre a quantidade de informação e atividades que conseguimos aprender ao longo de um dia. De acordo com as suas observações, não conseguimos guardar, reservar, para outro dia esse aprendizado. Não funciona como um estoque. A gente não consegue usar a quantidade de informação de ontem para aprender hoje.

Maslow garante que cada ser humano possui o seu próprio "potencial diário" de aprendizado, ou seja, temos um nível máximo de conteúdo que conseguimos absorver em um dia. Esse potencial não é influenciado por raça, hereditariedade ou geografia e nem pode ser mais desenvolvido pelos que possuem dinheiro para investir nisso.

A média do *potencial mental* de qualquer comunidade pobre da África é provavelmente igual ou bem próxima à média do *potencial mental* dos brasileiros, suíços, norte-americanos e assim por diante.

Nos lugares mais pobres, menos desenvolvidos e remotos do mundo há pessoas com alto potencial mental, assim como nos países mais desenvolvidos existem pessoas com baixo potencial mental. Esse potencial é totalmente aleatório e justo. A diferença não está em onde você nasceu ou quão rico você é, mas sim na maneira como você aproveita ou desperdiça a sua cota diária desse potencial. Claro, é preciso sempre considerar as condições de acesso e infraestrutura disponíveis. Elas facilitam a dinâmica de uso e assimilação desse potencial.

O consultor Rafael Danigno que possui um blog focado no desenvolvimento das pessoas, baseado na teoria de Maslow sobre potencial mental, fez uma conta muito interessante para demonstrar o seu poder em nossas vidas e como o nosso preparo interfere em seu resultado. Rafael exemplificou:

"Imagine que Renata possua um Potencial Mental de "10 conhecimentos" por dia. Enquanto o Potencial Mental de Ana seja de "9 conhecimentos" ao dia. Em um ano, Renata tem o potencial de chegar a um nível de "3.600 conhecimentos" (360 × 10), enquanto Ana só conseguiria alcançar "3.240" (360 × 9). Até os 80 anos de idade, Renata pode alcançar "288 mil conhecimentos" (80 × 3.600) e Ana apenas "260 mil"

(80 × 3.240). No entanto, Renata não aproveita o seu alto Potencial Mental, enquanto Ana sim. Ela faz bom uso de suas habilidades. Ana não só se desafia diariamente em seu emprego, como também se mantém constantemente estudando, buscando crescer por conta própria, matriculando-se em cursos e atividades de seu interesse. Dessa forma, no final de um ano, Renata estará praticamente igual a como começou a sua jornada, enquanto Ana, por sua forma de se comportar, terá absorvido "2.900 conhecimentos" a mais. Seguindo a ideia de Maslow, a cada dia em que Renata não aproveita o seu Potencial Mental, ela deixa de aprender "10 possíveis conhecimentos" que poderia conquistar em sua vida. Em 10 anos sem investir em si, Renata perderá "36 mil possíveis conhecimentos", fazendo com que o seu limite de "conhecimento" adquirido decresça de "288 mil" para "252 mil". Apesar de ter um Potencial Mental superior ao de Ana, a sua leniência consigo, a sua falta de interesse por aprender, transformou o seu limite de aprendizagem, o tornando inferior ao de Ana. Veja a dramática consequência deste comportamento para Renata: cada dia perdido é irrecuperável!"

Esse exemplo comparativo mencionado por Rafael em seu blog reforça a ideia de que o **Preparo**, como um dos elementos fundamentais à nossa evolução, só terá alguma validade em nossas vidas quando conjugado aos outros três elementos, princípios, para o nosso desenvolvimento: **Consciência** (afinal, agora você tem mais informações, "ferramentas" e sabe que é possível fazer diferente), **Inconformismo** (não aceita estar naquele patamar sabendo das outras oportunidades) e **Consistência** (fazer das novas ferramentas e oportunidades um hábito).

Além disso, quanto menos preparo você tem, mais coisas você precisa aceitar, inclusive um péssimo emprego. Quando o profissional é menos diferenciado, menos qualificado, menos opções para solucionar problemas, encaminhar resultados ele tem. Daí, ele é menos valorizado no mercado.

É sempre importante lembrar, a maioria das pessoas consegue aprender muito mais do que elas mesmas acreditam que podem aprender.

Como o meu pai dizia: *"Podemos fazer melhor ou mais rápido. Só precisamos ser provocados para isso."* Mas, na verdade, grande parte das pessoas nem sequer acredita que precisa saber mais, preparar-se mais.

Geralmente, acreditamos que sabemos muito mais do que de fato sabemos, e essa condição é uma afirmação da ciência. Esse comportamento, inclusive, explica o fato de termos de conviver com pessoas completamente ignorantes em um assunto, discorrendo sobre teorias mirabolantes e seus pontos de vista fenomenais e fundamentais. Todo mundo tem uma história dessas para contar, porque estamos expostos a elas a todo o instante.

É aquele seu amigo que, do nada, virou um "PhD" e age como se tivesse a solução para todas as doenças do mundo. Ou aquela sua prima terraplanista que mesmo nunca tendo estudado nem uma página sequer de astronomia, durante as reuniões de família, defende com unhas e dentes a ideia de que a Terra é plana. Há um nome para esse comportamento, uma espécie de classificação comportamental. Ela está sob o Efeito Dunning-Kruger, que resumidamente trata do fato de que quanto menor é o conhecimento sobre um determinado assunto, maior é a crença dessa pessoa sobre o fato e suas implicações. Ou seja, quando sabemos muito pouco sobre algo, agimos como se tivéssemos todo o conhecimento necessário e suficiente do mundo, formulando as mais diversas e aleatórias conclusões.

O Efeito Dunning-Kruger foi reconhecido pela comunidade acadêmica em 1999, em decorrência do trabalho de pesquisa de dois professores de psicologia nos Estados Unidos, David Dunning e Justin Kruger. Como eles investigaram esse fenômeno comportamental, tiveram a honra de serem homenageados em sua identificação científica.

As pesquisas que conduziram sobre essa característica humana ganharam repercussão mundial, principalmente na comunidade acadêmica, quando publicaram o resultado dos seus estudos no *Journal of Personality and Social Psychology*. Naquela ocasião, eles cravaram o conceito de que, de fato: *"O ser humano se acha melhor, mais capacitado e preparado do que realmente é."* E pior: *"Quanto menos sabemos sobre algo especificamente, nossa tendência e acreditar que já sabemos o suficiente."*

Essa atitude decorre do fato de que como, intimamente, somos conscientes de nosso conhecimento limitado, nos agarramos no pouco saber que temos para formular nosso discurso. Discorremos a partir de invencionices, justificando assim nossas incertezas.

Os estudos dos professores Dunning e Kruger evidenciaram nossa característica de que, ao desconhecermos um fato em toda a sua complexidade, fazemos conclusões apressadas porque ignoramos a sua dimensão e extensão. Daí, nos atemos às informações mais superficiais e simples para conjecturar.

Diante dessa informação é importante ressaltar que esse comportamento é inerente ao ser humano, todos nós o temos. Ele não é uma exclusividade de um grupo étnico, de quem tem determinadas características comportamentais, biológicas ou afins. Todos nós, em maior ou menor grau e intensidade, nos enquadramos no efeito Dunning-Kruger. Essa conclusão é até lógica, porque não somos um Google ambulante. É impossível ser um expert ou mesmo ter um conhecimento minimamente razoável sobre todo e qualquer assunto.

Assim como devemos reconhecer que esse comportamento de sairmos por aí desenvolvendo e tagarelando conclusões erradas, superficiais e inadequadas, resulta também da nossa brilhante capacidade cerebral de cognição. Nosso cérebro nos instrumentaliza para discorrermos com bastante eficácia quando queremos nos expressar seja lá sobre o que for. Temos uma incrível capacidade de identificar comportamentos repetitivos, somos mestres em criar hipóteses, elaboramos sofisticadas narrativas, fazemos as mais diversas e impensáveis associações de fatos e informações, dessa maneira, somos absolutamente preparados, capacitados para, a partir de muito pouco, inventarmos histórias fascinantes, nos convencermos de sua autenticidade e convencermos o outro sobre a sua veracidade e validade. Reside nessa faceta do ser humano o surgimento do Efeito Dunning-Kruger. Temos a capacidade para criar e não nos furtamos de exercer essa nossa faculdade.

Diante de tal conclusão, e da possível perplexidade que ela poderia gerar, afinal, se podemos criar as mais mirabolantes histórias, como podemos interagir com o outro a partir de informações corretas, verdadeiras? Como saberemos que aquilo que o outro nos fala tem algum aspecto de verdade ou a história que ele está me contando de forma tão assertiva, com ares de tanta importância, não passa simplesmente de uma lorota bem elaborada para me enganar?

Vale pontuar aqui que esses questionamentos são alguns dos grandes dilemas sociais da contemporaneidade desde a disseminação das fake news, potencializada por nossas relações virtuais. A resposta, ou no mínimo, uma ação cautelosa para o volume de informação ao qual estamos expostos tem sido um dos nossos maiores desafios.

De certa forma, os professores Dunning e Kruger, ao repercutir as suas descobertas, nos apontaram alguns caminhos seguros a seguir nessas situações. Eles destacaram a importância de sempre *ouvirmos feedbacks e reconhecermos nossos erros*. Para eles, esses dois aspectos seriam essenciais, porque em nossa constituição como seres humanos: "*Superestimamos nosso conhecimento e isso é natural. O problema está em insistir no erro, quando uma vez identificada a falácia, permanecemos acreditando nela.*" Para eles, essa é "*a verdadeira ignorância*" que podemos cometer.

UMA CAMINHADA PRAZEROSA

O historiador e ensaísta irlandês, William Lecky, desenvolveu uma teoria chamada "círculo de expansão". Nela, ele defendeu a tese de que evoluímos da preocupação íntima para uma inquietação mais coletiva, saindo de nossa dimensão individual para enfrentarmos as questões familiares, sociais, de país, do mundo. Essa evolução ocorre porque ampliamos nosso contato com outros estágios de nosso ser, com camadas subjetivas mais profundas e com níveis de relação social mais complexos.

Toda nossa interação conosco e com o outro nos faz evoluir, nos modificamos. Até porque se esse movimento natural da mudança não ocorrer, corremos o risco de nos paralisarmos e ficarmos eternamente enxugando gelo, sem sair do lugar, lidando com os mesmos problemas que vão e vem a todo instante.

Neste livro, busquei despertar a sua consciência para a importância dessa mudança que só ocorre com esforço e comprometimento. Nosso sucesso não cai do céu por vontade nossa. Se não formos atrás de fazer nossa vida acontecer, ela vai ficar esquecida e aí entramos nos comportamentos de sabotagem, de vitimismo, que é quando jogamos para o outro a responsabilidade por nossos erros e fracassos. Por isso, para você não se colocar nesse lugar, tentei provocá-lo a encontrar essas camadas mais profundas de sua organização tanto profissional como pessoal, sem se esquecer que somos bem mais do que um conjunto de preocupações individuais.

Vivemos em sociedade, nos relacionamos a todo momento. Se não entendermos que o que afeta o outro também nos afeta, não conseguiremos nos tornar um vendedor pleno, uma pessoa melhor. Afinal, o mundo é muito maior do que somente os nossos desafios particulares. E essa grandeza do mundo, física e subjetiva, está diante dos nossos olhos. Não a enxergar é se manter cego e medíocre. Você abandona a sua prosperidade.

Nós podemos, sim, deixar um legado significativo às futuras gerações de vendedores, principalmente, quando fazemos isso a partir de uma experiência de vida exitosa, rica em experiências, diversa em encontros e interações sociais. Sobretudo, sendo protagonistas desse movimento, dessa vida. Faço essa afirmação a partir de minha experiência profissional, de minha trajetória. Em todos os anos de desenvolvimento de minha carreira, que já somam mais de duas décadas, já interagi com mais de 150 mil pessoas em meus treinamentos. Tive a oportunidade de ter sido contratado por mais de 600 empresas e, em todas essas ocasiões, aprendi muito com os relatos corajosos desses profissionais e compreendi que há algo comum na fala dessas pessoas. Eles reconhecem os seus erros (porque todos erramos), mas também é a partir desse reconhecimento que a vida deles mudou e entrou em um fluxo de conquistas.

Uma das mais significativas personalidades políticas do século XIX, o alemão Otto von Bismarck, responsável por unificar dois estados alemães, constituindo assim a Alemanha como o país que conhecemos atualmente, dizia existir três tipos de pessoas:

- as **ignorantes**, que nunca aprendem;
- as **comuns**, que aprendem com os seus erros;
- as **inteligentes**, que aprendem com os erros dos outros.

A partir dessa percepção, até certa medida extremamente simples, evidencia-se algo muito direto. Se para aprendermos precisamos do outro, é preciso reconhecer o outro em nossa vida como uma contínua fonte de aprendizagem e evolução. Sozinho ninguém é nada. Precisamos das pessoas ao nosso redor. Pessoas que nos ajudem a identificar as nossas limitações, pois é imprescindível termos consciência delas e agirmos a partir do reconhecimento dessa limitação, porque o diferencial para uma pessoa de sucesso é ter atitude em transformar as limitações. Saná-las quando possível.

Para nós que somos empresários, líderes vendedores e tentamos sempre agir como super-heróis, nos achando autossuficientes, capazes de resolver todas as questões que cruzam nosso caminho, o reconhecimento de nossa interdependência social é fundamental para seguirmos prosperando. Aprendi muito a importância desse reconhecimento com o fantástico trabalho junto a portadores de deficiência de Victor Siaulys, fundador do laboratório ACHE.

Quem tem alguma deficiência motora ou mental sabe qual é o papel da limitação em suas vidas. Essa condição tão evidente para eles é parte de quem são, mas eles não se deixam derrotar por essa questão. Pelo contrário, entendem a extensão de sua condição e procuram superá-la com ações efetivas a partir de suas possibilidades. Essa é uma grande lição de vida, porque todos nós, de alguma maneira, somos limitados. Ninguém é onipotente, onisciente ou onipresente. Essas habilidades estão reservadas e são exclusivas de Deus. Nesse sentido, temos de conviver com nossa imperfeição, nossos limites. Não podemos simplesmente ignorá-los ou acreditar que eles existem porque alguém nos limitou, nos deixou sem oportunidades, nos colocou em uma circunstância desfavorável.

Sendo assim, um dos grandes objetivos deste livro foi evitar discorrer sobre vendedores perfeitos. Criar ilusões e estereótipos imaginários, porque vendedores perfeitos inexistem. Ninguém é unanimidade absoluta ou 100% infalível. Acreditar nessa perfeição, por sua vez, é o começo do fracasso. Dessa forma, é extremamente importante olhar para o caminho do aperfeiçoamento, valorizar a importância do aprendizado para gerar resultados efetivos e de longa duração, capazes de modificar com consistência destinos de vida. Essa é a verdadeira evolução. Uma decisiva maneira de dizer eu consegui, porque essa conquista se renova, se atualiza, evolui a todo momento.

Sem contar que, em nosso mercado, enriquecer com vendas não é uma questão de sorte, é pura aplicação de técnicas e superação. Temos de nos encontrar e nos agarrarmos em uma paixão visceral por resultados de tal forma que possamos vencer os obstáculos que aparecem e possamos verdadeiramente ajudar as pessoas por meio de nosso trabalho.

É por essa questão que não me canso de repetir: Nossa atividade profissional não se baseia em se *contentar* como vendedor, é preciso se ORGULHAR da profissão que move as pessoas, as empresas, o mundo.

Eu nunca tenho uma resposta pronta para quando me perguntam sobre qual foi a fase mais desafiadora de minha carreira. Apesar de esse questionamento me ser feito com muita frequência, nunca consegui deixar uma resposta pronta para ele, porque há muito tempo entendi que a minha carreira além de ser algo vivo é inacabada, é afetada por tantas variáveis que desenvolvi uma resiliência tal que os desafios já não me assustam. Por mais difíceis que sejam, por mais insolúveis que possam parecer, há um caminho a percorrer para reverter a situação aparentemente desfavorável.

Para mim, o mais assustador na vida é a linearidade, o conforto, a perda do inconformismo, porque, embora devamos ter um equilíbrio e celebrar, de fato, as conquistas, precisamos sempre saber:

- Aonde chegaremos.
- O que desejamos conquistar.
- Como deixaremos um legado.
- Quantas pessoas vamos ajudar para ter energia e vontade de continuar.
- Quantas pessoas vamos conseguir ajudar a se superar.

E essa maneira de agir me fez ter uma resposta pronta para outra pergunta que também ouço com muita frequência em minha rotina: *Qual é a minha grande conquista na vida profissional?* Indiscutivelmente, ao ouvir essa indagação minha resposta é sempre:

Ter uma vida próspera, transformando essa trajetória em um caminho profissional extremamente prazeroso.

É importante considerar as transformações ao longo de nossas vidas. Nascer sabendo é uma limitação, porque nos obriga a repetir um determinado conhecimento. Dessa forma, nunca criamos, inovamos, refazemos ou modificamos. Quanto mais pronta a pessoa nasce, mais refém ela se torna de si e daquilo que já sabe. Portanto, ela é prisioneira do seu passado. Aprender continuamente nos impede de nos tornarmos reféns das situações, que por serem inéditas, não saberíamos enfrentar por não termos o repertório suficiente para lidarmos com o inesperado. Diante desse fato, é absurdo acreditar na ideia comum do envelhecimento, que desvalida quem tem mais idade.

As pessoas não nascem prontas como os objetos e, ao longo do tempo, vão se desgastando. Pelo contrário, as pessoas nascem *não prontas* e vão se fazendo, se formando. No ano em que estamos, somos a nossa mais nova edição revista e um pouco ampliada, às vezes. O mais velho da gente (se considerarmos o tempo como uma medida) está em nosso passado, não no presente. Consequentemente, o nosso mais novo está sempre à nossa frente, em nosso futuro; e para que possamos aproveitar tudo o que esse novo nos traz, precisamos permitir a nos transformar e buscar nossa versão mais atualizada e melhorada.

Projetos corporativos e edições personalizadas
dentro da sua estratégia de negócio. Já pensou nisso?

Coordenação de Eventos
Viviane Paiva
viviane@altabooks.com.br

Contato Comercial
vendas.corporativas@altabooks.com.br

A Alta Books tem criado experiências incríveis no meio corporativo. Com a crescente implementação da educação corporativa nas empresas, o livro entra como uma importante fonte de conhecimento. Com atendimento personalizado, conseguimos identificar as principais necessidades, e criar uma seleção de livros que podem ser utilizados de diversas maneiras, como por exemplo, para fortalecer relacionamento com suas equipes/ seus clientes. Você já utilizou o livro para alguma ação estratégica na sua empresa?

Entre em contato com nosso time para entender melhor as possibilidades de personalização e incentivo ao desenvolvimento pessoal e profissional.

PUBLIQUE SEU LIVRO

Publique seu livro com a Alta Books. Para mais informações envie um e-mail para: autoria@altabooks.com.br

/altabooks   /alta-books   /altabooks   /altabooks

CONHEÇA OUTROS LIVROS DA **ALTA BOOKS**

Todas as imagens são meramente ilustrativas.

ALTA BOOKS EDITORA • ALTA LIFE Editora • ALTA NOVEL • ALTA/CULT EDITORA
FARIAS SILVA EDITORA • Editora ALAÚDE • TORDESILHAS • ALTA GEEK

Este livro foi impresso nas oficinas gráficas da Editora Vozes Ltda.,
Rua Frei Luís, 100 – Petrópolis, RJ.